辻野《つじの》弥生《やよい》

関東大震災・知られざる悲劇

福田村事件

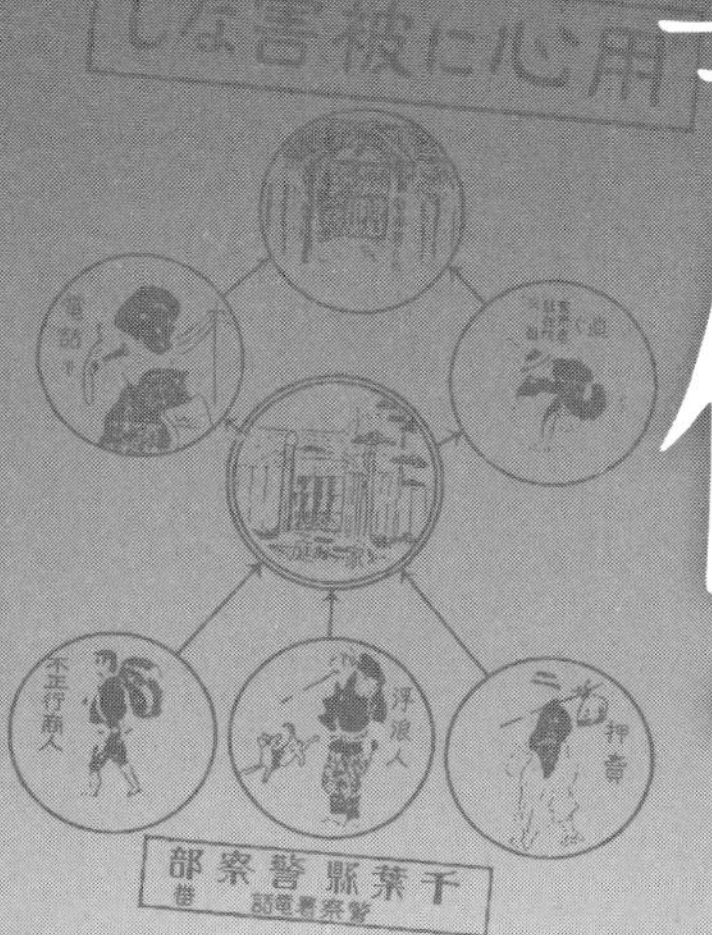

五月書房

はじめに――増補改訂版刊行にあたって

大正十二年（一九二三年）九月一日の関東大震災発生から百年の節目を迎えた。長い間、世間に知られることのなかった「福田村事件」について、一冊の本にまとめて出版したのが九十年の節目であった。

あれから十年、多くのマスコミに取り上げられるようになり、今ではフィールドワークで慰霊碑を訪ねる人も増えている。

特筆すべきは、百年目の今年、福田村事件をモチーフにした映画『福田村事件』（出演：井浦新、田中麗奈、永山瑛太ほか）が森達也監督によって作られたことである。監督にとっては初めての劇映画だが、「鋭くて、豊かで、何よりも深い映画を」との目標を、見事に表現した渾身の作である。また、本書にも原稿をお寄せいただいた。映像によってより多くの人が、侵してはならない人間の尊厳、そして恐ろしい一面を見るだろう。しかし、目を背《そむ》けてはならない。

「朝鮮人なら殺してええんか！」

これは、映画のなかで被害者となった行商の親方が加害者らに向けて吐いたセリフである。私はこの言葉の前に立ちすくむ思いがした。すべてはこの問いかけに集約されるからだ。日本人であろうが、朝鮮人であろうが、被差別部落の人であろうが、殺していい命などあろうはずがない。

しかし、地震発生からほどなく「朝鮮人が井戸に毒を入れた」「火をつけた」などの流言が広がり、各地で多くの朝鮮人がいわれもなく無惨に殺された。

福田村事件は、こうした震災時の朝鮮人虐殺の余波で起こった痛ましい事件である。震災発生から五日後の九月六日、利根川と鬼怒川が合流する千葉県東葛飾郡福田村大字三ツ堀（現在の野田市三ツ堀）で、四国の香川から薬の行商に来ていた一行十五名が地元民に襲われ、九人が命を落とした。この事件には隣村の田中村（現在の柏市内）の人間も関与しているので、正確には「福田村・田中村事件」と呼ぶべきだろう。殺された者のなかには、六歳と四歳と二歳の子ども、それに妊婦も含まれており、胎児を含めると、被害者は十人ということになる。

加害者側の地元民たちは、讃岐弁を話す行商人一行に対し「お前らの言葉はどうも変だ、朝鮮人ではないか」と、いいがかりをつけ、行商用の鑑札を持っていたにもかかわらず、暴行、殺害に及んだ。

朝鮮人と間違えられて日本人が殺された例は、この福田村事件のほかにもある。震災直後の一九二三年（大正十二年）十一月十五日の時点でまとめられた政府調査によると、「鮮人と誤認して内地人を殺傷したる事犯」の中で、日本人死傷者は関東地方（福島一件を含む）で八十九名、うち死者は東京二十五名、千葉二十名など、計五十八名とされている（詳しくは105ページ以下の表を参照）。

けれども、この福田村事件ほど際立って痛ましく、理解に苦しむ事件もほかにない。人間がここまで残虐になれるものだろうかという疑問がつきまとって離れない。さらに驚くのは、罪なき者に暴行を加え、九人も殺害した加害者たちが、何の罪悪感もなく、むしろ国家にとって善いことをしたと胸を張り、なぜ罪に問われねばならないのか、と法廷で滔々と演説をぶった事実である。また、そんな加害者たちを地元民は支援し、なかには刑期を終えた後に地方議会の公職に就いた者さえいたというのである。

このことは、時の政権から「殺してもいい」というお墨付きを与えられ、堂々と殺すことができたことの証《あかし》であろう

地元では、事件のおぞましさにおののいてか、長い間口を閉ざしてきた過去がある。いまさら百年前の事件をあばきたて、加害者を糾弾しようというのではないが、繰り返さないためにも、あったことをなかったことにはできない。

また、根拠もなく朝鮮人を「不逞《ふてい》」と決めつけ殺害に及んだが、彼ら朝鮮人が悪事を働いたという事実はない。それどころか、北総鉄道（現在の東武野田線）の敷設《ふせつ》工事のため、多数の朝鮮人が低賃金と過酷な労働環境のもとで働いており、地方のインフラ整備に欠かせない存在だった。また、震災後の復興にも大きな戦力になっていたこともわかっている。

香川県の被害者たちも悪事をたくらむ「不逞」な輩《やから》であろうはずがない。幼子を連れた小さな旅の集団であることは一目瞭然で、地元では被差別部落の出身者だっ

た。差別されている者が、耕す土地の少ない香川で生き延びるために、他所《よそ》の土地に行商に出るのは当然で、実際に香川の売薬行商人は大阪に次いで全国で二番目に多かった。

彼ら香川の売薬行商人たちが部落民であることを、事件当時の加害者たちが認識したうえで凶行に及んだかどうかは、未だ意見の分かれるところである。しかし差別の矛先が「朝鮮人」に向かおうが「被差別部落民」に向かおうが、そこにマイノリティに対する日本人の差別感情・差別構造が存在していることに変わりはない。そしてそのことは、事件から百年が経とうとしている現在でも、たいして変わったとは思えない。

現在でもネット上には、あざ笑うかのように「井戸に毒」「虐殺はなかった」などの書きこみが絶えない。これは真実を教えてこなかった教育の結果がもたらしたものと言えないだろうか。こうしたことから、福田村事件も朝鮮人虐殺も、過去の不幸な出来事と片づけることはできない。

福田村事件は、百年も前に、わたしが暮らす東葛地方で起こった事件である。しかし同様の事件が令和の現在、日本のどこで起きてもおかしくない。本書の改訂版を上梓するにあたってそのように感じている。

まえがきを締めくくるにあたり、「虐殺事件」に関する現状を書いておきたい。

関東大震災時の官民あげての朝鮮人虐殺については、数々の証言があるにもかかわらず、きちっとした調査も謝罪もしていないのが現状である。それどころかそれを否定しようという動きが活発である。各所で起こるヘイトスピーチやヘイトクライムもそうだが、ノンフィクション作家の工藤美代子・加藤康男夫妻によって書かれた虐殺否定本の影響が大きいと思われる。

東京都の小池百合子知事は二〇一七年から朝鮮人犠牲者を追悼する式典への追悼文の送付をとりやめた。式典への追悼文は、震災から五十年を迎える一九七三年にむけて、犠牲者らの記録を残そうという機運が高まり、一九七四年、美濃部亮吉都知事が追悼メッセージを寄せたことに始まる。以来、歴代の知事は毎年追悼文やメッセージを寄せてきた。

小池都知事は「全ての方々への法要を行いたいという意味から、特別な形での追悼文は控える」ということらしいが、「特別な形」とは、何を指すのだろうか。災害で亡くなった人々と、虐殺された人々をひっくるめて考えること自体、無理がある。そこには、植民地化を正当化し、朝鮮人をさげすむ態度がひそんでいないだろうか。

朝鮮人虐殺という負の歴史に真摯《しんし》に向き合う各地の団体が、毎年知事に追悼文を送るよう要請していることを記しておこう。

関東大震災から百年目の春に

著者しるす

＊本書は、２０１３年に崙《ろん》書房出版より刊行されその後版元の閉業により絶版になっていた『福田村事件　関東大震災・知られざる悲劇』を、大幅に増補改訂して復刊したものである。

＊また、三刷に増刷するあたり、第三章「福田村の惨劇」の最後の2ページ、生き残った少年を保護した警察官についての記述部分を大きく書き換えた。

福田村事件　関東大震災・知られざる悲劇　目次

第二章　天災につけ込んだ人災……45

第三章　福田村の惨劇……111

図版協力……香川県立文書館／野田市立興風図書館

増補改訂版企画・編集・組版……片岡 力

第一章　マグニチュード７・９の巨大地震

阿鼻叫喚《あびきょうかん》の熱地獄

大正十二年（一九二三年）九月一日、東京、横浜方面は前夜からの驟雨《しゅうう》も午前中には上がり、残暑のまばゆい太陽が雲間からちらちらと顔をのぞかせていた。上野美術館では、秋恒例の二科会の招待展覧会が開かれており、子どもたちは夏休みを終え、二学期最初の登校日だった。

多くの家庭で昼食の準備中か、あるいは食卓についた矢先の十一時五十八分四十四秒、その惨劇の幕は切って落とされた。

相模湾沖を震源とするマグニチュード7・9の直下型大地震が、東京府をはじめ関東の一府六県を直撃したのである。明治九年（一八七六年）以来地震観測をおこなってきた中央気象台では、観測室にあった地震計の針すべてが飛び散り、破壊されてしまうほどの激震であった。

その激震ぶりは、さまざまに語られた証言によってうかがい知ることができる。吉村昭《よしむらあきら》『関東大震災』（一九七三年、文藝春秋、のち文春文庫）から体験談を拾ってみると、外国人脚本家スキータレッツは、妻とともに横浜山の手の中村町の借家へ引っ越す途中で地震に遭遇した。

「私と妻は、道の中央を歩き、後から車夫が荷車をひいてついてきていた。その時、突然汽車が近くを走るようなゴーッという音響が押し寄せてくるのを耳にした。（中略）猛獣のほえる声に似た響きとともにすさまじい突風が起って、樹木の枝が弓のようにへし曲った。

地下を走る列車の音が、私の足元から噴き上がってくるように思えた。その瞬間、大地が発狂したような速度で互いに前後に引っぱり合うのを感じた。篩《ふるい》の上にある穀粒がふるわれるように、私たちははね上げられた」

（吉村昭『関東大震災』より）

麹町区の消防署員の回想によると、望楼の上にいた彼は揺れる望楼から振り落とされないようしがみつき、眼下の街を見ていた。

「街々は、篩の上の豆粒のようにひしめきながら震動していた。地鳴りのようなすさまじい轟音がふき上って、激浪の逆巻く大海にもまれる小舟にしがみついているような心細さを感じた。

そのうちに街の色彩が急激に変化していった。瓦が落下し壁が落ちはじめたと同時に、茶色い土埃が一斉に立ちのぼり、震動しつづける街をおおいかくしていった」　（同書）

また、そのとき浅草で映画を見ていたという十四歳の少年はこう証言している。

「不意に体が持ち上げられ、そして左右に激しく傾いた。と同時に、頭上から絶叫に似た声が起って、一階の椅子席に黒いものがたたきつけられた。

かれは、一瞬なにが起ったのかわからなかった。が、椅子席に落下したものが、三階で映画を見ていた客の体であることに気づいた」　（同書）

彼はまた、東京の代表的な高層建築物であった十二階建て（高さ七十三メートル）の凌雲閣《りょううんかく》が無惨に倒壊するのも目撃している。

地震発生がちょうどお昼どきとあって、たちまち八方から火の手があがり、風速一〇メートル以上の強風に煽られ、地獄の焔は三日間にわたって市中をなめつくした。

もっとも悲惨な光景を呈したのは、本所区横網《よこあみ》町にあった被服廠《ひふくしょう》跡である。ここは陸軍省被服廠の建物のあった場所で、移転にともなって、大正十一年（一九二二年）三月に逓信省と東京に払い下げられ、一周三〇〇メートルのトラックのある近代式運動公園や小学校などが建設される予定であった。

二万四百三十坪の広大な敷地は、格好の避難場所として市民が続々と押し寄せ、地元の相生《あいおい》警察署員らも避難民を誘導した。結果的に二万坪の敷地に四万人が押し寄せ、身動きもとれない状態にあった。「やれやれ、ここに来れば一安心」とばかり、やがて訪れる地獄絵図などだれも想像すらしなかった。しかし時間とともに、風速二〇メートルを超える烈風となり、やがて水

関東大震災により上部が崩壊した凌雲閣（浅草十二階）

上の小舟も巻き上げるほどのつむじ風が襲い、なかには大八車が回転しながら空に巻き上げられるのを見たという人の証言もある。ひしめき合う人の荷物や衣服に火が移り、さながら焦熱地獄と化し、ここだけで三万八千人もの犠牲者が出た。ここでの死者数は、全東京市の死者数の55パーセント強に達している。

火災を大きくした最大の原因は、市民の持ち出した荷物にあった。人々は大八車や荷馬車に積めるだけの家財道具を積んで逃げまどい、それらが結果的に道路をふさぎ、消火作業の妨げになった。江戸のむかしから、家財道具を持ち出すことをかたく禁じていたにもかかわらず、関東大震災では生かされなかった。

「お歯黒どぶ」と称する掘割で外界と隔絶された浅草区の新吉原遊廓には、二千五百人にもおよぶ娼婦が働いていたが、火責めに遭った彼女たちは近くの吉原公園に走った。前夜の宴で疲れ、ぐっすり眠っていたところを地震に襲われたため、ほとんどが寝間着姿であった。娼家のなかには、商品としての娼婦が逃げないように、火災発生後も廓内から出さないところもあったといわれる。

外に逃げ出した娼婦たちは熱さに耐えられなくなり、次々と園内の弁天池に飛び込んだ。二百坪ほどの池は死体が折り重なり、見るも恐ろしい墓場と化した。

当時、鎌倉に滞在していた芥川龍之介《あくたがわりゅうのすけ》は、夏真っ盛りの八月に、季節はずれの

関東大震災直後の新吉原公園の惨状。1923年9月1日、岡田紅陽撮影

藤、山吹、菖蒲が咲き競っているのを見て、ただごとではないと感じ、天変地異が起こりそうだと予言していた。だれも信じなかったが、予言は的中した。のちに雑誌『改造』などを通して、地震に関するいくつもの見解を発表しており、地震天罰説を批判しながら、「否定的精神の奴隷となること勿《なか》れ」と呼びかけている（芥川龍之介「大正十二年九月一日の大震に際して」）。

また、その芥川や今東光《こんとうこう》らと、地震から数日後に吉原の池を見に行った川端康成《かわばたやすなり》は、「吉原の池は見た者だけが信ずる恐ろしい『地獄絵』であった。幾千幾百の男女を泥釜で煮殺したと思えばいい。赤い布が泥水にまみれ、岸に乱れ着いているのは、遊女達の死骸が多いからであった。岸には香煙が立ち昇っていた」と、強烈な印象を書き残している（川畑康成「芥川龍之介氏と吉原」）。吉原公園での死者はじつに四百九十名にのぼった。

一方、朝日新聞社で『アサヒグラフ』の創刊にかかわり、縮刷版や世界一周団体旅行を提言するなど、近代ジャーナリズムの祖と称される杉村楚人冠《すぎむらそじんかん》*は、震災後、初出勤の途中で目にした光景を、「海岸より品川を経て高輪を過ぐれば満目荒寥《まんもくこうりょう》、殆《ほとん》ど家を見ず、其間《そのかん》避難民の来往絡繹《らくえき》（人馬の往来などが絶え間なく続くさま——引用者）さながら戦争に似たり」と述べている。

*杉村楚人冠

一八七二（明治五）～一九四五（昭和二十）年。和歌山出身。本名は広太郎（こうたろう）。東京朝日新聞記者、随筆家、俳人。関東大震災後、東京の大森から千葉県我孫子町（現我孫子市）の邸宅に移住し、俳句結社「湖畔吟社」を組織したり、『アサヒグラフ』誌上で手賀沼を広く紹介するなど、多方面で活動を展開。現在、我孫子市の楚人冠の旧宅が杉村楚人冠記念館になっている。

社屋は焼け落ち、多くの資料も焼失したため、皇居前広場にテントを張り、二日からは、損壊を免れた帝国ホテルに本拠を移し、被災後の対策を練り、新聞復刊を目指した。

一体これはどうなるのだらう、――といふ考がだれの頭にも浮かぶ。東京の茫々たる焼跡の中に立って、電灯がなく、電車がなく、郵便がなく、電信がなく、学校がなく、書物がなく、雑誌がなく何一つ買物をしようにも店がなく、物一つ食べようにも売る処はなく、たゞ何万とも知れぬ人が右往左往に忙しげに走せちがふばかりなのを見ては、これが何時どう片がつくものか、まるでだれにも見当がつかない(十一日ホテルの東朝事務所にて)

(「東京朝日新聞」大正十二年十月二十八日「地震の後(上)十日過ぎて」より)

この震災で彼は次男二郎(十八歳)と三男時雄(十六歳)を亡くした。前年には長男浩が病没しており、絶望のどん底に落ちた一家は、一切を棄てて一家でどこかに隠遁しようかとまで思い詰めていた。しかし、新聞本紙の復刊や、一月に創刊したばかりの日本初の日刊写真新聞『アサヒグラフ』の復刊も待たれており、グラフ局

＊亀戸事件
関東大震災直後の九月3日から4日(あるいは4日から5日)にかけて、警察の協力を受けた軍隊によって、東京府南葛飾郡亀戸町(現・東京都江東区亀戸)で、南葛労働組合の指導者の川合義虎や平澤計七らが捕らえられ、習志野騎兵第13連隊によって亀戸署内あるいは荒川放水路で刺殺された事件。

＊王希天殺害事件
中国人労働者が多く住んでいた東京府南葛飾郡大島町(現在の東京都江東区大島)で在日中国人を助ける運動をしていた中国人留学生の王希天が、軍隊によ

長としては苦悶してばかりもいられなかった。十月二十八日には、アサヒグラフ局編集の写真記録『大震災全記』を発行、一組十枚の「震災絵葉書」も発売され、高評価を得た。しかし『アサヒグラフ』が日刊から週刊として復刊したのは、十一月になってからであった。

震災の混乱のなか、不法弾圧事件として紙面を賑わせたのが、九月三日の社会主義者十人を殺害した亀戸《かめいど》事件*、十二日の中国人留学生王希天《おうきてん》殺害事件*、十六日の憲兵大尉甘粕正彦《あまかすまさひこ》によるアナーキスト大杉栄《おおすぎさかえ》と内縁の妻伊藤野枝《いとうのえ》、甥の橘宗一《たちばなそういち》の三人を殺害した世にいう甘粕事件*である。十月より執筆を始めた夕刊コラム「今日の問題」には次のように綴っている。

甘粕は平生《へいぜい》社会主義者の書物もよく読んでゐたやうに予審廷で述べている。どんな書物を読んだかは知らぬが、ほんとうにそんな物を読んでゐながら、大杉、堺、福田の三人を殺した位で、社会主義の伝播を防ぎ得るやうに考へたのはよっぽど変な頭だ。そんな頭を五六十買ひ入れ屋根の雨漏を繕《つく》ろひたい。

（「東京朝日新聞」大正十二年十月十一日「今日の問題」より）

って殺害された事件。一時外交問題化したが、陸軍や外務省が事件を隠蔽した。

＊甘粕事件
甘粕正彦（一八九一〜一九四五）が陸軍憲兵大尉時代に大杉栄・伊藤野枝らアナキストを殺害した事件。この楚人冠の夕刊コラムに出てくる大杉は大杉栄、堺は堺利彦、福田は福田英子のことか。こうした一連の事件は、軍部や政府が、朝鮮人、中国人、社会主義者、アナーキスト、労働運動家などの抵抗勢力を一掃する好機として、関東大震災直後の混乱を利用したものとして理解される。

他方、入院中の病院で建物の下敷きになり、焼死した息子たちの遺骨を、人手を雇って拾い上げた。二児は抱き合うように死んでいったことが窺え、それがせめてもの慰めであった。そして翌年、傷心を振り切るように、もともと白馬城と名付けた別荘地を持っていた千葉県東葛飾郡我孫子町（現我孫子市）に移り住んでいる。

楚人冠の『アサヒグラフ』への愛着は強く、震災の翌年一月より日常のあれこれを随筆風に綴った「湖畔吟」の連載を開始、これは昭和十一年（一九三六年）まで続けた。

我孫子では、手賀沼干拓事業に反対したり、寄席も活動写真もないこの無趣味な水郷に、何がな一つ娯楽の機関を与えたいという趣意で、俳句結社「湖畔吟社」や、文章の会「湖畔文社」を結成するなど、多くの足跡を残し、昭和二十年（一九四五年）、七十三歳で永眠。平成二十三年（二〇一一年）、我孫子市旧邸に「杉村楚人冠記念館」が開館した。

また、震災の年の一月、菊池《きくち》寛《かん》は『文藝春秋』を創刊。同人は芥川龍之介、横光《よこみつ》利《り》一《いち》、川端康成、直木三十五《なおきさんじゅうご》ら、そうそうたる陣容だったが、震災によりすべて灰燼《かいじん》に帰した。菊池は「「パンのみにて生くるものに非ず」などは、無事の日の贅沢だ。（中略）究極の人生に芸術が、無用の長物であると云ふことは、我々に取っては、可なり不愉快な事実である」（『中央公論』大正十二年十月号所収「災後雑感」）と述べ、話題を呼んだ。しかしその後、高い志で見事に『文藝春秋』を蘇らせたことは、誰もが知るところである。

五日までに人体に感じた余震は九百回にも及び、いろんな燃えさしが風や火に煽られ、千葉方面までも飛んできて、日が暮れると紅蓮《ぐれん》の焔が船橋方面からも見えたという。千葉県君津郡に住む男性は、命からがら飛び出して竹やぶに逃げ込んでみると、箸を手にした人、裸体の人、子をおぶった人、土まみれの子どもたち、竹やぶは不安な人々であふれ、道は裂け、山も崩れ、余震に怯《おび》えながらの夜は、北の空が真っ赤に染まり、流言が飛び村中が蜂の巣をつついたようになり、騒ぎは一通りではなかった。刀を持ち出す人、竹槍を作る人、女や子どもは地震よりもそれらに怯えおののいた。一人の正しい指導者もなく、村は全くの無警察状態だったと、その時の民衆の動顛《どうてん》ぶりを記している。

この大地震の被害は、東京、横浜を中心に、千葉、埼玉、茨城、静岡、山梨、一府六県におよび、死傷者数十万五千余名、焼失倒壊家屋五十万五千余戸（臨時震災救護事務局調査）という災害史上まれにみる被害を出した。

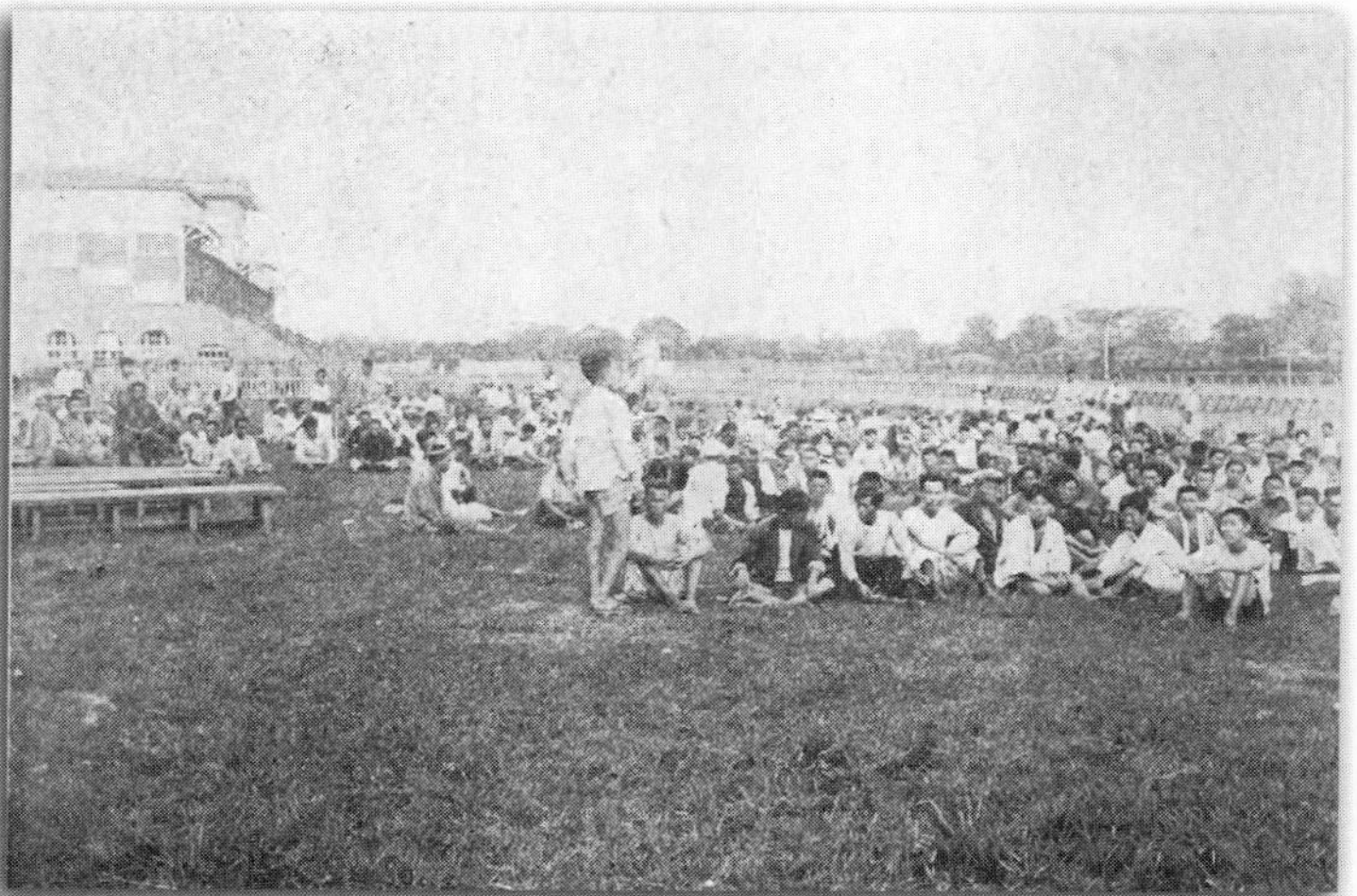

警視庁編『大正大震火災誌』(1925 年)に掲載された写真「警視庁保護鮮人収容所(目黒競馬場) 九月十三日」

＊水野錬太郎

一八六八(慶応四)〜一九四九(昭和二十四)年。内務大臣、文部大臣、貴族院議員などを歴任。一九一九(大正八)年、朝鮮総督府政務総監として三・一独立運動を弾圧した。一九二二(大正十一)年に成立した加藤友三郎内閣の内相だったが、翌二三年の八月二十四日に加藤首相が死去し第二次山本内閣に代わった直後の九月一日に関東大震災があったため、後任の内相(後藤新平)が決

戒厳令

奇《く》しくも地震発生当日、日本は首相不在の状態にあった。加藤友三郎《かとうともさぶろう》首相が八月二十四日に病没したため、後任に推された山本権兵衛《やまもとごんべえ》が組閣工作の最中であった。新任式は地震当日の夜、余震をさけて赤坂離宮の庭園にしつらえたあずまやで、ローソクの光のもとで、カメラマンのフラッシュもない異例のなかで執り行われた。全閣僚が出そろったのは十九日だった。したがって、まず震災の応急対策にあたったのは、外相だった内田康哉《うちだこうさい》臨時首相はじめ、加藤内閣の閣僚たちで、水野《みずの》錬太郎《れんたろう》*内相と赤池濃《あかいけあつし》*警視総監、東京南部警備司令官兼第一師団長の石光真臣《いしみつまおみ》が当面の責任者であった。

地震発生の翌日から「不逞鮮人来襲*」との流言が各所に伝えられ、二日午後二時には早くも東京市を中心に、府下五郡に「戒厳令」がしかれ、翌三日には東京府全域と神奈川県に、四日には、千葉、埼玉にも拡大された。

「戒厳令」とは、字づらからして厳《いか》めしく、ただごとではないという印象を与えるが、国の権力が危機に瀕した時、民衆の権利を最小限に制約するもので、「立法・

まるまで（九月二日）陣頭指揮をとった。

＊赤池濃　一八七九（明治十二）～一九四五（昭和二十）年。内務官僚、静岡県知事、警視総監、貴族院議員などを歴任。一九一九年に朝鮮総督府に転じ、内務局長・警務局長を務める。関東大震災の時は警視総監の地位にあり、朝鮮時代の上司だった水野内相の下で治安警備にあたるが、同月五日に辞任。反ユダヤ主義者としても知られる。

行政・司法の事務のすべてまたは一部を軍の機関にゆだねること」とあり、明治十五年（一八八二年）立法化され、昭和二十二年（一九四七年）に廃止されている。

まだ暴動の兆しも見ないうちでの「戒厳令」の断行については、水野と赤池の進言が決め手になったといわれる。

明治四十三年（一九一〇年）の韓国併合から九年後、そして関東大震災の四年前の大正八年（一九一九年）、朝鮮では激しい独立運動、いわゆる三・一運動が起こる。三月から五月にかけてのデモへの参加人数は二百万人を超えた。日本側は憲兵や軍隊を増強し、弾圧強化を行い、約七五〇〇人が死亡、負傷者は一万六〇〇〇人、四万六〇〇〇人が検挙された。運動が終息したその年の八月、水野、赤池はそれぞれ朝鮮総督府の政務総監、内務局長に就任する。

三・一運動は日本側の圧倒的な武力の前に挫折したとはいえ、多くの民衆が参加したこの民族解放運動が、二人の日本の内務官僚に与えた影響は想像できよう。これ以降、朝鮮民族の国内外での独立運動は活発化していき、反抗的な朝鮮人つまり「不逞鮮人」という造語が普及したという。

大正七年（一九一八年）の米騒動は、富山湾の一漁村の主婦たちの蜂起がきっかけ

＊鮮人
言うまでもなく「鮮人」は明らかな差別語だが、当時の日本人の朝鮮人に対する意識を問うために、本書ではそのまま使用している。

となり、またたく間に全国に波及した。水野はこのときの内務大臣でもあり、ほかに社会主義運動、労働運動、普選運動、部落解放運動、婦人運動など、さまざまな民衆運動が登場していたこの時期、民衆の蜂起が何よりの恐怖であった。つまり、社会主義者や一部の朝鮮人たちが民衆を煽動することを、日本政府は恐れていたのである。

震災から二年後の一九二五年七月三十一日、警視庁から出された『大正大震火災誌』には、警視庁の幹部および殉職者九十三名の顔写真、惨状極まりない被災現場と保護されたおびただしい朝鮮人の写真、および震災当時の各警察署の動向が千五百ページあまりにわたって細かく記録されている。

戒厳令発令前日の九月一日、赤池警視総監より森岡近衛師団長へ出兵要求を出したいきさつが、『大正大震火災誌』に次のように記録されている（読みやすいように片仮名表記を平仮名表記に直してある）。

各警察よりの報告また到達せるのみならず本庁付近に於《お》ける倒潰《とうかい》家屋火災の延焼避難者の雑踏等により、推察するも事態極《きわ》めて容易ならざるものあり、然《しか》るに本庁並びに市内二十五か署の消失警察官の遭難の如《ごと》き不慮の事態をも生じたれば斯《かか》る脆弱《ぜいじゃく》なる警察力を以《もっ》て非常時の警戒に任じ帝都の治安を完全に補遺《ほい》する事の困難なるや明らかなり、況《いわん》や窮乏困憊《こんぱい》の極に達したる民衆を扇動して事端《じたん》を惹起《じゃっき》せんと企る者なきに非《あら》ざる於いてをや、是《ここ》に於いて赤池総監は兵力を借りて速や〔か〕に人心の安定を図り不祥事発生を未然に防遏《ぼうあつ》する〔防ぎ止めること――引用者〕の必要を感じ小林警視警務課長を近衛師団司令部に急派して内儀《ないぎ》〔内々で協議すること――引用者〕せしめたる後、午後四時三十分に至り警視廳管制第四条第二項に基き森岡師団長に対して、正式に出兵を要求し、更に田邊監察官を陸軍省に遣《つか》わし、出兵の瞬時も速やかならん事を交渉せしめたり。

（『大正大震火災誌』より）

また、戒厳令下での軍の慌てぶりが、習志野騎兵連隊に所属していた越中谷利一《えっちゅうやりいち》*が昭和三年（一九二八年）にプロレタリア文学の雑誌『戦旗』に発表した小説「戒厳令と兵卒」から読み取れる。

戒厳令が下って、習志野騎兵××連隊が出動したのは九月二日の時刻にして正午少し前頃であったろうか。とにかく恐ろしく急であった。普段から他の兵

*越中谷利一

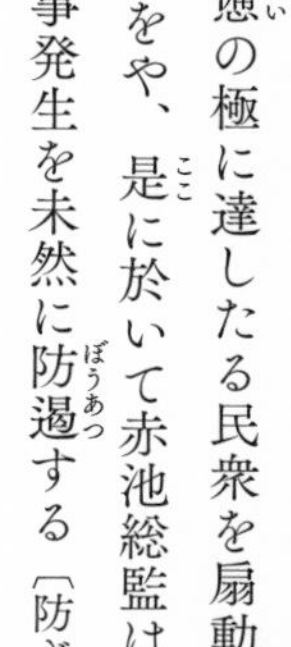

一九〇一（明治三十四）～七〇（昭和四十五）年。プロレタリア文学の小説家、俳人。日本無産派文芸連盟、日本無産者芸術連盟に加入、「一兵卒の震災手記」などを発表。三三（昭和八）年に検挙、翌年出獄し満鉄に入社。満州引き上げ後に『東海繊維経済新聞』を創刊。没後、遺句集『蝕甚』、『越中谷利一著作集』が刊行された。

科よりも「敏速」と云うことに就ては特に八釜《やかま》しく云われているので可成《かなり》慣れているのだが、あの時許《ばか》りは全く面喰って了《しま》った。何しろ平常の演習に出るのとは訳が違って凡《すべ》て戦時武装をするのであるから手間がかかった。恰度《ちょうど》乗馬教練をしていた時であったが原から競馬のようにして連隊にかけ戻り、人馬の軍装をすっかり整えて舎前に乗馬整列するのに所用《（ママ）》時間が僅《わずか》に卅〔三十〕分位しか与えられなかったのである。

さて、二日分の糧食及び馬糧、予備蹄鉄まで携行、それに実弾六十発（内五発は負銃の中に装弾）を渡されて、いざ出発となると、将校は自宅から、箪笥《たんす》の奥に、奥さんの一張羅の長襦袢と一しょに蔵《しま》ってあった真刀を取り出して来て出発の指揮号令をしたのであるから、宛《さなが》ら戦争気分！将校以下下士兵卒に至るまで何が何やら分らぬ乍《なが》ら夢宙《むちゅう》になって屯営を後にした。歩度《ほど》は連続速歩《はやあし》、時々駆歩《かけあし》に移って千葉街道を一路砂塵を揚げてぶっ続けに飛ばしたのである。そして亀戸に到着したのが午後の二時頃、おお、満目凄惨《まんもくせいさん》！亀戸駅付近は罹災民でハンランする洪水のようであった。と、直《ただ》ちに活動の手始めとして先ず列車改め、と云うのが行われた。数名の将校が抜剣して発車間際の列車の内外を調べるのである。と、機関車に積まれてある石炭の上に蝿のように群がりたかった中から果して一名の××〔＝朝鮮〕人*が引摺り下ろされた。憐むべし、数千の避難民環視の中で、安寧《あんねい》秩序の名の下に、逃がれようとするのを背後から××××××××××〔＝白刃と銃剣下に次々と〕仆《たお》れたのである。と、避難民の中から、思わず湧き起る嵐のような万才歓喜の声。（国賊！　×××××××××××〔＝朝鮮人はみな殺しにしろ〕）

これを以《もっ》て劈頭《へきとう》の××〔＝血祭り〕とした連隊は、其日の夕方から夜に這入るに随《したがっ》ていよいよ素晴らしいことを行い出したのである。兵隊の斬ったのは多く此の夜である。

（『戦旗』昭和三年九月号所収「戒厳令と兵卒」より）

朝鮮人虐殺は、すべて流言に惑わされた民衆と自警団の仕業のように、責任転嫁されてきたふしがある。しかしこの証言のように、地震の翌日にはもう軍人らによる虐殺が堂々と始まっていたのである。まるで戦地にでも赴くかのような勇みだった様子が手に取るようにわかる。一人の朝鮮人を血祭りにあげ、万歳歓喜の声を上げる狂気からも、国家権力が唱える安寧秩序を後ろ盾にすれば、何をやってもかまわないという恐ろしさが、まざまざと見えてくる。

*××〔＝朝鮮〕人　雑誌初出時に伏せ字だった箇所。この文を基に戦後の昭和三十六年に越中谷さんが書いた「関東大震災の思い出」を参考に、伏せ字部分を復元し〔　〕内に補った。以下同様。

*イワシ漁の不振〜千葉村を形成していた　日露戦争や韓国における抗日運動の機運がたかまるなか、イワシの不漁にあえぐ九十九里の漁民が、釜山近くの馬山に移住し、千葉村を形成。一九〇五（明治三十八）年一月の先発隊五名を皮切りに一九一九年まで移住は続いたが、一九〇九年、千葉村の監督として赴

韓国併合と韓流ブーム

関東大震災のなかで起こった朝鮮人虐殺も福田村事件も、もとをたどれば日本の植民地支配が遠因になっている。韓国は近くて遠い国といわれてきた。歴史をたどれば、よくも悪くもまことに縁の深いお隣の国である。あまり知られていないが、明治における日露戦争（明治三十七年）や韓国併合に対する抗日闘争激化のさなか、イワシ漁の不振にあえいでいた千葉県の漁民が朝鮮に移住、千葉村を形成していた*こともあった。

近年では、二〇〇二年（平成十四年）のサッカーワールドカップの共同開催や、二〇〇三年から〇四年にかけて放映された韓国の純愛ドラマ『冬のソナタ』に多くの日本人が釘づけになったことは記憶にあたらしい。その後も放映されるドラマは数多く、根強い人気を保っている。とくに、K-popと呼ばれる韓国のアイドルグループは世界を席捲《せっけん》する勢いで、映画もアカデミー賞をとるなど、その存在を確固たるものにしている。

韓流ブームを皮切りに韓国に対する日本人の意識が変わってきたことは確かで、

任した鈴木松五郎が殺害される事件が起こる。一九二〇年、県の予算が打ち切られ、千葉村は途絶えた。千葉村の詳細については、石垣幸子『朝鮮の千葉村―明治の漁民たち―』（崙書房出版、二〇一〇年）に詳しい。

コリアンタウンと呼ばれるＪＲ新大久保駅周辺には日本の若者や中年女性が連日押し寄せ、相変わらずの賑わいを見せている。この平和な風景とは裏腹に、書籍やヘイトスピーチによる嫌韓ムードも異常な高まりを見せている。

どちらにしても、ドラマや歌の世界だけではなく本当に緯国を理解したうえで熱狂したり、嫌悪したりしているかどうかは疑わしい。日韓の歴史を少しでもひもとけば、また違った表情が見えてくるはずである。

一九一〇年の韓国併合からすでに百十三年。一九四五年の解放からも七十八年になるが、両国の関係は慰安婦や徴用工の問題をめぐり、常に波乱含みである。そもそも問題の出発点でもある一九一〇年の韓国併合そのものが、両国の完全な意思、平等の立場で締結されたとは言い難く、いまだ両国政府の認識に大きな隔たりがあり、対話を阻害する大きな要因となっている。

二〇一〇年（平成二十二年）、韓国併合百年に際して、日本の知識人五百人、韓国の知識人五百人が共同声明を発表し、「かくして韓国併合にいたる過程が不義不当であると同様に、韓国併合条約も不義不当である」と主張し、さらに「日韓条約第二条」については韓国側の解釈である「併合条約は当初より無効であった」という意見で統一するよう提案している。
なぜ両国の関係がこうもうまくいかないのか、ここで、植民地にいたるまでの簡単な経緯をたどってみたい。

幕府の崩壊からはじまった明治時代の日本は、諸外国の野心に満ちた眼にさらされていた。アジアにおける列強の植民地支配競争は激化し、勢力範囲を拡大することにしのぎを削っていた。朝鮮と満州をめぐって、ロシアと激しく対立していた日本は、ついに力づくで朝鮮からロシアを排除する作戦に出る。日露開戦の機運が高まるなか、朝鮮はいかなる事態になっても中立を守ることを宣言していた。しかし一九〇四年（明治三十七年）、日露戦争の火ぶたが切られると、朝鮮の中立声明を無視して軍をすすめ、「日韓議定書」の調印を強行した。それは朝鮮における日本の軍事行動や基地設置の自由を認めさせるだけでなく、日本の承認なしには第三国との条約も結べないという、一国の外交権を侵害する内容であった。

一九〇五年、韓国（大韓帝国）*の処遇を決める会議「ポーツマス講和会議」が開かれるが、一人の韓国人の立ち会いも認められないまま、韓国の運命が決められた。日露戦争に勝利した日本は、アメリカのフィリピン支配、イギリスのインド支配を認めるかわりに日本の韓国支配をみとめさせた。もはや大韓帝国の植民地化を

*大韓帝国
一八九七年、清国の冊封体制からの離脱を示すために、李氏朝鮮第二十六代の王高宗が皇帝に即位すると同時に決めた国号で、「韓国併合」の一九一〇年に滅亡した。

*韓圭卨

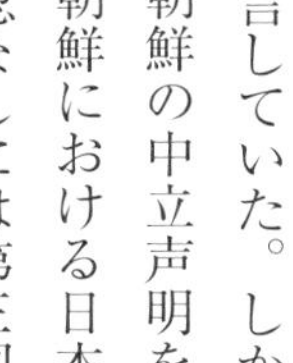

ハン・ギュソル。一八五六〜一九三〇年。大韓帝国期に議政府参政大臣や代理執政公などを歴任。一九〇五年、第二次日韓協約の調印を拒絶して罷免された。

さまたげるものはなくなり、ポーツマス条約締結から二カ月後に伊《い》藤博文《とうひろぶみ》が特命全権大使として漢城（ソウル）に乗り込み、新しい条約案を大韓政府につきつけた。

「この条約をことわるのはご勝手だが、その結果、条約以上の困難におちいることを覚悟されよ」と脅迫。八人の大臣を招集し、「可か、否かのみを答えよ」と高圧的につめよった。「無条件不可！」と叫んだ総理大臣韓圭卨《ハン・ギュソル》*は、ただちに室外に連れ出された。あとの二大臣が「不可」、残り五名のうち、はっきり賛成と言ったのは学部大臣一人で、おびえて返事もできないでいるのを「可」とし、「よし、八人中五人が賛成だ。これで決まった」と伊藤はさけび、「乙巳《ウルサ》保護条約」、第二次日韓協約調印の手続きに入った。

このとき「賛成」した李完用《イ・ワンヨン》*ら五人の大臣はその後「乙巳五賊」とよばれ、朝鮮民衆から売国奴としての非難をあびることとなった。この条約により、朝鮮の外交権は完全にうばわれた。日本政府の代表として統監府がおかれ、初代統監には伊藤博文が任命された。彼が漢城に着任すると同時に、各国の外交官はすばやく公使館を廃止、ひきあげることで日本に協力したのであった。

日本にとっては、明治政府の功労者であり、初代の総理大臣である伊藤は、朝鮮人にとっては高宗《コジョン》*を廃位に追い込んだ朝鮮侵略の張本人だった。高宗は、一八五二

＊李完用

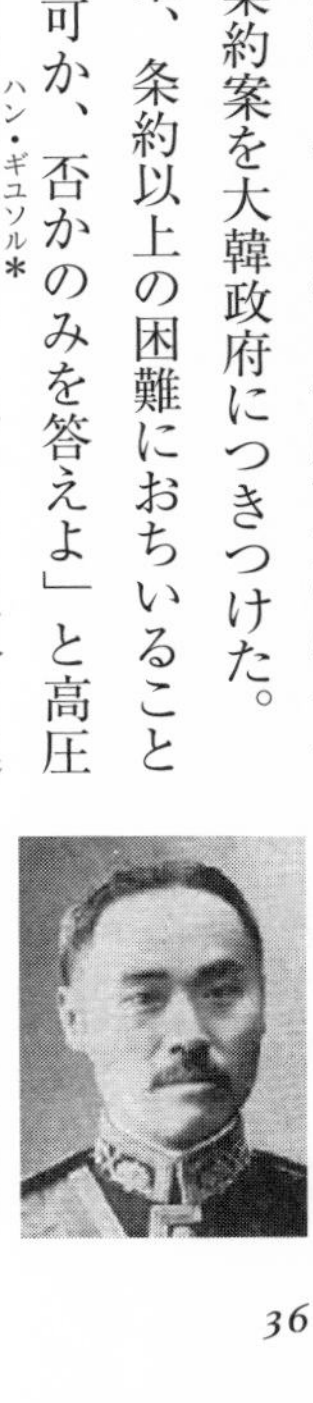

イ・ワンヨン。一八五六～一九二六年。大韓帝国の内閣総理大臣、大日本帝国の朝鮮総督府中枢院副議長などを歴任。第二次日韓協約の調印に賛成した。

＊高宗

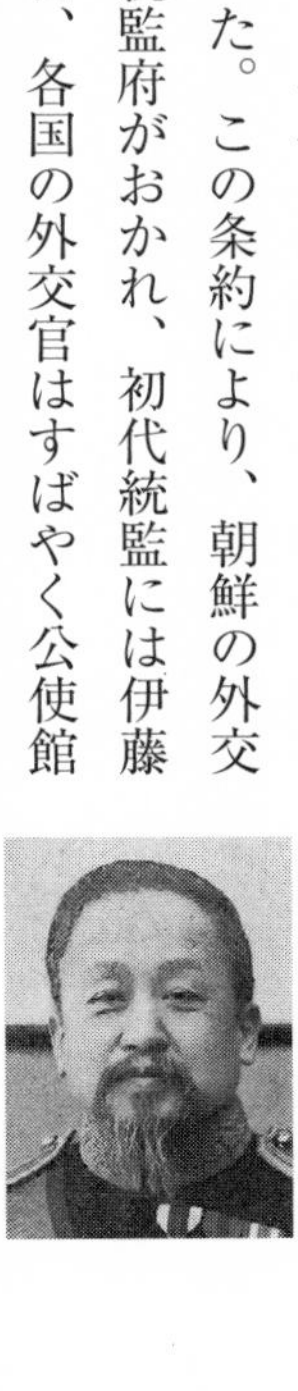

コジョン。一八五二～一九一九年。李氏朝鮮王朝第二十六代国王（在位一八六三～九七）、大

年の生まれで、明治天皇と同年の五十八歳であった。保護条約に執拗に抵抗したが、伊藤に退位させられ、活動を封じられた。高宗の退位後、伊藤は新しい王の純宗《スンジョン》*（高宗の息子）をつれて全国をまわり、「日本が朝鮮を保護するのは、朝鮮が弱くて自ら守る力がないからだ」と演説してまわり、行く先ざきの会場ではげしい野次にさらされた。怒った伊藤が「日本にさからうなら、武力でやってみよ」と怒鳴って演壇を降りる場面もあった。

一九〇九年（明治四十二年）十月二十六日、すでに統監を辞任し、枢密院議長になっていた伊藤は、ロシアと満州の問題を協議するために、満州の大都市ハルビンに向かった。駅頭で歓迎の爆竹がなるなか、特別列車を降り立ち、ロシア兵の閲兵を終えようとしたときである。軍隊のうしろから突如ピストルが発射され、伊藤に命中した。彼は加害者が朝鮮人であることを告げられると、「馬鹿な奴じゃ」と一言発して、三十分あまりののち息絶えた。

ハンチングをかぶった長身の男がロシア兵に取り押さえられたが、彼は「コリア　ウラー！」と叫んだ。朝鮮万歳、という意味のロシア語である。捕まった男・安重根《アン・ジュングン》*は馬車で日本領事館に護送された。彼は日本や列強の侵略に抵抗し、民主主義をひろめるための啓蒙活動をしていた。捕らえられた安重根は旅順で日本の裁判

韓帝国初代皇帝（在位一八九七〜一九〇七）。正妃は閔妃。

*純宗

スンジョン。一八七四〜一九二六年。最後の大韓帝国皇帝（在位一九〇七〜一〇）。父は高宗、母は閔妃。韓国併合後は昌徳宮李王と呼ばれた。

*安重根

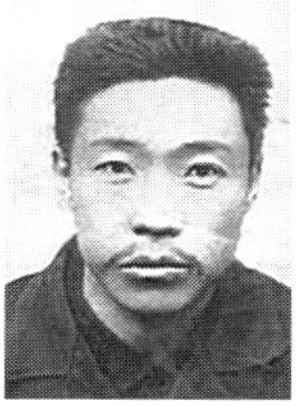

アン・ジュングン。一八

を受けるが、伊藤を殺したのは、個人的な恨みではなく、世界に対して日本の侵略に抵抗する朝鮮人の存在を示すこと、あくまでも朝鮮の独立が最終目的だと述べた。かれの堂々たる陳述に、日本の検察官や監獄の看守らは感服し、むしろ尊敬の念をもったという。一九一〇年（明治四十三年）三月二十六日、彼は旅順で処刑された。三十三歳の若さだった。当時はテロリスト呼ばわりされた彼も、現在では祖国の英雄として崇められている。

日露戦争（明治三十七～三十八年）の勝利から五年後、安重根の処刑から五カ月後の一九一〇年八月二十九日、第十二代朝鮮統監で陸軍大将の寺内正毅《てらうちまさたけ》は、一個連隊の日本兵が厳戒態勢をとる漢城において、李完用親日内閣とのあいだで、「韓国併合条約」を調印した。「併合に関する条約」の第一条には「韓国皇帝陛下は、韓国すべてに関する一切の統治権を完全且《か》つ永久に日本国皇帝陛下に譲与する」とある。つづく第二条で日本の天皇がそれを受け入れ、韓国を併合することにしたとされている。強制ではなく、あくまでも韓国側の意思に沿ったというかたちをとったのである。

この時をもって大韓民国は消滅し、その領土全体が大日本帝国に併合され、朝鮮と呼ばれるようになった。以後、植民地支配が三十五年間続くのである。

七九～一九一〇年。大韓帝国末期の民族主義者。一九〇九年十月二十六日、前韓国統監の伊藤博文をハルビン駅構内で襲撃。ロシア官憲に逮捕されて日本の関東都督府に引き渡され、獄中で『東洋平和論』を執筆（未完）、翌年処刑された。

併合され、総督府が置かれて以来、李朝末期におけるすべての政治団体はもちろん、教育団体（学会）まで解散させられ、民族語による新聞や雑誌も廃刊され、初等および中等学校における朝鮮の歴史および地理教科書まで押収、焼却されてし

柳宗悦の朝鮮の友へよせる想い

大正三年（一九一四年）から十年まで千葉県印旛郡我孫子町（現我孫子市緑）に住み、朝鮮の工芸を高く評価していた民芸研究家で哲学者の柳宗悦《やなぎむねよし》*は、三・一独立運動の翌年（一九二〇年）、「朝鮮の友に贈る」と題して、「長い間代る代るの武力や威圧のために、どこまでも人情を踏みつけられた朝鮮の歴史を想う時、私は湧き上がる涙を抑え得ない」「まさに日本にとっての兄弟である朝鮮は、日本の奴隷であってはならぬ。それは朝鮮の不名誉であるよりも、日本にとっての恥辱の恥辱である」と述べている（岩波文庫『民芸四十年』の冒頭より一部抜粋）。

*柳宗悦

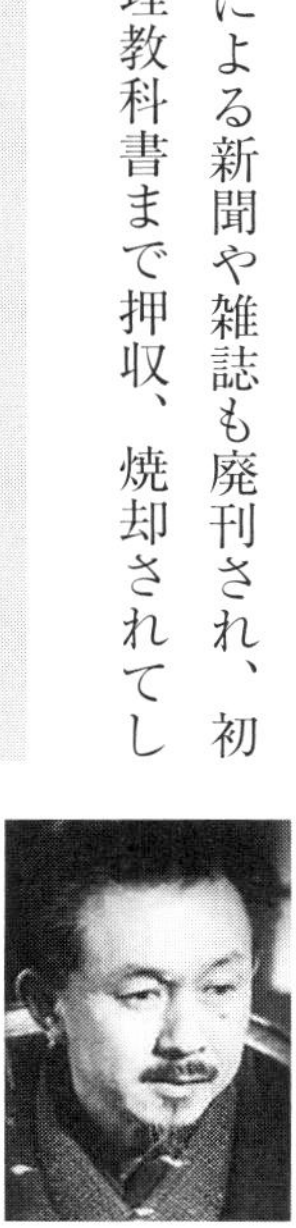

一八八九～一九六一年。思想家、美術評論家。民衆の暮らしの中から生まれた美に価値を見出す民藝運動を主唱。

まった。大多数がまともに教育を受ける機会も与えられず、併合はひとつの愚民化政策であり、巨大な監獄だったという見方まである。

併合後の八月三十日の新聞各紙は、併合を大々的に報じた。「朝鮮に行け、朝鮮は最早外国に非《あら》ざる也」「朝鮮は閉ざされたる宝庫也。今や此宝庫の富は諸君の腕次第割取するに任す」と書き立てた。

韓国でも、八月二十九日に新聞の号外や告示の貼り出しなどで、併合が知らされた。しかし、亡国の悲運を嘆いた人々の中からは併合に抗議して自決する人まで出た。その数、二十八にのぼったと記されている。東京で、併合をつたえる新聞の紙面をみながら、若い詩人石川啄木《いしかわたくぼく》はつぎのように詠んでいる。

地図の上　朝鮮国にくろぐろと　墨を塗りつつ秋風をきく

一方で、植民地化された朝鮮では食べていけなくなった大勢の人民が、中国やソ連、そして日本へと流れ込む結果となった。強制連行された人たちを含むと、二百三十万人を超えたという。

こうして一九二三年九月一日の大規模な自然災害における驚天動地の人災は、気

＊尹東柱

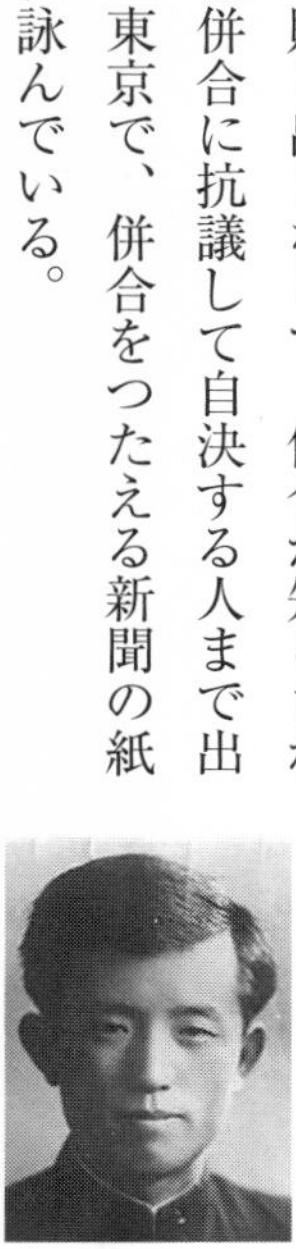

ユン・ドンジュ。一九一七～四五年。満州・間島出身の朝鮮民族の詩人。日本に渡り立教大学と同志社大学で学ぶも、思想犯として逮捕され、福岡刑務所内で獄死。死後、『空と風と星と詩』が刊行され再評価された。

づかぬうちにその条件を整えていった。

併合後に待っていたのは、日本人による差別と偏見、日本人労働者の半分の給料しかもらえないという悪条件の肉体労働であった。

つまり、韓国を無理矢理に併合したばかりに、激しい抵抗運動に脅かされ、日本政府は常に緊張状態に置かれていた。ちなみに、敗戦を迎えた一九四五年（昭和二十年）八月の朝鮮半島解放当時、日本の刑務所に朝鮮人が二万人、朝鮮でも二万人が刑務所に入れられていた。彼らはすべて思想犯で、日本政府がいかに彼らを恐れていたかを象徴する数字である。

一九四二年（昭和十七年）に立教大学に留学、同志社大学にも学んだ詩人尹東柱《ユン・ドンジュ》＊（創氏改名・平沼東柱）は、大戦中に朝鮮語で詩を書き、治安維持法違反に問われて福岡刑務所で獄死している。解放後、友人たちによって詩集が刊行されるや、その清冽な言葉がたちまち韓国の若者たちを魅了した。翻訳した在日詩人金時鐘《キム・シジョン》＊は「朝鮮人の遺産」と呼ぶ。次の詩は、日本から友人らに送った手紙に同封されたもので、現存する五編のうちの一編である。

＊金時鐘　キム・シジョン。一九二九年生まれ。在日朝鮮人の詩人・朝鮮文学者。済州島四・三蜂起に参加、密航船で神戸へ脱出。湊川高校の教員となり、大阪文学学校の理事長も務めた。

たやすく書かれた詩

窓の外で夜の雨がささやき
六畳の部屋は　よその国、

詩人とは悲しい天命だと知りつつも
一行の詩でも記してみるか、

汗の匂いと　愛の香りが　ほのぬくく漂う
送ってくださった学費封筒を受け取り
大学ノートを小脇にかかえて
老いた教授の講義を聴きにゆく。

思い返せば　幼い日の友ら
ひとり、ふたり、みな失くしてしまい

私は何を望んで
私はただ、ひとり澱のように沈んでいるのだろうか？

人生は生きがたいものだというのに
詩がこれほどもたやすく書けるのは
恥ずかしいことだ。

六畳の部屋は　よその国
窓の外で　夜の雨がささやいているが、

灯りを強めて　暗がりを少し押しやり
時代のように来るであろう朝を待つ　最後の私、

私は私に小さな手を差しだし
涙と慰めを込めて握る　最初の握手。

（尹東柱『空と風と星と詩』より）

彼がわずか二十七歳で獄死した半年後の八月十五日、皮肉にも日本は敗戦を迎え、朝鮮解放の日がやってきたのである。列車や連絡船を乗り継ぎ、九州福岡まで途方もなく長い道のりを経て、わが子の遺体を引き取りに来た父親の心境はいかばかりであったろうか。震災時の虐殺行為もさることながら、改めて帝国日本の罪深さにおののかずにいられない。

第二章　天災につけ込んだ人災

恐ろしい流言蜚語

関東大震災が語られる際に、必ず登場する言葉が「流言蜚語《りゅうげんひご》」である。流言は分かるにしても、蜚語とは耳慣れない言葉だ。蜚語を漢和辞典でひくと、だれ言うとなく伝わった噂とある。そのデマは、早くも震災の起こった九月一日の夕刻から広まり始めた。避難所を求めて逃げまどい、余震におびえ、パニック状態の民衆のなかに、「朝鮮人が井戸に毒を入れた」、「俺たち日本人を皆殺しにしようと火をつけた」など、根も葉もない流言蜚語（デマ）が飛び交い始め、それはあたかも枯草に放たれた火のように、たちまちにして人々の間を駆け抜けた。

流言の発生源については諸説あるが、内乱も暴動もないのに戒厳令を布《し》くわけにもいかず、その理由づけとして、どこからともなく発生した「朝鮮人来襲」のデマを政府が利用した、あるいはデマそのものを政府が捏造したとの見方も根強くある。

十月二十九日の報知新聞や寺田寅彦の『震災日記』、東京市刊行の『東京震災録』等のなかに、九月一日の夕方から夜にかけて、警察官からデマが流されていたという記載がある。あるいは不逞を働いた朝鮮人もいたかもしれない。しかし日本人だって不逞を働く者はいる。それが普段から差別と恐れの対象だった朝鮮人となると、反応は強く大仰になる。そして、民衆のなかからもデマが発生したかもしれない。仮にそうだとしても、そのデマに信憑性を加え、拡大させた官憲の責任は否定できない。

私は、波乱の人生を送った明治四十二年生まれの上林康子《かんばやしこうこ》*という女性の一代記を書いたことがある。彼女が暮らす老人ホームに一年以上通って話を聞いたのだが、彼女もまた震災時のデマに怯えた体験を持つひとりだった。地震発生当日は、通っていた府立第一高等女学校で二学期の始業式を終えたばかりであった。友人と二人、楽しく語らいながらの帰宅途中に激しい揺れに襲われ、思わず手を取り合ってその場にしゃがみ込んだ。一瞬目まいかと錯覚したが、路面電車の敷石の間に亀裂が入っているのが目に入り、ただならないことを悟った。

呉服屋を営む実家では、春夏物が一段落して、一人の番頭以外の使用人は里帰りしており、父親もあいにく骨休めに出掛けて留守であった。やがて近くの殺鼠剤《さつそざい》の工場が爆発したので、「危ない、早く宮城広場に逃げるんだ！」という兄の掛け声で、母親と六人の子どもは、途中で靴が脱げないように紐でしばり、和田倉門から宮城に急いだ。八百屋の前を通ると、「さあ、自由に持ってってください」と言って、スイカを道にゴロゴロ放り出していた。兄と番頭は、呉服用の一反風呂敷を

*上林康子

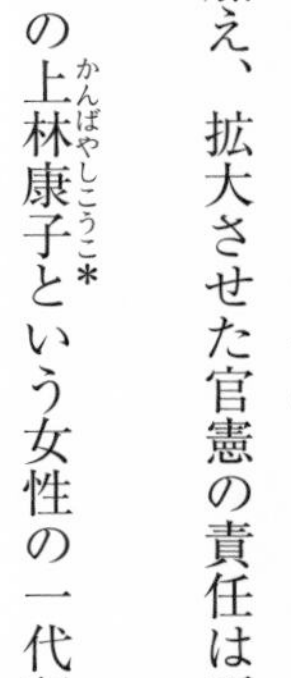

一九〇九〜二〇〇五年。東京都出身。一九四〇年、北京で日本初の映画館・光陸劇場の支配人となる。四三年、劇団・中国劇芸社を旗揚げ。中国人と日本人の俳優による「吠えろ支那」上演。戦後・四人の子持ち貿易商と結婚。お茶の販売や化粧品の開発で商才を発揮。四人の娘を嫁がせ、夫を見送り、流山の老人ホームに入居。流山市立博物館友の会の発展に貢献。

「さあ、どうぞ、お一人一枚ずつですよ」と言いながら配った。

真っ暗な宮城のテントの中で二晩を過ごしたが、赤ん坊だった末っ子の弟が泣くと、「赤ん坊を泣かすな、朝鮮人が攻めてくるぞ！」と、自警団の男たちに怒鳴られ続けた。「井戸には毒が投げ込まれたというし、うっかり水も飲めず、それは恐ろしかった」と、鮮明な記憶を語った。数日後にようやく帰宅した父親は、「たとえ全財産をなくしても、お前たちさえ生きていてくれたなら、また頑張れる」と、涙ながらに再会を喜んだという。

内務省がデマを打電

呉鎮副官宛打電　　九月三日午前八時十五分了解

各地方長官宛　　内務省警保局長　出

東京付近の震災を利用し、朝鮮人は各地に放火し、不逞の目的を遂行せんとし、現に東京市内に於て爆弾を所持し、石油を注ぎて放火するものあり。既に東京府下には一部戒厳令を施行したるが故に、各地に於て充分周密なる視察を加へ、鮮人の行動に対しては厳密なる取締を加へられたし。

（姜徳相・琴秉洞編『現代史資料6　関東大震災と朝鮮人』所収「船橋送信所関係文書」より）

九月三日午前、通信網が絶ち切られたなか、内務省警保局長の名で、全国にこのようなデマを次々と打電したのは、行田の船橋海軍無線送信所だった。この電文は、内務省が単なる流言を流言としてではなく、事実と認めたことを物語っており、朝鮮人による暴動説はがぜん真実性を帯び、さまざまに尾ひれをつけながら、またたく間に全国にひろがった。一日の午後には早くも流言が発生しており、警視庁や警察各所がとらえたものから拾ってみると、次のようなものがある。

- 社会主義者及び鮮人の放火多し
- 昨日の火災は、多く不逞鮮人の放火又は爆弾の投擲《とうてき》に依るものなり
- 鮮人二百名、神奈川県寺尾山方面の部落に於て、殺傷、掠奪、放火等を恣《ほしいまま》にし、漸次《ぜんじ》東京方面に襲来しつつあり
- 鮮人約三千名、既に多摩川を渉《わた》りて洗足村及び中延付近に来襲し、今や住民と闘争中なり

鮮人は殺してもよいと
船橋無電から通知
殺す考へはなかつたが斬つた……
裁判官も被告等も笑ひながらに
中山、法典事件公判

東葛飾郡中山村若宮地先県道で鮮人約十三名を殺した同郡法典村[redacted]忠三(五七)外七名にかゝる殺人並騒擾事件の第一回公判は千葉地方裁判所で十二日午前十時十分から開廷した朝来の雨にもめげず傍聴席は被告の親類縁者で大入り満員、八名の被告がズラリと並んで安藤裁判長はまづ[redacted]忠三郎から型の如く住所姓名生年月日を訊問し[redacted]喜一から事実の訊問が初まる頭髪を分けてみじかい髭をはやした法典消防手の喜一は

左様で御座います／＼

と何の答弁もせず総ての訊問を承認し一鮮人の首を斬つた點について

別に殺意があつた譯ではないが私も附和雷同して首を斬つたがどこを斬つたか記憶がありませぬ

と述べ裁判長が兇行の日本刀を示すと

さうです

と微妙に頭を下げたついで[redacted]勘次(三〇)の訊問に移る

あの時私は何も知らず後ろからついて行つて中山在でやつと追付いた位でハツキリした事は判りませぬ

と逃げ

持つてゐた兇器は元々は日本刀でありましたが最近では竹槍等に使つてゐます

と述べ二鮮人の首を斬つた事は

左様であります

と承認し

私が斬つた時は朝鮮人は全部もう倒れてをり群衆は大部分立会つた後で息があつたものか既に死んでゐたのか分りませんが斬つた時には血が出ました…

と手眞似しながら答へ動機については

東京で鮮人の惨殺死體を見た上四日船橋町の卅八名殺した現場を見たがその時警察も見てゐたが別に止めもせず只見てゐる丈けであつたが流言蜚語と考へ合せて朝鮮人は悪い事をしたものだから殺してもよいものだと思つた

と答へ[redacted]竹蔵(二〇)についで[redacted]治三郎(四七)が立ち大體陳述を承認し

私は朝鮮人のすぐ後ろからついて行つて居ると後ろの方から『やつつけろ』と叫ばれるあぶないと思ひながらふり返つて見ると竹槍と鳶口が鮮人のまはりを襲つて来たので自分の身が危ないと思つて畑の上に飛び上がりました

と芝居がゝりで答弁し

一太刀浴びせなければ自分の任務が済まないと倒れて居た一人を斬りました

と述べ立会白木検事を失笑させ次いで消防組頭青年分会長の肩書ある[redacted]忠三(五七)は

少くとも人の頭となつてゐる以上

と前置し

空を見なければ晝だと思ふやうに焼け残つた紙片が……

といふやうに形容詞澤山に鮮人を斬つた日本刀の来歴まで微に入り細を穿つて申し述べ

東京の叔父が七十萬圓の損害をして

等と脱線し議論もどきで当時の模様をくど／＼しく物語る

船橋無線電信所から　人と見られ殺してもよいと使ひがありました

と述べ裁判長がもうよいといつても

申し上げる事があります法典青年團の分團長が五日に鮮人を送つて来たことは實に不都合だと憤慨してゐます

なぞと訴へてやつと引下がるこれで十三名の訊問を終りついで九月五日正午ごろ同所で鮮人三名を殺した事件に移る第一に焼け出された今年六十一歳の[redacted]徳蔵ははげ頭をペコ／＼下げながら

老人ですから足が遅く私が追ひついた時には朝鮮人は皆倒れてゐましたので私は兇器を何等持つてゐないから其處へゐた誰かから刀を借りて倒れてゐる鮮人を力一ぱいに叩きましたヘイ切つた譯ではありませぬ

と笑ひながら述べ

何分老人ですから耳も能く聞えませぬ……

ととぼけて裁判長や検事を笑はせ裁判長から東京で朝鮮人が悪い事をするといふ事を聞いてゐたから朝鮮人を憎んでゐたためやつたのではないかと訊問され

マアそんな譯です

と神妙に答へる次いで[redacted]徳次郎(二〇)に移り

二人切つたか一人切つたか分らないが二太刀切りました

と大體陳述を承認す(未完)

「東京日日新聞　房総版」1923年11月13日付より。点線で囲った被告の発言のなかに「船橋無線電信所から、□（鮮）人と見られ殺してもよいと使ひがありました」という文言が見られる。

頻発する余震と火災で戦々恐々の群集は、それをデマとは見抜けず、ただちに在郷軍人や消防団、青年団を中心に自警団を組織し、刀剣、木刀、竹槍、鳶口《とびぐち》などで武装し、朝鮮人に暴行を加え、ついには虐殺に及ぶという狂気の行為が随所で繰り広げられた。

「二日の朝になると、流言が勢力を増し、各町内の入口に臨時関所をつくった。夜警所を守る人々のスタイルは、百鬼夜行。先祖伝来の刀をさしたり、手製の竹槍を持った物騒な手合いもあった。中には、ベースボールのユニホームに身を固め、右手にバットを持つ手合いもあった。通行人があれば、いちいち厳重に取り調べる。その答へが曖昧だと、通行を禁ずる方はいい方で、大概の場合は殴りつけてしまった」と、当時の関係者はその時のただならぬ様子を語っている。

また、前出（第一章29〜30ページ）の『大正大震火災誌』には、九月三日の亀戸事件について次のように記されている（カタカナ表記をひらがなにして、一部抜粋）。

流言蜚語を放ちて人心を攪乱《かくらん》し、革命歌を高唱して不穏の行動ありしが為に、九月三日検束せる共産主義者数名も是日《このひ》留置場に於いて騒擾《そうじょう》し、鎮撫の軍隊に殺されたるが如き、以《もっ》て当時管内に於ける情勢を察するに足らん。而《しか》して

＊壺井繁治
一八九七〜一九七五年。香川県小豆郡（現在の小豆島）苗羽村出身。プロレタリア文学の詩人。戦前・戦中には体制を風刺・批判して何度か投獄。戦後は新日本文学会やグループ「詩

物情漸《よう》く鎮定するを待ちて自警団の犯罪捜査に従事し、十月一日以来其検挙に着手せり。

第一次世界大戦を前後として、労働力として朝鮮人が日本に大勢来るようになったため、一九二三年、内務省は「朝鮮人識別資料に関する件」（本書巻末の関連資料参照）なる秘密通達を出し、「朝鮮人はガギグゲゴが言えない」「パピプペポが言えない」「アゴ骨が出ている」「目が一重である」などと特徴を取り上げ、監視体制をとっていた。

これらが震災時に利用され、自警団は通行人を片っ端から訊問し、「アイウエオ」を言わせてみたり、教育勅語をそらんじさせたり、歴代天皇の名を言わせたり、また、朝鮮語にはない濁音がうまく言えるかどうかを試してみたり、相手にとってはまことに屈辱的な方法をとっていた。

香川県が生んだプロレタリア詩人壺井《つぼい》繁治《しげじ》＊は、兵士が剣付き鉄砲

人会議」を牽引して民主主義文学に寄与。小林多喜二全集の編集委員も務めた。妻は『二十四の瞳』を書いた児童文学者の壺井栄（写真左）。

を突きつけ、「ジュウゴエンゴジッセンと言ってみろ!」と鋭くせまる現場に居合わせ、自らも朝鮮人に間違えられそうになった体験を記している。次の詩は彼がのちに綴った「十円五十銭」という長い詩の一部である。

国を奪われ
言葉を奪われ
最後に生命まで奪われた朝鮮の犠牲者よ
僕はその数をかぞえることはできぬ

あのときから早や二十四年たった
そしてそれらの骨は
たとえ土となっても
もう土となってしまったであろうが
なお消えぬ恨みに疼いているかも知れぬ
君たちを偲んで
ここに集まる僕らの胸の疼きと共に

君たちを殺したのは野次馬だというのか？
野次馬に竹槍を持たせ、鳶口を握らせ、
日本刀をふるわせたのは誰であったか？
僕はそれを知っている
「ザブトン」という日本語を
「サフトン」としか発音できなかったがために
勅語を読まされて
それを読めなかったがために
ただそれだけのために
無惨に殺ろされた朝鮮の仲間たちよ
君たち自身の口で
君たち自身が生身にうけた残虐を語れぬならば
君たちに代って語る者に語らせよう
いまこそ
押しつけられた日本語の代りに

奪いかえした
親譲りの
純粋の朝鮮語で

（『壺井繁治詩集』青木文庫より）

ちなみに壺井繁治も、後述する福田村事件の被害者の行商人たちも、同じ香川県の出身だった。

また、舞台俳優千田《せんだ》是也《これや》*の芸名の由来は、二日の夜千駄ヶ谷で朝鮮人（コリヤ）に間違えられたことからだというのも有名な話である。

震災当時九歳だった劇作家の木下順二《きのしたじゅんじ》*は、自伝の中に次のような目撃談を記している。

顔を血で真赤に染めて後手に縛られた一人の男が、林檎箱の上に引き据えるように腰かけさせられていた。（略）

縛られていた男の、一点を見据えていた眼が忘れられない。非常な力を持った人間が、絶対に身動きならぬまでに縛りあげられた、という思いを破裂しそ

*千田是也

せんだ・これや／これなり。一九〇四〜九四年。神奈川県出身。日本の演出家、俳優。本名は伊藤圀夫（いとう・くにお）だが、大震災時に千駄ヶ谷で朝鮮人と間違われ、自警団に暴行されたことを心に刻むために、この芸名にした。戦前は左翼演劇のリーダー的存在として活動し、治安維持法で逮捕。戦後は俳優座を設立し、死ぬまで代表を務めた。

うに籠めたまさに眼であった。怒り、悔しさ、屈辱感、そういうものの極限が悲痛に凝りかたまってしまって動くことのできなくなった凝視であった。

動かない眼の中にあれだけの力が籠ってこちらを刺してくる、という事実を、あり得ないことを見てしまったような感覚でいま思い返す。

その男が朝鮮人であることは、少年の私にも自然に分っていた。

（木下順二『本郷』より）

＊木下順二
一九一四〜二〇〇六年。日本の劇作家、評論家。代表的な戯曲作品に、ゾルゲ事件の尾崎秀実をモデルにした『オットーと呼ばれる日本人』、東京裁判を扱った『神と人とのあいだ』のほか、『夕鶴』『子午線の祀り』などがある。

東葛地方出身者の証言も拾っておこう。我孫子市中里の星野《ほしの》七郎《しちろう》さん（一九一四年＝大正三年生まれ）は、九歳の時、横浜で関東大震災に遭遇する。その四、五日後ようやく帰り着いた湖北村中里での出来事をこう記している。

夕食後、中里消防組に緊急出動令が出される。理由は、中峠上の二本榎《にほんえのき》にある八幡神社（現八丁目、八幡神社）に朝鮮人らしき者が七〜八名入り、宿泊しているので警察応援及び自警の為、中峠天照神社に集合ありたし、とのこと。八幡神社は成田線の南の山林の中の無住の社。三〇平方メートル程の社殿に入り宿泊している様子、中里より壮年の組員が一五名、日本刀のある人は持ち、あとは消防のトビ鎌、または竹槍を持ち集合。部落がざわつく。八幡神社には夜間一〇時過ぎ襲撃して捕獲するが、抵抗すれば殺すことも止むなしと。しかし行ってみたら朝鮮人でなく東京にて震災で焼け出され郷里に帰る途中、無人の神社があり、此幸いと一夜の宿にするに入ったことが分かる。事件にならず済み、皆ホッとする……

（星野七郎『回顧九十年』より）

野田の地主の家に生まれ、震災当時は中学生（旧制）で東京の親戚に身をよせていた山崎謙《やまざきけん》さんは、川に難をのがれた寄宿先の娘さんが、浮いたり沈んだりしながら息絶えたさまを見ていた。

彼は髪型などちょっと変わった風貌をしていたため、朝鮮人ではないかと疑われ、しつこい訊問を受けた。「疑うなら家族を呼んでくれ」と詰めより、父親と兄に迎えに来てもらってやっと釈放された。疲れ切って命からがら帰ってきた息子を涙ながらに抱くようにして母親が迎えたという。

なかには、家の門や塀などに牛乳配達や新聞配達の便宜のため書かれた、アルファベットや数字などの符号も朝鮮人の仕業とされ、大げさな流言の対象となった。

山崎さんはその後、早稲田大学の哲学科および大学院に学び、大学教授などを歴任しながら、弁証法論理学の体系化に一貫して努力した。第二次世界大戦中に反戦運動のかどで、哲学者の三木《みき》清《きよし》らとともに入獄するが、非転向を貫いた。のちに三里塚闘争にも参加し若い世代とともに闘っており、『哲学読本』から自伝『変革と反逆の77年』まで、実に四十五冊もの著作を残している。

今でも出てくる新史料

こうした関東大震災直後の「不逞鮮人」暴動の噂や朝鮮人弾圧・虐殺の目撃情報はたくさんある。それら全般については、『関東大震災朝鮮人虐殺の記録　―東京地区別1100の証言―』（西崎雅夫著、現代書館）や『九月東京の路上で』（加藤直樹著、ころから）をはじめ掘り起こしが進んでいるのでそちらを参照していただきたいが、それでもまだ。個人の日記など新史料は出てくる。筆者のところにもそうした史料があるので、ひとつ紹介したい。

これは、関東大震災発生時に吉原近辺にいたとある男性の日記である。紙幅の都合でそこから「鮮人」に関する部分のみ抜粋する。

九月二日（日曜）

大じしん　二日目　死しよう者　五十万人

……ちようせんじんの悪人夜全市内外をおそふ。軍隊全部出働（動）ス。夜となる。全市やはりあんこくだ。不安だ。俺は玉の井の気（汽）車線路上に夜を明かす。

九月三日（月曜）

……亀戸へきた。夜になった。時々はかんせいがおきる。鉄ぼう（？）の音、ねずにけいかいする。四ツ木の鉄橋下にはせん人、数十名、殺されてる。……

九月四日（火曜）

……夜になり町内全部総出で、夜番けいかいスル。白しげ橋（白鬚橋）の上にてせん

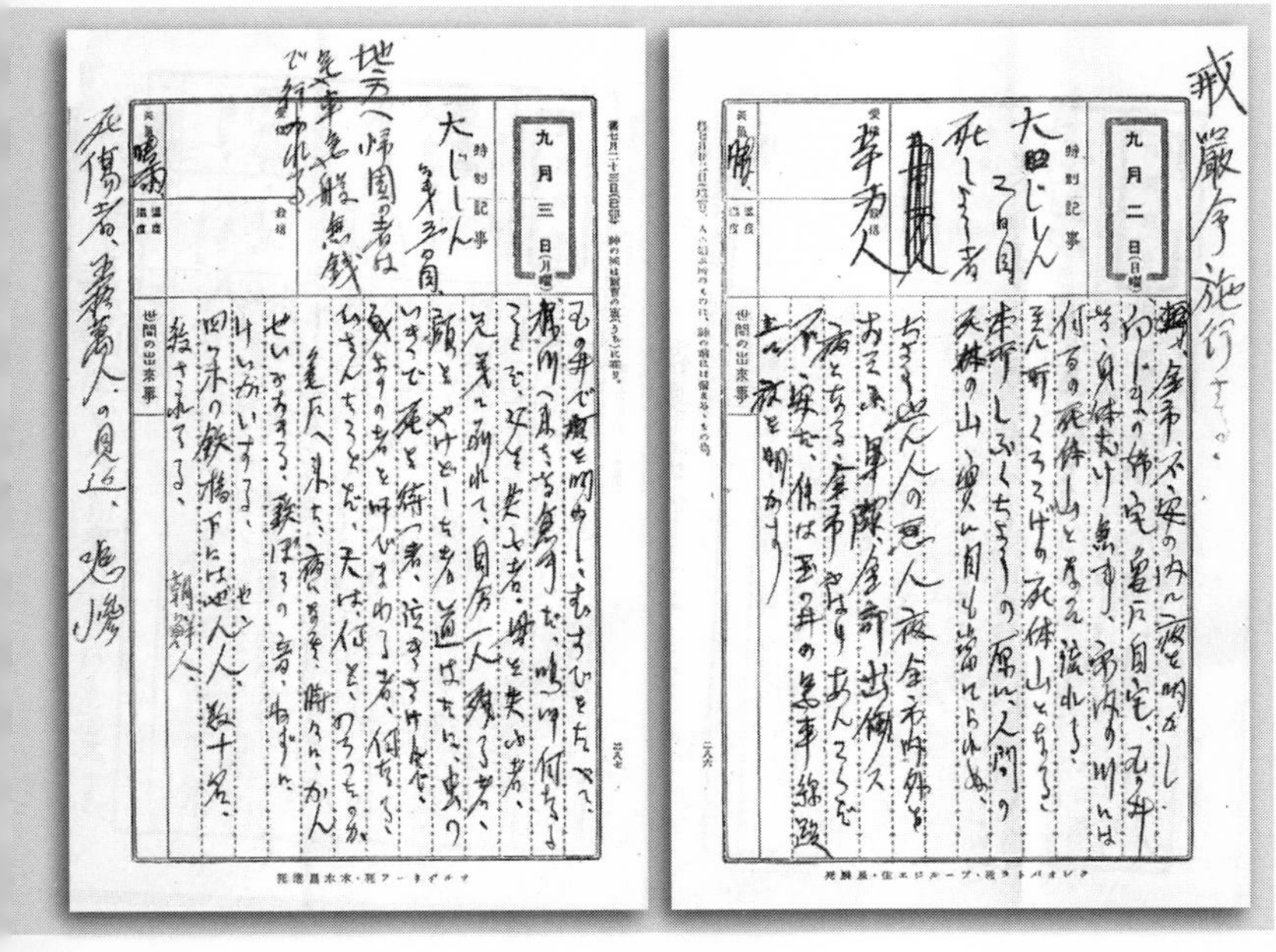

人若干殺さる。市内火は全部けいた（消した）。

九月五日（水曜）

……十二階（凌雲閣）は□（八？）階よりくずれ、死しよう者、数百名。観音堂五十とう（五重塔）無事。せん人ほゞつかまる。軍隊各所に武そうして居る。全くせん地の有様なり。

噂が伝わってきた直後の九月二日こそ、それを本当だと受け取っているようなふしが日記の記述から感じられ、緊張感と警戒感が漂ってくる。しかし翌三日、四日になると「せん人、数十名、殺されてる」「白しげ橋の上にてせん人若干殺さる」と虐殺された朝鮮人の遺体を見たことは書いていても、具体的に朝鮮人が何か悪さをはたらいたという目撃談もなければ、暴動の噂すらも書いてはいない。二日の日記の記述にあった「悪人」の文字も消えている。

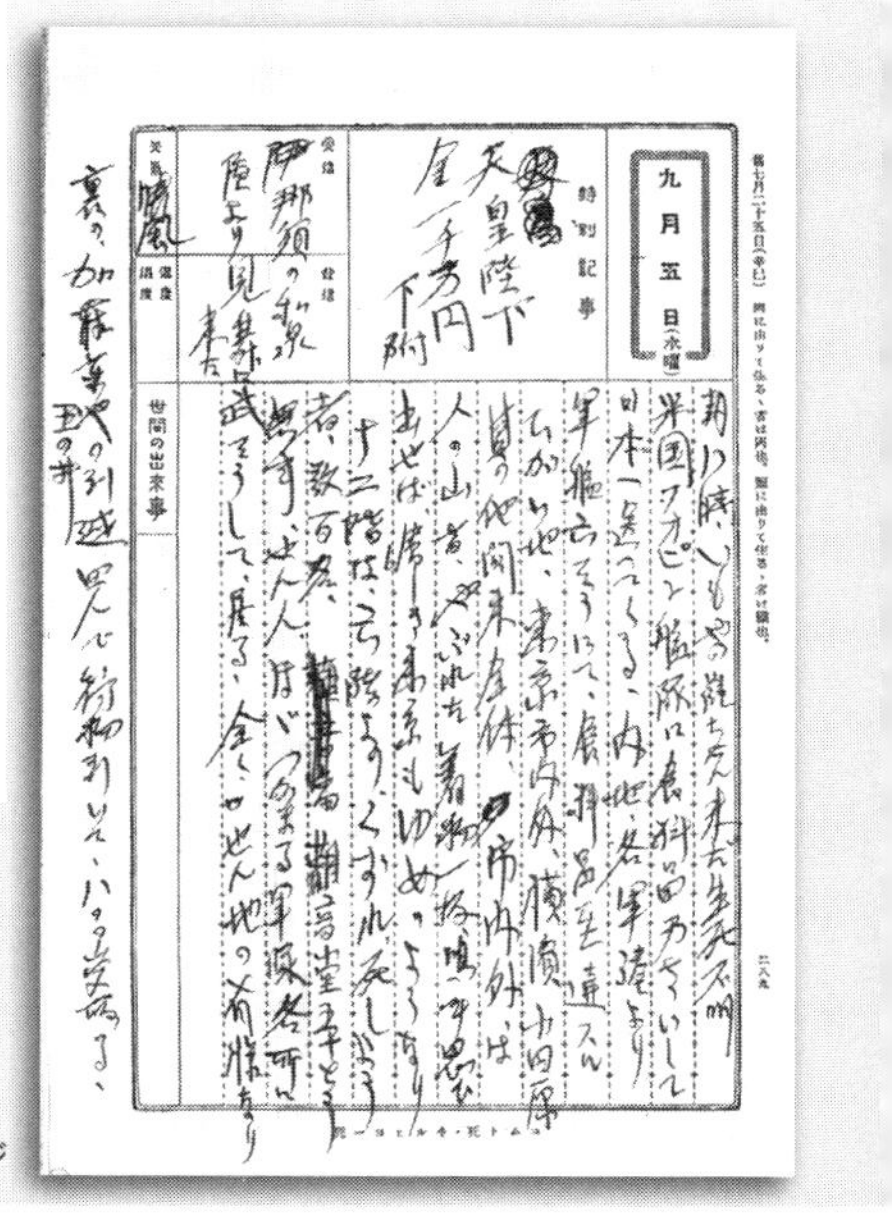

日記の9月2・3・4日のページ

日記を披露してくれたご子息がいうには「親父は文盲だった為独学の文字」だとのことだ。確かに文字の書きまちがいや乱れは見られるし、最初こそ浮き足だった感もある。けれどもやがて冷静さを取り戻し、事実とただの噂とを見分けようとしているさまが見て取れる。

市井《しせい》にはこの男性のような冷静さを取り戻す人びとがいる一方で、デマに煽られるまま朝鮮人虐殺に走った人びとも多くいて、両者のあいだの距離は思った以上に近い。その紙一重の差はいったい何に由来するのだろうかと考えさせられる。

習志野収容所開設

警視庁は、朝鮮人暴動説が根も葉もない流言にすぎないことに気づきはじめ、自警団組織の残虐行為を抑える必要を感じ、九月二日午後三時に、赤池濃警視総監は、各警察署長に対して次のように命じた。

一、流言防止、人心安定を策すべき大宣伝を実施すること
二、流言の由来、径路、真相を厳密探査し、流言者は厳重取締ること

三、真相判明する迄は、応急警戒を実施すること
四、朝鮮人、内地人の如何《いかん》に拘《かか》わらず、不逞行動をなす者は厳重取締ること
五、朝鮮人の収容保護を迅速にし、且《か》つ内鮮人間の融和を計ること
六、自警団を善導し、戎兇器携帯《じゆうきようき》を禁じ其の暴挙に対しては断乎たる取締をなすこと

それでも、警視庁では朝鮮人暴動説が根拠のないものという確信がなかなか持てなかった。しかし、暴動説は事実無根であることが次第に判明し、九月三日、午前六時に次のような宣伝ビラを各警察署管内に配布した。

不逞鮮人妄動の噂盛なるも、右は多くは事実相違し、訛伝《かでん》に過ぎず、鮮人の大部分は順良なるものにつき濫《みだ》りに之を迫害し、暴行を加うる等無之様《これなきよう》注意せられたし

とくに船橋は、続々と避難民が流れ込み、デマの送信に大きな役割をした海軍の無線電信所があり、また北総鉄道*（現在の東武野田線）の敷設《ふせつ》工事に朝鮮人が人夫と

して働いていたことなどから、多くの犠牲者を出した。

二〇一二年（平成二十四年）四月、関東大震災から九十周年にむけての学習会が、「千葉県における関東大震災と朝鮮人犠牲者追悼・調査実行委員会」主催で行われた。参加した人の父親（一八九八年生まれ）は、習志野に収容されたことは死ぬまで言わなかったが、戦争中の大空襲のとき、関東大震災のことが脳裏に浮かんだらしく、妻にむかって「口をきくな」と固く言ったという。あの頃、日本で朝鮮人がどう見られていたか、心に深い傷を負っていたからにほかならない。今度はそれを孫《まご》子《こ》にどう伝えて、どう生きていくか悩むという参加者の声に、日本人として、深く頭を垂れさせられる思いであった。

記録されている県内の事件と犠牲者は別表（１０９ページ以降）のとおりである。流山、野田、柏、我孫子、松戸などでは、果たしてどうであったか。その実態を探ってみたい。

流山における虐殺事件

まず、千葉県内では、とくに南西部（安房、君津、市原郡）に多くの被害が出てお

＊北総鉄道
現在の東武野田線の前身。東葛飾郡野田町（現・野田市）の醤油醸造業者の要望で、一九一一年に野田町駅（現・野田市駅）・柏駅間に敷設された千葉県営鉄道野田線が、民間に払い下げられ、野田線と船橋・柏間の新線を敷設する目的で一九二二年に設立。翌年の大震災があった二三年年末に船橋駅・柏駅間が船橋線として開業した。なお、現在、東京の京成高砂駅から千葉県印西市の印旛日本医大駅までを結ぶ北総線を運営している北総鉄道とは無関係。

り、流山町では全壊は老朽家屋二戸のみで、おりしも建設中で梁と柱の段階だった陸軍糧株廠《りょうまつしょう》にも被害が出た。新川村では、全、半壊がそれぞれ二戸、また、利根運河会社のこの年の下半期の営業報告によると、両岸の堤防が全線にわたって大きく亀裂し、崩壊、陥落の被害甚大で、応急工事の急務を要する旨が記されている。そして新川、田中、福田村の村々が協力し合って、十数日間五千数百人が出動して、応急工事にあたっている。

利根運河の庶務課の職員、山中貞義氏の遺した「大正十二年日記」から、抜粋してみると、

九月一日

正午に至り、突然大強震あり。地割れふん水、堤防のきれつ、かんらく、石碑の損壊、屋根瓦の落下、家屋の損傷、実に甚《はなは》だし。幸人畜に死傷なかりしは幸なりき。午後風にて曇天となる。天空より黒片数限りなく、恰《あたか》も黒雪の如く落下す。是れ大東京市の大火と思ふ。

九月二日

東京の大火なお終息の模様なし。陸続と避難民帰郷せらる。

九月三日

東京、神奈川府県下に戒厳令発布せらる。尚お本日は運河沿岸全線に亘り工事開始となる。大東京大火尚お終息の様なし。夜に至り、南天真紅にして、其の被害惨状名状すべかざるものあり。

九月四日

昨夜来松戸、流山、八木方面鮮人入り来り、乱暴をなすと云風報あり。人心胸々として各村より消防組、在郷軍人、青年団等非常警戒をさす事となる。

九月六日

朝三井丸二号にて支配人同道東京にむく。……大東京焼跡悲惨なるは到底筆舌に尽くすこと得す。人畜の死屍《しし》数限りなく、大家商楼も一朝の夢と化し、殆《ほと》んど原形を留めたるものなし。

九月七日

上野公園其の他の避難地は不潔なること甚し。恰も農村に於ける掃溜《はきだめ》の如し。同公園より瞰下《かんか》すれば、一望千里目をさえぎるもの更になし。

九月八日

六日福田村三ツ堀にて鮮人九名惨殺せりとの報を聴く。（傍点著者）

（『流山市史　別巻・利根運河資料集』より）

日記にもあるように、縁故をたよって避難者が続々と現れ、流山町では学童八十九人を含む千五百人が二カ月あまり収容されている。新川村における避難者の記録はないが、詩人の立原道造《たちはらみちぞう》*が親戚の家に避難し、新川小学校に一時通ったことが伝えられている。

また、新川村の在郷軍人の分会や流山町の青年団、消防組などで、この地域を通過する避難民のための救護所も設けられた。このほか、罹災地に玄米、衣類など救助物資も調達しており、県の募集に対しては、流山町の秋元三左衛門、堀切紋次郎ら有志や八木村の念仏講中、新川村から見舞金や衣類を出している。

この震災は、野田や流山の水運にも大きな影響をもたらしたことが、流山市立博物館が行った聞き取り調査『河川と流山』のなかに記録されている。

当時、野田からキッコーマンの醤油を東京に運んでいた高瀬船や、それを引っ張っていた発動機船万寿丸など、二十隻が東京の小網町などに出ていた。地震のあと続々と避難してきた人々であふれ船は橋をくぐれず、あたり一面の熱風で、シュロ製の艫綱《ともづな》に火が燃え移り、二十隻のうち十九隻が火災に巻き込まれ、次々に炎上

＊立原道造

一九一四～三九年。詩人。建築家。建築家としては東大建築学科在学中に辰野金吾賞を受賞、詩作では中原中也賞を受賞したが、二十四歳で急逝。父の立原貞治郎は婿養子で、千葉県東葛飾郡新川村大字平方の狼家の出身。その縁で一時新川小学校に通っていた。

していった。船頭稼業の家に生まれ、学校にあがるまで船で育ったという流山市西深井在住の藤田《ふじた》つぎさんは、母親と妹をこのときの混乱時に亡くした体験を、生々しく語っている。

日本橋のシマシンという油屋は、法事の最中で人がいっぱい集まっていたんだけど、そこで倉庫に火がついてしまって、倉庫が川の中にびっしりとオッカブサッテ（川巾いっぱいに崩れ落ちた）んで、その油が流れていたんだよね。うちのオフクロなんかも、オヤジが「子供おぶって逃げろ」って言うんで、ワッチ（＝私）の妹をおぶって蒸気（＝蒸気船・万寿丸）に乗って逃げたんだそうです。そうしたら、今度は大潮にあっちゃって、橋の下くぐれないんです。その内に子供の頭に火がついて「おっかあ、熱いよぉ」って。で、オフクロは子供をおぶったまま川に飛び込んで、それっきり浮いてこなかったと聞いています。

（『河川と流山　流山市立博物館研究報告書10』より）

また、震災後の東京を復興させるため、さらに戦後の復興期にも、江戸川の川砂がさかんに採られ、水位が下がり、水は濁り、川床は変化し、水運や漁業に大きな影響が出た経緯も報告されている。

元艫綱の製造販売業の村山金一郎《むらやまきんいちろう》さんは次のように語っている。

当時金を稼ぐには砂取りぐらいしかなかったんですよ。あれは稼げたから。小さい舟しか持っていない人はみんなやっていたけど、それで江戸川の底を下げちゃったんですよ、そのうち、江戸川の管轄が内務省から建設省に移ったから、砂取りを禁止しちゃったんです。

流山における朝鮮人虐殺は、どのようにして起こったのか。大方の市町村がそうであるように、きちっとした記録は残されていない。事件の性質上、加害者、被害者を含め、関係者の子孫への配慮など、いろいろ差しさわりもあってのことであろうが、震災から百年を迎え、もろもろの事情を充分配慮したうえで、記録に残しておくことも必要ではなかろうか。

地震後、虐殺事件にかんしては新聞記事にも統制が布《し》かれ、大正十二年十月二十四日「東京日日新聞」（現毎日新聞）の房総版で、ようやく次のような記事を拾うことができる。

流言蜚語に驚いて
百卅〔百三十〕餘名を虐殺
犯人百五十一名が検挙収監さる
自警団の大暴行

九月一日の大震災後、朝鮮人が東京横浜を襲撃の上、漸次本県下に襲来するとの流言蜚語にまよはされ、県下至る所の青年団、在郷軍人会員その他が自警団を組織し警戒中、朝鮮人六十二名を殺害したのを始め、内地人約七十名を惨殺並びに傷害した犯人は、左記百五十一名で、目下千葉地方裁判所において予審中であるが、近く予審終結、公判に付せらるる筈。

千葉事件（一名）、幕張事件（十名）、船橋事件（十名）、鎌谷事件（十三名）、南行徳事件（十八名）、浦安事件（十九名）、法典事件（九名）、我孫子事件

房総版
流言蜚語に驚いて
百卅餘名を虐殺
犯人百五十一名が検擧收監さる
自警團の大暴行

「東京日日新聞　房総版」
1923年10月24日付

（五名）、馬橋事件（十名）、流山事件（六名）、小金井〔小金?〕事件（一名）、田中村事件（四名）、細田村事件〔福田村の誤記〕（四名）、成田事件（七名）、佐原事件（十五名）、木更津事件（十三名）

（「東京日日新聞　房総版」大正十二年十月二十四日付）

流山の事件については、次の記事がある。

斬った上
河中へ投ず
流山町の事件

〔右八名は〕九月四日午前十時ごろ数名の自警団員が二十三、四歳位の鮮人男を捕縛し、同町巡査部長派出所方面に向かひつれ行くを見て、不逞鮮人なりと即断し、同町根郷〔……〕こと〔……〕方前の県道で日本刀で該鮮人〔当該の朝鮮人〕の左大腿部に斬り付

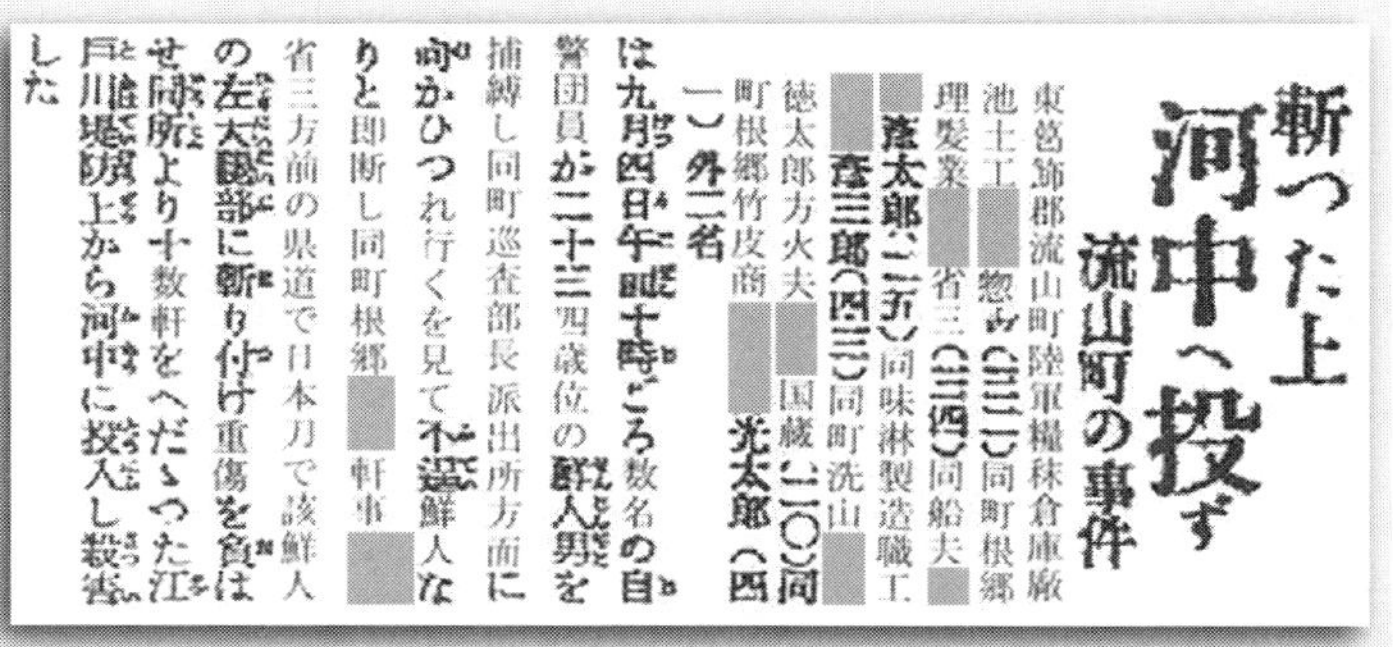
斬った上
河中へ投ず
流山町の事件

東葛飾郡流山町陸軍糧秣倉庫廠池土工[redacted]惣み（三三）同町根郷理髪業[redacted]省三（三四）同船夫[redacted]逢太郎（二五）同味淋製造職工[redacted]彦三郎（四三）同町洗山[redacted]徳太郎方火夫[redacted]国蔵（二〇）同町根郷竹皮商[redacted]光太郎（四一）外二名は九月四日午前十時ごろ数名の自警団員が二十三四歳位の鮮人男を捕縛し同町巡査部長派出所方面に向かひつれ行くを見て不逞鮮人なりと即断し同町根郷[redacted]軒事[redacted]省三方前の県道で日本刀で該鮮人の左大腿部に斬り付け重傷を負はせ同派所より十数軒をへだゝつた江戸川堤防上から河中に投入し殺害した

「東京日日新聞　房総版」1923年11月4日付

け重傷を負はせ、当同所より十数軒へだたった江戸川堤防から河中へ投入し殺害した。

(「東京日日新聞　房総版」大正十二年十一月四日付)

流山事件の目撃者の証言

少年時代、この虐殺事件を目撃したという流山市在住の鈴木《すずき》政義《まさよし》さん(大正二年生まれ、取材当時八十歳・故人)から貴重なお話をうかがうことができた。

小学校四年生の時でしたから、よく覚えています。地震が起こった日は二学期が始まった日なので、早く下校し先生方は生徒を帰して会食の準備かなにかしようとしていたらしいですね。

地震はすごい揺れでしたが、不思議なことに、倒れた家はほとんどありませんでした。このへんは根郷《ねごう》と言いましたが、火災もほとんどなく、二、三軒さきで地割れがして青い砂が吹きあがったと聞きました。

地震のあと、余震がちょいちょい来るので、万上味醂《まんじょうみりん》*の工場の横の空き地に、舟のアイビ(渡しに使った板)を並べ、この上に筵《むしろ》や布団を敷いて、二、三

*万上味醂　一八一四(文化十一)年に流山の醸造家・堀切紋次郎が白みりん「万条味醂」(のちマンジョウみりん)の醸造に成功、名物として全国に広まった。

日寝起きしました。さいわい幾日も雨が降らず、私ら子どもたちは、怖さよりもキャッ、キャッとはしゃいじゃっていたように思います。

東京からぞくぞく避難民が行列でやってきました。列車がだめなので、歩いて知り合いや郷里をたよってきたのでしょう。炎天下に帽子もかぶらず歩いているので、古い麦わら帽子やおにぎり、水などを、ずいぶんやっていましたよ。

今では土手になっていますが、私の家は江戸川の川べりで、旧道をはさんで万上味醂と向かい合っていました。今とずいぶん違って、土手が低く年に二、三回床下浸水していました。地震から何日目頃でしたか、すぐ家の前で朝鮮人が斬りつけられたのです。朝鮮人が悪さをしているという噂を聞いていましたので、子どもはあぶないから外に出るなと言われていました。

でも昔の雨戸はガタガタで、すき間や節穴もあるし、私はそこから覗いて見ちゃったんです。ちょうど糧秣廠の工事をS組というのがやっていて、たぶんそこの男たちで、言ってみればやくざ風の二人が、朝鮮人を引っ張ってきたんです。周りには旅芸人風なのが二人くらいと、これがよくわからないんだけど、警察もいました。

連れてこられた朝鮮人は、どんなことをされるのかと、おどおどして家の前でヘタヘタと座りこんじゃったんです。そしたら「立てー！」とか言って白鞘の日本刀でバーンと殴りつけたんです。白鞘というのは軍刀とかじゃなくて、ケンカの好きな人が持っているようなノリでくつつけたような鞘だから、それがボーンと割れて、股の肉がひとかたまりポーンと飛んじゃった。本当に斬るつもりなら刀を抜いたと思いますが、斬るつもりはないのに鞘が割れたために斬れちゃったんですね。

そしたら万上から帰ってきた一杯機嫌のような人が、蔵から筵かなにかを持ってきたんです。それに乗せて、うちのよこの床屋さんと、万上の蔵との間の細い道を引きずって行って土手に上げ、川に投げ込んじゃったらしいです。やじうまも結構いたように思います。なかには、竹竿を持ってきて「助けて、助けて」と言ってるのを、川の中へ突き落とした者もいたとか聞いています。おそらく物干し竿かなにか持ってきたのでしょうかね。

朝鮮合併で独立運動がすごかったけど、流山に来たのはおそらくそんな運動家ではなく労働者風で、避難してきてうろうろしているうちにつかまったんでしょう。

こんな話も聞いています。その頃、飴を売り歩く朝鮮人の飴屋さんがいて、なかなか愛嬌があって子どもたちに親しまれていました。この飴屋さんまで殺されちゃ可哀そうだといって、村人が十人あまりの飴屋さんをいまの一茶双樹記念館の向かいの画家笹岡了一《りょういち》＊先生のところの蔵に、ほとぼりがさめるまでかくまってやったという話でした。

当時は話を大きくする人がいて、十万人の朝鮮人が殺されたという人もいました。

「いま、馬橋の駅から朝鮮人三百人が汽車に乗って来るから大変だ」と、騒ぐ者もいました。流山でも十人くらい竹槍で殺したというお婆さんがいたらしいけど、そんなことはないと思います。なかにはデマ飛ばすのが好きな人もいて、そういう騒ぎが起こると、また粋がってやっちゃう人間がいるんですよね。

こういう噂も聞きました。富山の薬売りさんたちの言葉がちょっと違うので、間違って殺しちゃったと。なんでも「いろはにほへと」と言わせて、ちょっとでも戸惑うとこれは朝鮮人だってことにね。

こんなこと話していいかどうか分かりませんが、震災の頃、糧秣廠の工事人

＊笹岡了一　一九〇七～八七年。新潟県出身。洋画家。一九三五年、流山の醸造業・秋元洒汀の養女で画家の秋元松子と結婚。応召後、流山にアトリエを構える。七六年より二年半にわたって、松本清張の新聞連載「清張通史」の挿絵を担当。七八年、第十回日展にて内閣総理大臣賞受賞。日展評議員、千葉県美術家協会会長を歴任。

夫として朝鮮人がたくさん来ていました。その朝鮮人たちが、うちの店に置いていた酒を金も払わず持っていっちゃうんですよ。その時の言いぐさが、「日本人も朝鮮人も天皇陛下は一人なのだからいいんだ」というのです。それから酒類は置けなくなりました。

当時子ども心に、朝鮮人というと、怖いという印象を持っていました。でも軍隊で朝鮮に少し滞在した時、純朴ないい人もいると思いました。私の父親は日露戦争の直後に兵隊になったのですが、その時の中隊長がかなり進歩的な人で、「朝鮮をこのようなかたちにすると、将来日本を滅亡に導く基になる」と言っていたそうです。昔の人でも必ずしも愚直な人ばかりではなかったんですね。

震災の時のことを、なぜこんなに覚えているかというと、とても怖かったからです。今その人たちが出てきたら、すぐわかるほど一人ひとりの顔を鮮やかに覚えています。今もジリジリと暑い日は、震災の時を思い出すんです。

鈴木さんの証言は以上であるが、資料に記録されている流山における事件が、まさに鈴木さんが目撃した事件であろうことは容易に想像できるし、四日に風評があったとする「山中日記」（65～67ページ参照）とも符合する。また、富山の薬売りの件は、野田の福田村で起こった香川県の売薬行商人虐殺事件、すなわち後述する福田村事件のことではないかと思われる。

朝鮮人が店に来て「日本人も朝鮮人も天皇陛下は一人なのだからいいんだ」というセリフには、韓国併合でひとつの国になったことを意味し、共通の天皇陛下のもとにあるのだから、震災のような非常時には、店のものを強奪してもかまわないという意識が働いたのではないか。笹岡良一画伯の弟子でもあった鈴木さんは、お話のほかに、当時の見たままを絵にして遺されている。

すでに故人となられたが、絵の特技を生かして、流山市の「いろはかるた」も作られている。八十歳を越えた取材当時（一九九九年）も、驚くほど記憶が鮮やかであった。それは十歳の少年にとって、許容限度を超えた強烈な体験だったからにほかならないだろう。なお、画家笹岡良一のアトリエは、現在「杜のアトリエ黎明館」として、市民に開放されている。

お話や絵の内容からも、震災当時の様子がよく伝わってくる。とくに、警察がじっと立って、ただ見ていたという注目すべき点が「殺《や》ってもいい」という当時の異常な空気を、如実に物語っていないだろうか。

鈴木政義さん本人が描いた流山での朝鮮人虐殺事件の現場のようす

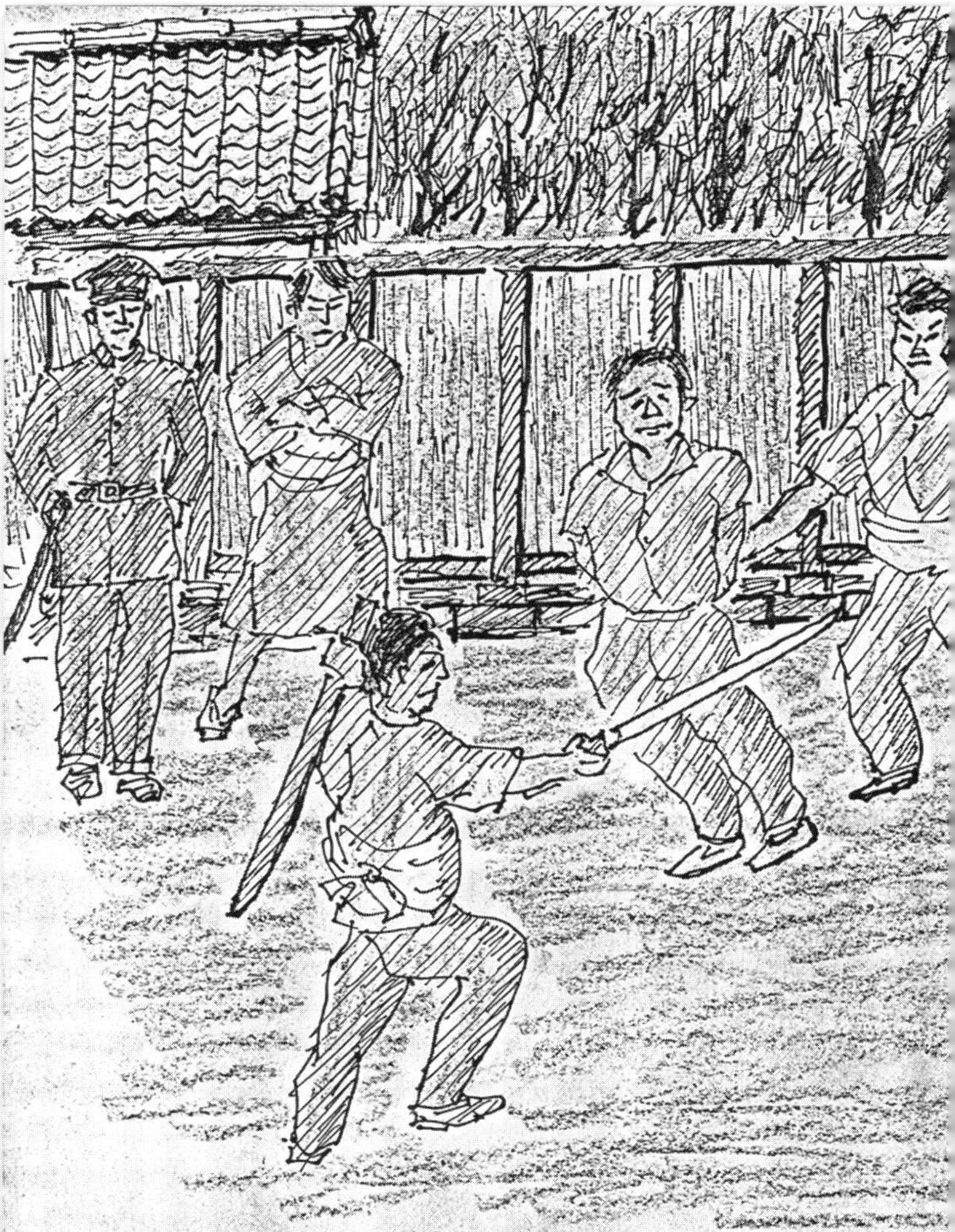

江戸川べりで被害者を供養

東京都新宿区新大久保に「高麗博物館」がオープンしたのは、二〇〇一年である。二〇〇四年八月六日、初代館長の宋富子（ソン・プジャ）さんが、私と証言者の鈴木政義さんを訪ねてこられた。一九九九年に流山市の市民団体「博物館友の会」発行の『東葛流山研究』に発表した「関東大震災　もう一つの悲劇」を読まれての訪問であった。宋さんは「江戸川で殺された人の供養をしたい」と言われ、近くの雑貨店で購入した花を手向け、清酒を江戸川にそそぎ、二人で手を合わせ冥福を祈った。宋さんの同胞を思っての深い悲しみが伝わってきて、言葉がなかった。

鈴木政義さんと高麗博物館初代館長の宋富子（ソン・プジャ）さん。2004年8月撮影。

鈴木さんのお話にもあるように、震災時、流山では大正二年から始まった江戸川の改修工事と、陸軍糧株廠の建設工事が進められていた。そこにそれぞれ五十人ずつの朝鮮人労働者が使われていたこと、鰭ヶ崎の山から土砂を運ぶ仕事で、日本人の日給が六十五銭、朝鮮人の日給が六十銭だったことが、内務省に勤務していたという高野福次郎さんの証言として記録されている。

それに関連して、高野さんの次のような証言もある。

工事の間には、大正十二年に大震災がありましたけれど、朝鮮の人を五十人も使っていたでしょ。『川の中へ放り込んじゃえ』って言って万上の前で騒いでいるんですよ。私は内務省に行っていたから朝鮮人の人の話がデマだって知っていましたから『いま、習志野の一五連隊が来るから待っていろ』ってウソを言って、なんとか朝鮮人の人を助けたこともありました。

（『河川と流山　流山市立博物館研究報告書10』より）

また、東京で船が焼け、煤けた真っ黒い顔で歩きながら流山まで帰ってきた人は、あちこちで自警団の検問に引っかかり、「殺されはぐったんですよ」と、語っている。

『いわれなく殺された人びと』（青木書店）のなかには、毎朝九月一日が忘れられないという朝鮮人の男性の、次のような証言が紹介されている。

私の亡父は当時十九歳で、やはり千葉県の流山に逃げたらしいのです。食べる物もなく、草やぶにひそんでいると蚊にくわれ、川の水と柿の青いのを食べながらの毎日だった。かくれていると、近くの道路をトビを持った十名ぐらいの村人たちが一人の朝鮮人をうしろ手にしばり、なぐりつけながらお寺の方に行くのを見て、身が震えるのをおさえられなかった。お寺につれていったのは殺すつもりで、つれて行ったのだろう。三回程見つかり、逃げたが空腹と疲れでつかまった。

そして、流山のあるお寺につれて行かれて、うしろ手にしばられたまま、二、三日寺の土間にころがされていた。殺すなら早く殺してくれと言った。大便も小便もたれ流しだ。どうやら村人はどうして殺すか相談したらしい。そのうち国際世論が出てきたらしく、村人の態度が一変して、縄をほどき、食べ物もだしてくれた。九死に一生とはこのことで、二度と思い出したくない。

しかし、日本に暮らすお前達には言っておかなくてはいけない。歴史は必ずくり返す。どんなに楽しいことがあっても、このことだけは、ぜったい忘れるな。社会の変動がある時も、一部の日本人は、朝鮮人に色々な責任を転嫁して、殺されるかもしれないと。冬の寒い日、夜更けまで私と兄に語ってくれました……

(『いわれなく殺された人びと』より)


いろんな資料や証言から推理すると、河川工事と糧株廠の工事にそれぞれ朝鮮人が使われていたことから、事件に巻き込まれた人物もお寺に潜んでいた男性も、現場で働いていた朝鮮人労働者ではなかったか。

地震発生当時、それらの人たちがどのような処遇を受けたか、推測の域を出ないが、デマの横行により、荒縄や針金で朝鮮人を縛り、身柄を拘束したという多くの例を見ると、流山でもそうした可能性が強い。そのなかで反抗的な態度を見せた者か、あるいは親玉的な人物が虐殺されたことも考えられる。

大正十二年十一月の「東京日日新聞　房総版」によれば、流山の事件の求刑は、十一月十六日に行われ、大工職Ａ（三五）に懲役二年、ほかの五名に執行猶予付き一年の刑を求めたことが記されている。

我孫子および馬橋駅における事件

政府による事件の調査結果をみると、東葛飾郡我孫子町の八坂神社境内で、三名の朝鮮人が撲殺されたことが記載されている。なんとか証言を取りたいと、二、三の古老や識者に手紙や電話で問い合わせてみたが、いずれも口が固く、残念ながら聞き出すことはできなかった。流山や野田でも事件以来、親戚関係がおかしくなったり、心の病にかかった人さえいたというから、いまなお語りたくない、語れない複雑な心境にあるのだろう。

当時の新聞「東京日日新聞」の記事から事件の様子を拾ってみよう。

まずは我孫子事件について。

我孫子、滑川の鮮人惨殺事件

予審終結して公判へ
下手人九名が有罪

県下における鮮人殺し事件の一部は予審終結し、二十七日千葉地方裁判所の公判に付せられた事は別項の通りであるが、同日午後四時更に我孫子事件滑川事件の二つが予審終結し、同様公判に付せられた。

我孫子事件

震災当時に折りから不逞鮮人暴行の流言蜚語が盛んで、我孫子町地方は自警団を組織して警戒してゐたが、三日午後三時ごろ、同郡富勢村字根戸消防組員が朝鮮人A（二九）B（二〇）C（二六）を取押さへ、同町の警戒本部八坂神社境内に同行したので、群衆は不逞鮮人なりと思ひ、忽《たちま》ち凶器を以て三人をさんざん殴打し負傷せしめたが、幸ひ警官の制止で殺すまでに至らなかった。所が同夜九時ごろB、Cの両名はすきに乗じて逃走したので大騒ぎとなり遂に残っていたAを殺害し、更に四日

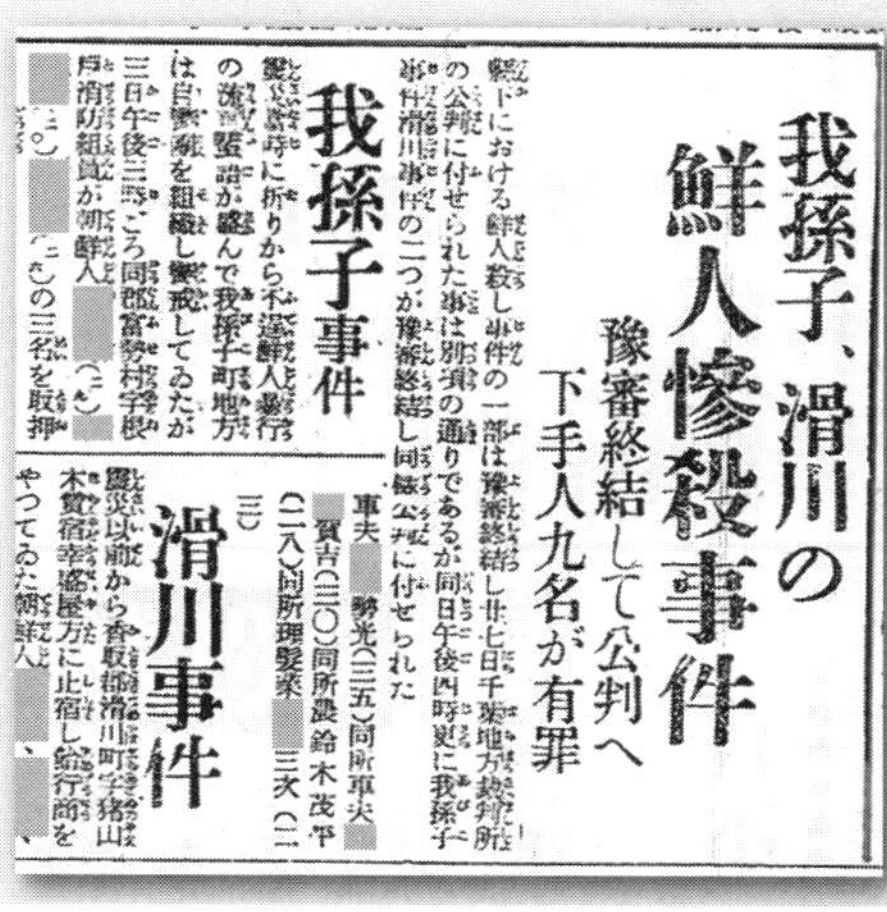

我孫子、滑川の
鮮人惨殺事件
豫審終結して公判へ
下手人九名が有罪

縣下における鮮人殺し事件の一部は豫審終結し廿七日千葉地方裁判所の公判に付せられた事は別項の通りであるが同日午後四時更に我孫子事件滑川事件の二つが豫審終結し同様公判に付せられた

車夫[redacted]勢光（三五）同所車夫[redacted]賀吉（三〇）同所農鈴木茂平（二八）同所理髪業[redacted]三次（三三）

我孫子事件

震災當時に折りから不逞鮮人暴行の流言蜚語が盛んで我孫子町地方は自警團を組織し警戒してゐたが三日午後三時ごろ同郡富勢村字根戸消防組員が朝鮮人[redacted]（二九）[redacted]（二〇）[redacted]（二六）の三名を取押

滑川事件

震災以前から香取郡滑川町字猪山木賃宿幸盛屋方に止宿し飴行商をやってゐた朝鮮人[redacted]、[redacted]、

「東京日日新聞　房総版」
1923年10月30日付

に至り逃亡した前記二名を取押さえ、鳶口、竹槍、下駄などで遂に惨殺したものであるが、有罪となった被告は次の六名である。

（「東京日日新聞　房総版」大正十二年十月三十日付）

鮮人殺しの公判
申合せた様に……
豫審の供述を翻す
五名に懲役二年を求刑
我孫子事件第一回

我孫子町では鮮人三名を殺害した〔……〕六名にかかる殺人事件の公判は、十九日午後二時から地方裁判所で開廷。安藤裁判長はまずA（二三）から訊問を開始した。Aは歯切れのいい調子で一一《いちいち》答弁し、「鮮人三名を最初に殴打したのは警部補と憲兵さんだし、私は肩を七、

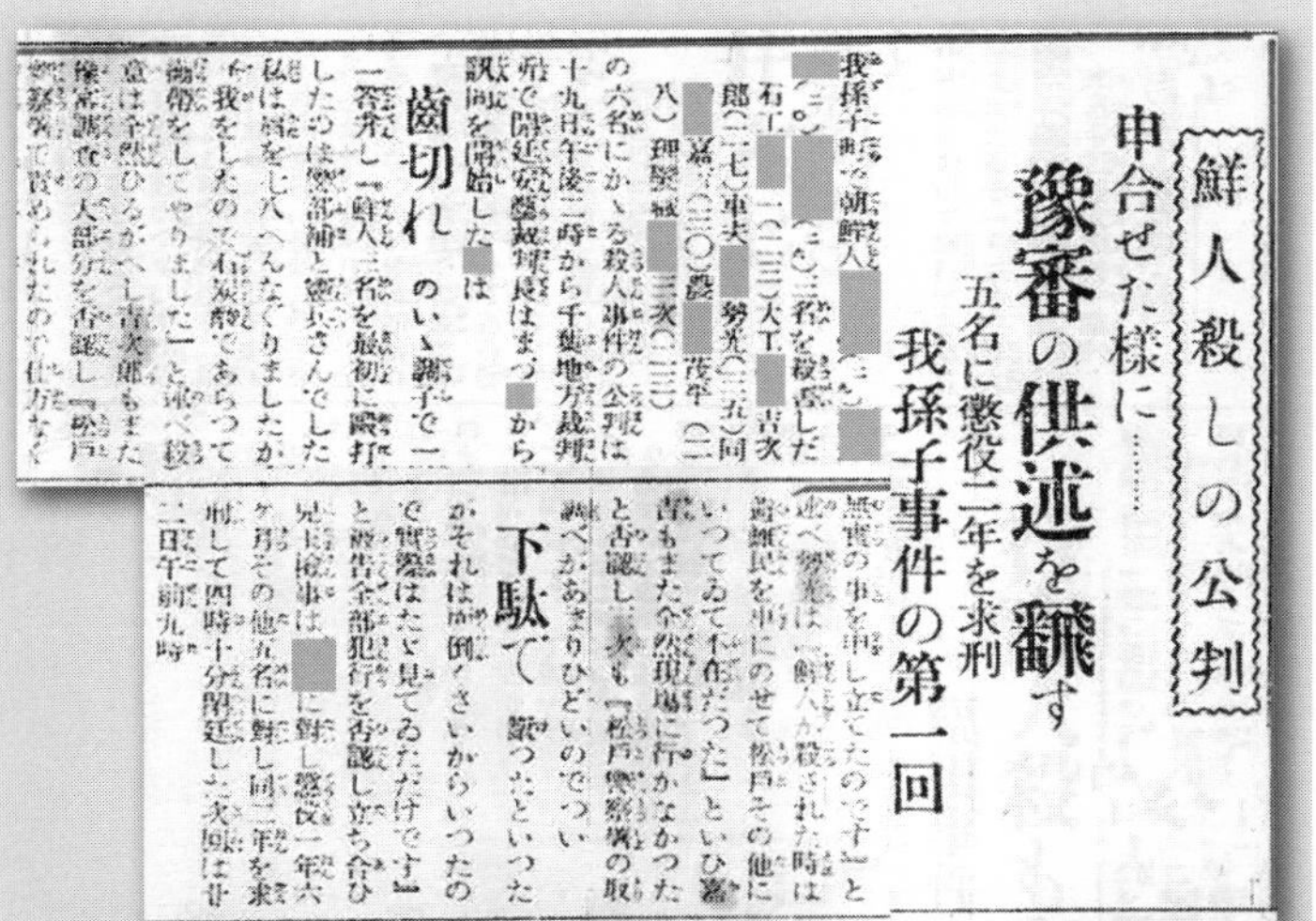
鮮人殺しの公判
申合せた様に……
豫審の供述を翻す
五名に懲役二年を求刑
我孫子事件の第一回

我孫子町で鮮人[redacted]三名を殺害した石工[redacted]一（二三）大工[redacted]吉次郎（二七）車夫[redacted]勢光（三九）同[redacted]（三〇）農[redacted]茂平（二八）理髪職[redacted]三次（二三）の六名にかゝる殺人事件の公判は十九日午後二時から千葉地方裁判所で開廷安藤裁判長はまづ[redacted]から訊問を開始した[redacted]は

歯切れ

のいゝ調子で一々答弁し『鮮人三名を最初に殴打したのは警部補と憲兵さんでした私は肩を七八へんなぐりましたが怪我をしたのではなく不服なのであらつて歯咬をしてやりました』と述べ殺意は全然ひるがへし吉次郎もまた豫審調書の大部分を否認し『松戸警察で責められたので仕方なく無実の事を申し立てたのです』と述べ勢光は『鮮人が殺された時は消防団を中にのせて松戸その他にいつてゐて不在だつた』といひ嘉もまた全然現場に行かなかつたと否認し三次も『松戸警察の取調べがあまりひどいのでつい

下駄で

殴つたといつたがそれは面倒くさいからいつたので實際はたゞ見てゐただけです』と被告全部犯行を否認し立ち合ひ検事は[redacted]に對し懲役二年六ケ月その他五名に對し同二年を求刑して四時十分閉廷した次回は廿三日午前九時

「東京日日新聞　房総版」1923年11月21日付

八へんなぐりましたが、怪我をしたので、石灰酸であらって包帯をしてやりました」と述べ、殺意は全然ひるがへし、B（二七）もまた予審の大部分を否認し、「松戸警察署で責められたので仕方なく無実の事を申し立てたのです」と述べ、C（三五）は「鮮人が殺された時は、避難民を車に乗せて松戸その他へいってゐて不在だった」という、D（三〇）もまた全然現場に行かなかったと否認し、E（二三）もまた、「松戸警察署の取調があまりひどいのでつい下駄で蹴ったといったが、それは面倒くさいからいったので、実際はただ見てゐただけです」と被告全部犯行を否認し、立ち会い児玉検事はEに対し懲役一年六ヶ月、その他五名に対し同二年を求刑して四時十分に閉廷した。次回は二十二日午前九時。

（「東京日日新聞　房総版」大正十二年十一月二十一日付）

次に馬橋事件について。

多くの場合がそうであるように、我孫子の場合も執行猶予になっている。東葛飾郡馬橋（現松戸市）でも三日、馬橋停車場付近で朝鮮人六人が、同じく新作地内で一人殺害されたことが記録されている。「東京日日新聞　房総版」によると、

鳶口で殺す
馬橋村の事件

東葛飾郡馬橋村字新作A（二七）本郷区湯島〔……〕のB（二五）の両名は、震災当時東京から東葛飾郡馬橋村地先に避難中、一鮮人が□（不明）の電柱に縛られてゐるを見て、不逞鮮人と信じ、付近に居たる消防手より鳶口を借り受け、頭部に重傷を負はせて殺傷した。

（「東京日日新聞　房総版」大正十二年十一月四日付）

朝鮮人六名を殺す
馬橋の事件

〔……〕九名は九月三日午後四時過ぎごろ同馬橋駅に不逞鮮人が汽車でくるとの報を得て警戒中、折りから乗車せる鮮人六名を取り押さへて縛し、同署より約二丁はなれた同村萬満寺境内につれて行き、他の一名は構内で殴打し、他

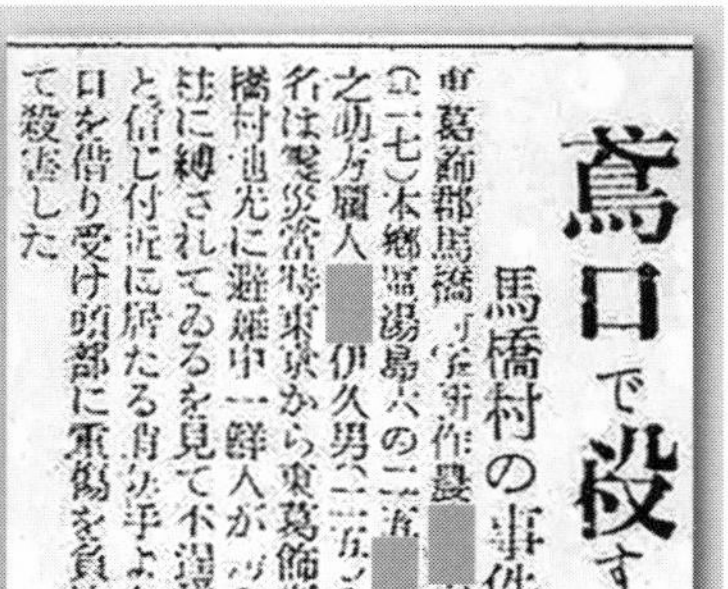

鳶口で殺す
馬橋村の事件
東葛飾郡馬橋村字新作農[redacted]京市（二七）本郷區湯島六の二[redacted]義之助方雇人[redacted]伊久男（二五）の兩名は震災當時東京から東葛飾郡馬橋村地先に避難中一鮮人が[illegible]の電柱に縛されてゐるを見て不逞鮮人と信じ付近に居たる消防手より鳶口を借り受け頭部に重傷を負はせて殺害した

「東京日日新聞　房総版」
1923年11月4日付

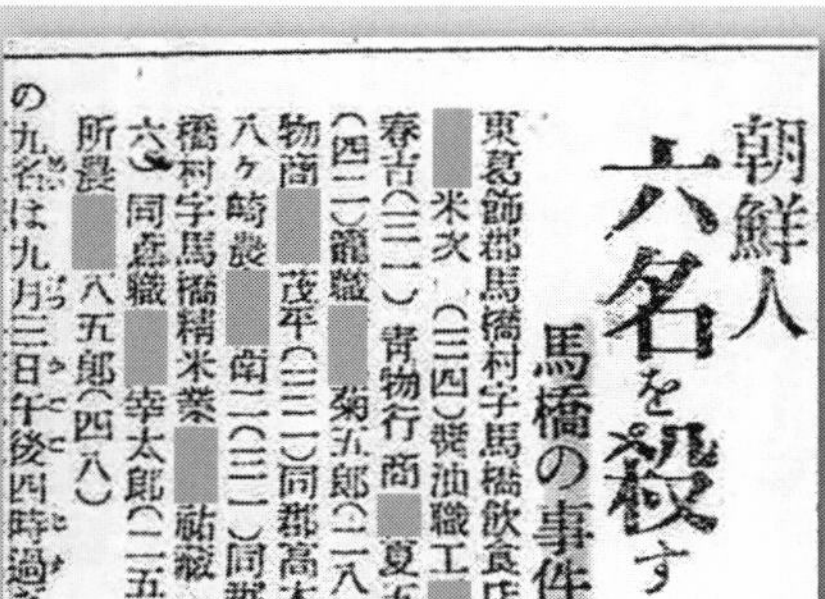

朝鮮人六名を殺す
馬橋の事件
東葛飾郡馬橋村字馬橋飲食店業[redacted]米次（三四）醤油職工[redacted]春吉（三一）青物行商[redacted]夏五郎（四二）籠職[redacted]菊五郎（二八）荒物商[redacted]茂平（三一）同郡高木村八ケ崎農[redacted]南二（三一）同郡馬橋村字馬橋精米業[redacted]藤職（二六）同藤職[redacted]幸太郎（二五）同所農[redacted]八五郎（四八）の九名は九月三日午後四時過ぎご

「東京日日新聞　房総版」
1923年11月6日付

の三名は同村平野貞蔵方前で殺害し、二名は萬満寺で殺害した。被告はその主魁である。

（「東京日日新聞　房総版」大正十二年十一月六日付）

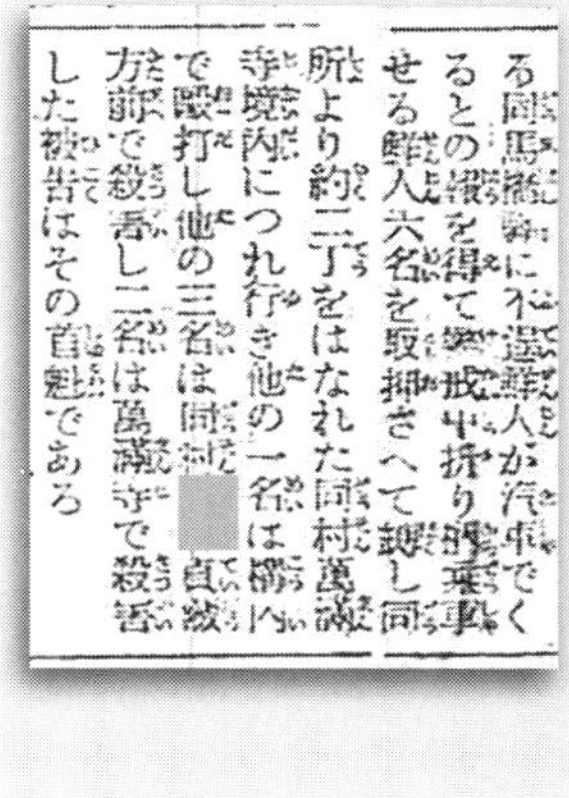
る同馬橋村に不逞鮮人が汽車でく
るとの報を得て警戒中折り
せる鮮人六名を取押さへて縛し同
所より約二丁をはなれた同村萬満
寺境内につれ行き他の一名は構内
で殴打し他の三名は同村[illegible]貞蔵
方前で殺害し二名は萬満寺で殺害
した被告はその首魁である

被告十一名殺意は否認す
二事件を併合して
馬橋の第一回公判

九月四日午後三時ごろ、東葛飾郡馬橋村に東京から汽車で避難してきた鮮人五名を惨殺した同所A（四一）、外八名及び同日午後同村新作地先県道で鮮人一名を殴殺した同所B（二七）、外一名にかかる殺人並びに騒擾事件は併合の上、二十七日午前十時五十分、千葉地方裁判所で安藝裁判長係り児玉検事立ち会いで開廷した。

まずAは、「金町駅から鮮人五名が汽車で行ったと云う事を聞いたから保護をした位です」と殺意を否認し、Cは「死んでいたのを腰の遍を二つ三つ突いただけです」と申し立て、D（三二）は、「一名の鮮人が縛られていたのを、みんながやれやれといふから、一発ズドンと打ちましたが、死んだのかどうか判りません」ととぼけ、裁判長から、猟をやっているかを問われ、「ヘエ」と頭をさげ、上手ではありませんと、引き下がる。次にE（二八）は、「樹木に縛られたまま死んでいるから、縄を切っただけです」と、殺害点を否認した。

（「東京日日新聞　房総版」大正十二年十一月二十九日付）

ソウルでの関東大震災記念集会（成田徹夫さんが取材した証言）

昭和五十七年（一九八二年）、韓国のソウル市街にある世宗文化会館において、韓国独立有功者協会主催、東亜日報後援で「関東大震災記念集会」が開かれた。成田《なりた》徹夫《てつお》*さんはカメラマンのかたわら、社会の底辺に生きた人々の歴史を掘り起こす在野の研究家でもある。その成田さんがいくつかの取材目的で韓国に渡っていて、思いがけなく日本人としてただひとり、その場に立ち会うことになった。

ちょうど教科書問題や靖国神社参拝問題で日韓関係が悪化し、航空便がキャンセルされるような時期でもあった。ソウル市のパゴダ公園（現タプコル公園）では、日章旗を燃やしたり、メガネをかけた小川文部大臣の人形を首つりにして持ち歩くなど、険悪な空気に満ちていた。成田さんが日本人とわかると、たちまち数人の暴徒

*成田徹夫　一九四二年、青森県出身。カメラマン。写真係を勤める青森のキャバレーで、客の長谷川才次（時事通信社社長）より電通、博報堂を紹介され、カメラマンとして独立。ポスター、カレンダー、政治家の肖像写真、文化庁・文化財の写真など、多くの作品を手掛ける。

が囲み、リンチを始めた。そこへ戦前日本にいたという二人の男性がやってきて助けてくれた。二人は日本で「いぬちきしょう」「チョウセンジン、キタナイ」と、屈辱的な差別を受けながらも、帰国の際、赤十字にお世話になったことや、ほんのひとにぎりの日本人の善意が忘れられなくて、成田さんをかばってくれたのだという。

　成田さんの胸のバッジが赤十字のものだったことと、「三十八度線のマリア」と讃えられ、韓国で崇拝の対象となっていた日本人女性望月《もちづき》カズ*さんを訪ねるのだということを告げると、暴徒の態度が急に友好的になった。望月カズは、自らも孤児でありながら、百三十三人もの韓国孤児を育てあげた人物である。すっかり韓国人の信頼を得、暴徒とも仲良くなった成田さんは、予定になかった関東大震災記念集会に誘われ、日本人は完全にシャットアウトのなか、ただひとり入場を許された。会場周辺は、座り込みの学生や警備の警官が取り囲み、物々しい雰囲気だったが、二千人収容の会場は、立ち見がでるほど超満員だった。

　この日は、日本の自警団の拷問、虐殺の難からのがれて帰国した生存者が証言を行うことになっていて、成田さんは二人の通訳の世話になった。一人目の証言者Aさんは、都内下町の皮なめしの小さな町工場で働いていた。震災から二日後、親方

*望月カズ

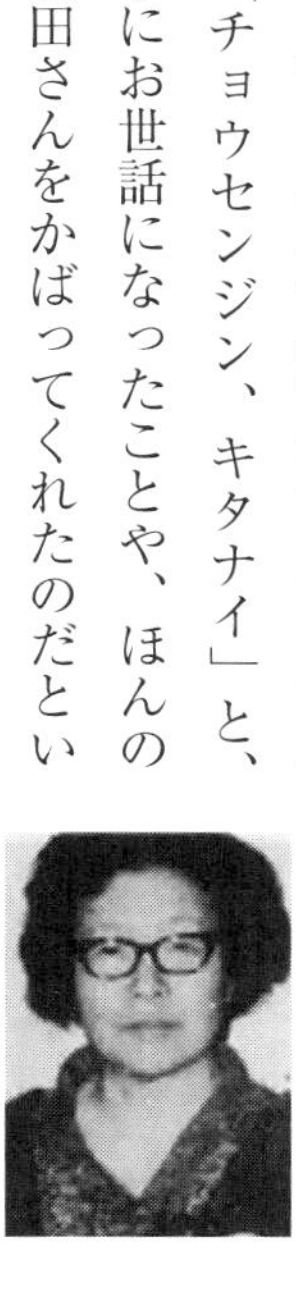

福祉活動家。一九二七～八七年。東京都出身。四歳で母とともに渡満。六歳で孤児となる。農奴として転売されながら放浪を続け、朝鮮で知り合った日本人夫婦の戸籍上の娘となる。朝鮮戦争で銃弾に倒れた男の子を助けたことをきっかけに、生涯で百三十三人もの孤児を育て、「三十八度線のマリア」と呼ばれた。

から頼まれ、千住に家財道具を運ぶ途中、自警団の検問につかまり、「おまえ朝鮮人だろう。君が代を歌ってみろ！　十五円五十銭といってみろ！」とこづかれ、そこにいた警官からも背中を根棒でしたたか殴りつけられた。そのあと、針金で後ろ手に縛られ、荒川放水路まで連行された。

日本人である成田さんへの思いやりか、通訳の声が途絶えがちになってきた。しかし一瞬「カッポウギ」という言葉が耳に入り、通訳を促すと「この野郎、悪魔！朝鮮人！」と割烹着を着た主婦が持っていた竹槍でAさんの右足を刺したという。身動きが取れないでいるところを、今度は鳶口を持った男に背中を切りつけられ、別のステテコ男からも日本刀で肩口を切りつけられた。その時、どこからか死体を積んで運んできた大八車が脱輪し、首なし死体や身重の女の裸死体が数体ずり落ちた。

自警団の数人が今しも倒れそうな大八車を起こすために、Aさんのそばを離れた。さいわい日本刀で切りつけられた際、針金がはずれていたため、這いつくばって岸辺のヨシのなかに逃げ込み、誰もいなくなった深夜、水でふやけた足を引きずりながら、やっとの思いで工場に帰りついた。そのあと、憲兵隊によって習志野に連行されたが、そこでもむごい拷問を受けたという。

「保護」という名のもとに収容しながら、実態は拷問も殺人もあったのである。会場では、「信じられない」と歯ぎしりする人、嗚咽《おえつ》する人、「日本政府は詫びよ！」と叫ぶ人など、異様な雰囲気に包まれた。すると、突然壇上のAさんは制止を振り切って上着を脱ぎ、上半身裸になり、会場のみんなに背中を見せた。おびただしい鞭の傷跡や焼けただれたような皮膚、肩から腰にかけての刀傷、この傷を六十年間背負ってきたのかと思うと、撮影を許されていた成田さんは、どうしてもシャッターを切ることができなかった。主婦までもが虐殺に加わったという概念を持ち合わせていなかったため、いまでも「カッポウギ」という言葉に身震いするという。続くBさん、Cさんの証言では、手賀沼に毒を入れたというデマもあったことがわかる。

Bさんと Cさんの二人には司会者からの質問という形でやりとりが交わされた。通訳の日本語は、トメガワ（利根川）、カゼハの村（風早村）といった具合に、たどたどしかったが、要約すると、二人は利根川の工事でモッコ担ぎの重労働をしていた。風早村に朝鮮タコ長屋（蛸部屋）があり、長い丸太を枕に寝かされ、朝になると部屋頭が木槌で丸太をたたくと人足みんなが跳び起きる仕掛けだった。地震で堤防が壊れたので、人足は利根運河と利根川の二手に分かれ、復旧工事をやらされた。地震であちこちが陥没した陸路は復旧に時間がかかるということで、水路のほうの復旧工事を急いでいた。

九月四日、突然大勢の自警団が押し寄せ「朝鮮人を出せ」と部屋頭に詰め寄った。「朝鮮人は川の仕事があるから出せない」というと、頭を殴りつけ人夫を片っ端から縄で縛り上げた。日本刀などで小突かれながら数珠《じゅず》つなぎになって歩いてゆくと、合流地点の神社にも大勢の鉄砲や刀を持った自警団がいて、そこにも朝鮮人が縛られていた。

子どもたちに石を投げられながら連行された駐在所前は、身動きできないほど朝鮮人でいっぱいになった。「手賀沼に朝鮮人が毒をいれたから戒厳令が出た」「戒厳令で殺す命令が出た」などと自警団の間で怒号が飛び交い、ついに「警察が殺さないなら、今ここで殺す」と気勢を上げ、興奮が頂点に達した。そこに「おまえら、何やってるか！」と怒鳴りながら、馬に乗ったお巡りがやってきた。「あのお巡りは非国民だ」と、自警団は聞く耳をもたなかった。

巡査は懸命に「待て！　待て！」と大声で制止。やがて軍隊が鉄砲を持ってきて、松戸の警察署に連れていかれたが、牢屋がいっぱいだったので、習志野収容所に連行された。その後、なんとか帰国できた。この時の巡査が土村の篠田金助巡査

（第三章で後述）であろうことが、のちに判明した。

問われる責任

自警団関係の事件は、九月二〇日頃から殺人犯の検挙がはじまり、千葉県内で一六件の裁判が行われている。

某重大事件嫌疑者
十七名収監さる
尚ほ捜索をゆるめず
馬橋附近村民大恐慌

千葉地方検事局及び県警察部刑事課より多数の検事、刑事等、去月二十日より、東葛飾郡松戸警察署に出張滞在し、某重大事件の犯人の嫌疑者として、同郡馬橋、我孫子、流山の消防組員、自警団九十余名を引致《いんち》し、極力取調べ中のところ、この程にいた

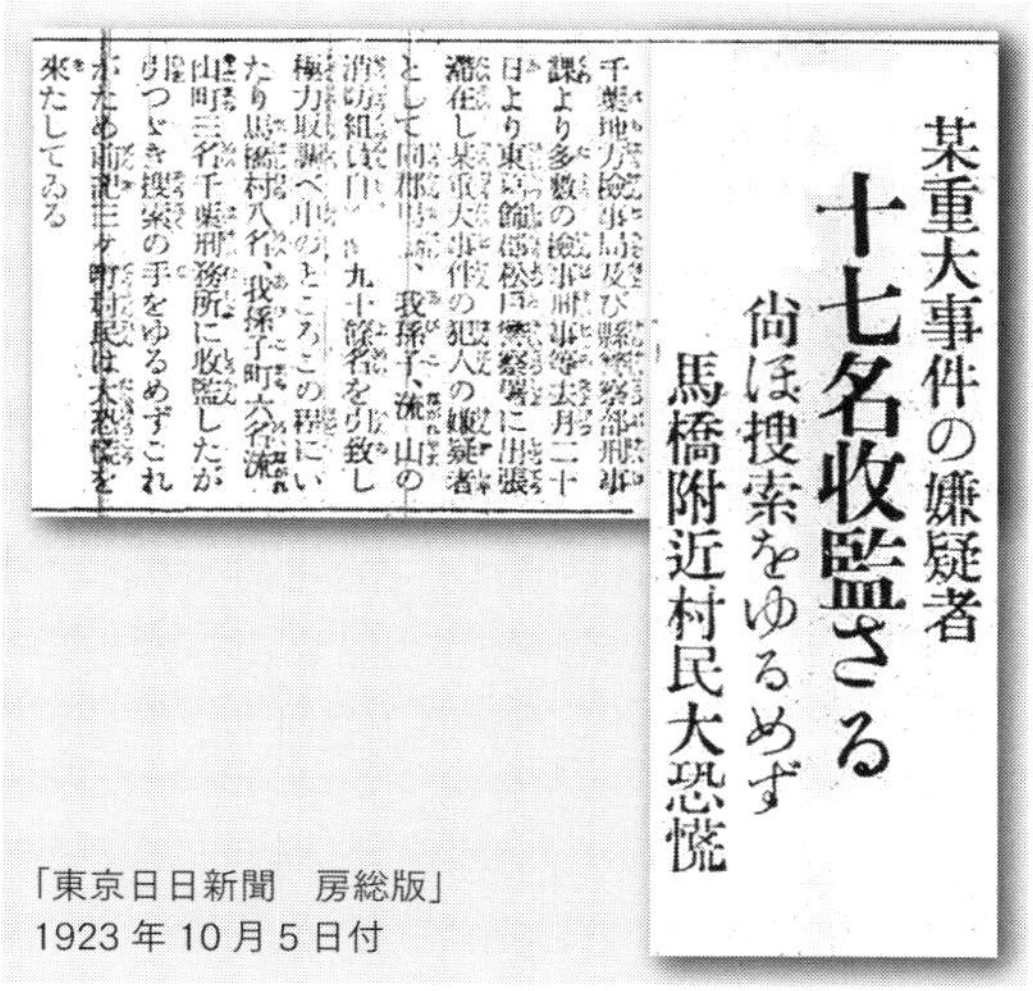

某重大事件の嫌疑者
十七名收監さる
尚ほ捜索をゆるめず
馬橋附近村民大恐慌

千葉地方檢事局及び縣警察部刑事課より多數の檢事刑事等去月二十日より東葛飾郡松戸警察署に出張滯在し某重大事件の犯人の嫌疑者として同郡馬橋、我孫子、流山の消防組員自警團九十餘名を引致し極力取調べ中のところこの程にいたり馬橋村八名、我孫子町六名、流山町三名千葉刑務所に收監したが引つゞき捜索の手をゆるめずこれがため附近三ケ町村民は大恐慌を來たしてゐる

「東京日日新聞　房総版」
1923年10月5日付

り、馬橋村八名、我孫子町六名、流山町三名、千葉刑務所に収監したが、引き続き捜査の手をゆるめず、これがため、前記三ケ町村民は大恐慌を来《きた》している。

（「東京日日新聞　房総版」大正十二年十月五日付）

九十名以上も検挙しながら、収監されたのは十七名である。大勢の自警団員に対する予審は、それにかかわった人が「一日裁判」と呼んだほどおざなりで、裁判を傍聴した人も、「外国への言い訳を与えるための裁判だったと思う」と述べている。裁判にかけられた犯人にしても、代表として引っ張られたという暗黙のとらえ方があったようだ。殺人罪に問われているとはいえ、執行猶予つきである。一方、治安に関しては、自警団以上に責任を担うべき軍隊が虐殺に加担したことも明らかである。しかし、挙げられた数はきわめて少ない。明らかになったものに対しても、「適法行為」とし、また殺人を指示したという証拠があるにもかかわらず、「殺人教唆《きようさ》をした事実はない」としている。

殺人教唆に関しては、船橋無線電信所周辺の住民による次のような証言もある。

海軍無線の所長が命令するくらいですから、ほうびをもらえると思ってやったのに……。無線の海軍所長が浦安、行徳に六〇〇人の不逞鮮人が来るから今夜警戒をたのむと銃を渡されて、二声かけて返事しなかったら撃ってもいいってわけですよ。昔ですからラジオもテレビもないですから本当にしちゃったんです……

（『いわれなく殺された人びと』より）

流言蜚語を伝播させたのは警察当局であり、また自警団の暴行を目《ま》のあたりにしながら、阻止することもなく見過ごし、むしろそれらを奨励したような形跡も多々あった。それでいながら、軍部や警察の虐殺についての摘発は、きわめて少ないのが実情である。

このように、虐殺行為は自警団や一般住民のみならず、軍や警察の手によって行われた例も数多く報告されており、収容した朝鮮人を「処分」を前提に近隣の村へ配ったという恐るべき事例もあげられている。

一九八六年（昭和六十一年）につくられた映画『払い下げられた朝鮮人』（製作・麦の会監督・呉充功）のなかには、朝鮮人を取りにくるように軍から命じられた村人が「どのようにして殺そうか」と思案する生々しい証言も描かれている。

朝鮮をもらった当時はね、早い話がその警防団でもらいに行ってそれからお寺へもらって来て警備にあたらしておいて……お互いに皆が協議した結果、まあ何しろ殺すのにもらってきたんだからね、どういう風にしたらいいのかというのでその朝鮮は自分が連れて歩いたんだよ（村の内を）。従弟が来てて、従弟は東京にいてヤクザもんだからね、朝鮮の二人や三人ビクともしない。ヤクザのその腕っぷしで連れて歩かして……酒かって飲ませながら歩いたの……どういう方法にしたら良いかと自分にも相談かけっから自分が相談してどういう風になって死んだ方がいいかって聞くと、『目隠しして鉄砲で打ってくれ』と、鉄砲使いもんにならないしょ……イヤ、困っちゃってさあ、それから仕方ないから頼んでその鉄砲の代金は部落で払うから当人の言うとおりにしてやってくんねえかってわけで棒つら建てておいて三人で一人一人鉄砲でぶったらよ……穴も六尺の三角の穴掘ってドンと打ってボタッて穴ん中落っこちた……

（『払い下げられた朝鮮人』シナリオより抜粋）

映画のタイトルにある「払い下げられた」という表現は、朝鮮人を物として扱っているような印象があるが、製作にあたったスタッフの怒りが込められたもので、かれらの思いの強さの現れである。

山田昭次編『関東大震災朝鮮人虐殺問題関係史料』によれば、それらにつながるような、次の新聞記事がある。

> **見るに堪えぬ無惨な死体**
> **一人分六円で火葬に**
> 惨殺された鮮人十七名は、当時何《い》づれもシャツ一枚或いは印半纏一枚のものが多く、猟銃竹槍日本刀などの凶器で所きらはず惨殺されたので、その惨状は目も当てられず、死体はいづれも七日午後三時頃北原火葬場に荷車で数回に運び場内のあき地に積みかさねた。〔……〕「俺も十七名を二日に焼いたのははじめてで中々骨が折れた」と語った。
> （「東京日日新聞　群馬版」大正十二年十月二十一日付）

同史料集には、関東大震災時に国・新聞・民衆が全国にまき散らした暴動の流言、その伝播によって起こった全国各地の権力や民衆

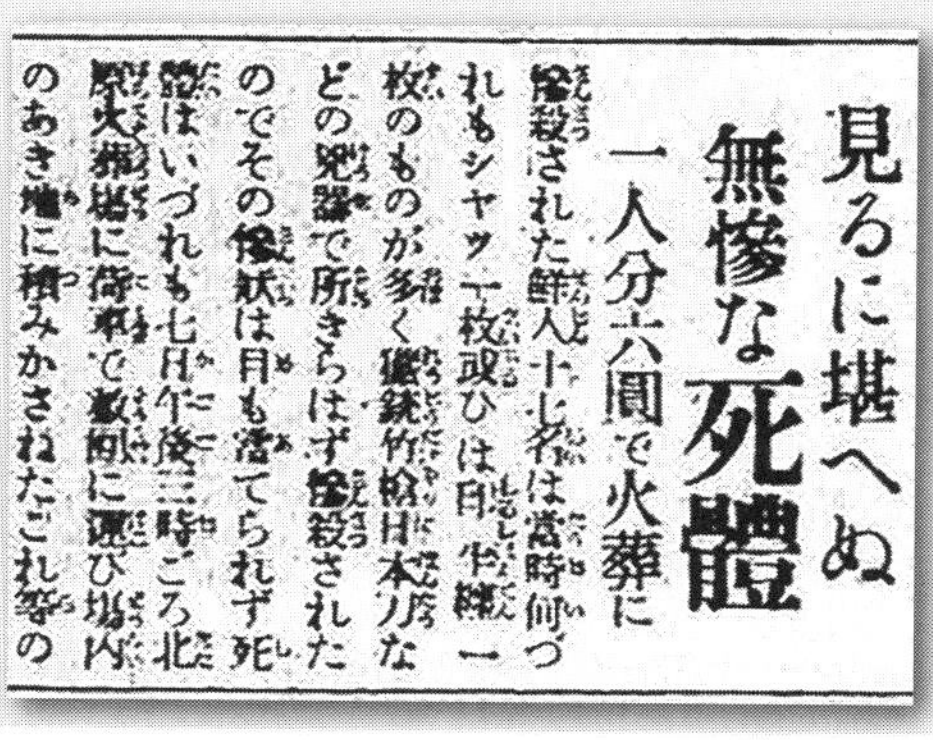
見るに堪へぬ
無惨な死體
一人分六圓で火葬に
惨殺された鮮人十七名は當時何づれもシャツ一枚或ひは印半纏一枚のものが多く猟銃竹槍日本刀などの兇器で所きらはず惨殺されたのでその惨状は目も當てられず死體はいづれも七日午後三時ごろ北原火葬場に荷車で数回に運び場内のあき地に積みかさねたこれ等の

「東京日日新聞　群馬版」
1923年10月21日付

の動向、司法省の架空の朝鮮人暴動の発表、朝鮮人虐殺の国家責任を一部自警団員に転嫁した政治的裁判等、社説、論説、投書などまで、朝鮮人虐殺に関連する記事が収録されている。見出しをいくつか拾ってみると、

●「東京日日新聞」
九月三日「不逞鮮人各所に放火し、帝都に戒厳令布く」「三百年の文化は一場のゆめ」「ハカ場と化した大東京」「不逞鮮人よりも不逞邦人」
●「国民新聞」
九月七日「朝鮮人に関する流言は無根（戒厳令司令部当局談）」
十月一日「投毒無根井戸検査の結果」
九月二十八日夕刊「鮮人大追悼会　五百の遺族泣く　けふ芝増上寺で　名士多数来会」
九月二十九日「厳粛な追悼会　かき乱さる　弔辞朗読から洩らされて、鄭然圭《ていぜんけい》*君憤慨演説」
●「東京朝日新聞」
九月十二日　小言「如何《いか》なる流言にせよ、ウカとそれに乗って狂人とともに走

*鄭然圭　『皇道理論集』などの著書のある朝鮮人皇道思想家。朝鮮独立を唱えて朝鮮總督府から追われ日本へ渡り、プロレタリア作家たちとも交流しながら、日本語で著作活動を展開。朝鮮人によって書かれた最初の日本語小説『さすらひの空』の著者でもある。

るが如きは偶々以《たまたまもつ》ていかに国民的訓練の乏しきかを語るものと謂わねばならぬ。市民はよも朝鮮人が吾人と同じ同胞であることを忘れはすまい。四年前の万歳騒ぎを忘れはすまい。今日朝鮮人を迫害する如きはたとひそれが一人の朝鮮人であっても、わが朝野十五年の朝鮮に対する苦心を一日にして滅ぼすものであることを記せねばならぬ」

同史料集には、デマに左右されなかったり、国家に批判的だった諸新聞についても詳述されており、とくにそれが顕著だった報知新聞は、震災から一周年近い一九二四年八月二十九日、「無数の悲劇を生んだ流言の始末は永遠の闇から闇へ」と題した次のような論説を掲載した。

あの流言があったばかりに非業の死を遂げた同胞の数は千を以て数ふべく、手柄のつもりで人殺しをやった自警団で獄中に引かれた者は何千といふ数に上っている。船橋無電局長や埼玉県の通牒、流言の火元は官憲だと証拠だてる事はいくらでもあるが、お役人で責を負ったものは一人もない。結局永遠の暗に葬られじまひである……

（「報知新聞」大正十三年八月二十九日付）

また、十二月十五日の衆議院本会議で憲政会の永井柳太郎《ながいりゅうたろう》*が、政府がデマを流した責任をとらないで、自警団にのみ責任を押し付けていることへの批判演説を行い、大喝采を浴びたことも記事になっている（官報号外）。

追悼碑に見る隠ぺい体質

立教大学名誉教授（日本近代史）山田昭次さんは、長年にわたり、事件に関する国家と民衆の責任を追及し続けている。

今日まで日本政府から朝鮮人虐殺事件の調査結果の発表も、謝罪もされなかった。まさに「恥の上塗り」のままの歴史だと断罪する。「私の関心は虐殺事件そのものよりも、この事件の後、日本政府がどのようにして自己の責任を隠すことに狂奔したか、また日本の知識人や民衆がどうしてこの政府の政策を阻止できなかったのかということに向けられている」と記している。

また、日本人が建立した墓碑や追悼碑に虐殺主体を明記したものが一つもないことを指摘する。ちなみに千葉県内に戦後に建立された墓碑や追悼碑は次のとおりで

*永井柳太郎
一八八一～一九四四年。大正から昭和にかけて活動した政治家。立憲民政党に所属したのち同党を解党、大政翼賛会への合流を導いた。大日本育英会（現：日本学生支援機構）を創立。

ある（110ページのコラムも参照）。

（一）八千代市大和田新田一本松の墓碑

【アクセス】東葉高速鉄道・八千代緑が丘駅より徒歩二十分

〈表側〉「昭和四十七年五月

無縁仏之墓

大和田新田下区有志一同建之」

〈裏側〉記載なし

（二）八千代市萱田下　長福寺墓地内墓碑

【アクセス】東葉高速鉄道・八千台中央駅より徒歩十五分

〈表側〉「震災異国人犠牲者　至心供養塔」

〈裏側〉「大正十二年九月某日　もみよ墓地改葬一同

昭和五十八年三月吉日　建立」

（三）八千代市萱田町　中台墓地内墓碑

（一）大和田新田一本松の墓碑

（二）長福寺墓地内墓碑

【アクセス】東葉高速鉄道・八千代中央駅より徒歩二十分、
市民会館と市民体育館の中間地点

〈表側〉「無縁供養塔」
〈裏側〉「平成七年二月吉日　中台墓地関係者一同建之」

（四）八千代市高津　高津山観音寺境内追悼碑

【アクセス】京成電鉄成田線・八千代台駅下車ののち、
高津団地行バスで高津石橋下車、徒歩三分

〈表側〉「関東大震災朝鮮人犠牲者慰霊の碑
平成十一年九月五日建之」
〈裏側〉「八千代市高津区特別委員会　委員長　江野沢隆之
高津区民一同
高津山観音寺　住職　関　光禅
関東大震災朝鮮人犠牲者追悼調査実行委員会　委員長　吉川　清」

（四）高津山観音寺境内追悼碑

（三）中台墓地内墓碑

❖関東大震災直後の千葉県下で発生した、自警団・民衆が朝鮮人を殺害した事例〔●数字〕と、朝鮮人と誤認して日本人を殺害した事例*〔○数字〕

※『現代史資料6　関東大震災と朝鮮人』姜徳相、琴秉洞編（みすず書房）に採録された、一九二三年十一月十五日時点での当時の政府調査に基づき、時系列順に並べ替えて作表。

No.	月日	時刻	場所	犯人	被害者	罪名	犯罪事実
①	九月三日	午後	東葛飾郡浦安町役場	五名	一名	騒擾殺人	日本刀棍棒を以て殺害す
❷	三日	午後四時頃	東葛飾郡馬橋村馬橋停車場付近	九名	六名	騒擾殺人	日本刀、槍、鳶口等を以て殺害す
❸	三日	午後五時頃	東葛飾郡馬橋村新作地内	二名	一名	殺人	電柱に縛し置きて鳶口にて殴打殺害す
❹	三日	午後十一時	東葛飾郡浦安町	五名	二名	騒擾殺人	日本刀、鉄棒等を以て殺害す
❺	三日及び四日	？	東葛飾郡我孫子町八坂神社境内	六名	三名	騒擾殺人	棍棒杉丸太等を以て三人を殺害す

*千葉県下で〜殺害した事例　この表にはないが、朝鮮人の被害者が死亡にまで至らなかったなど何らかの理由により、この政府調査から漏れている事件（鎌ケ谷事件、法典事件、小金事件など）もある。

⑥	四日	?	東葛飾郡 八幡町 八幡国道地先	一名	二名	殺人未遂	日本刀を以て殺害す
❼	四日	?	千葉市 旅舎 上総屋	一名	二名	殺人	棍棒、鳶口等を以て殺害す
⑧	四日	午前九時頃	東葛飾郡 葛飾村	一名	四名	傷害	日本刀を以て傷害す
⑨	四日	午前十時	印旛郡 成田町 停車場構内	六名	二名	騒擾殺人	手斧棒等を以て殴打殺害す
❿	四日	午前十時頃	香取郡 滑川町 停車場	三名	二名	騒擾殺人	木刀又は松丸太にて殴打殺害す
⑪	四日	午前十時過頃	香取郡 佐原町 イ四八番地	十一名	一名	殺人	日本刀、鳶口等にて殺害す
⓬	四日	午前十時半頃	東葛飾郡 流山町	六名	一名	殺人	日本刀にて重傷を負わせたる後江戸川に投入す
⑬	四日	午前十一時頃	東葛飾郡 浦安町	九名	二名	騒擾殺人	鳶口、棍棒を以て殴打殺害す

⑭	四日	午前十一時頃	東葛飾郡船橋町警察署付近	十一名	十数名	傷害及同致死	鳶口、竹槍を以て殺害す
⑮	四日	午後四時	海上郡三川村巡査駐在所	六名	一名	騒擾殺人	金剛杖、鳶口、硝子壜等を以て殴打殺害す
⑯	四日	午後四時頃	東葛飾郡船橋町九日市避〔難〕病院前	一名	三名	殺人	日本刀にて殺害す
⑰	四日	午後四時頃	東葛飾郡船橋町九日市	十四名	三十八名	騒擾殺人	船橋警察署へ引渡さむとして護送中日本刀其他にて殺害す
⑱	四日	夜	東葛飾郡中山村若宮地先	五名	十三名	騒擾殺人	市川鴻の台軍隊に引渡す為護送の途中日本刀にて殺害す
⑲	五日	午前二時頃	東葛飾郡行徳村	十八名	三名	騒擾殺人	軍隊が被害者を保護の為め同行の途中殺害す
⑳	五日	正午頃	東葛飾郡中山村若宮地先	三名	三名	騒擾殺人	官憲に引渡す為護送の途中日本刀にて殺害す

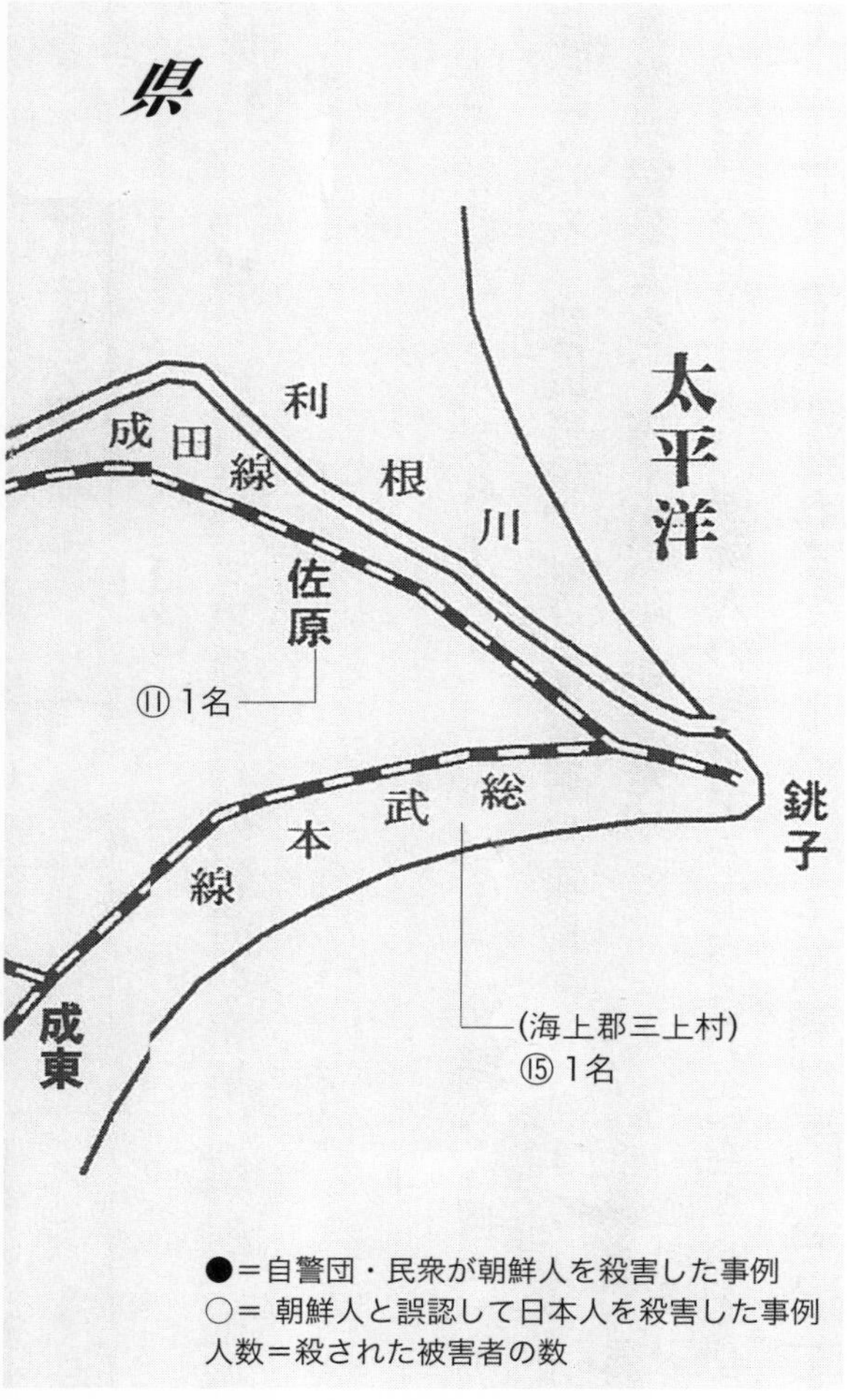

㉑	五日	午後一時	千葉郡検見川町巡査駐在所	一名	三名	騒擾殺人	針金にて後手に縛し竹の棒、鳶口等にて殺害す
㉒	**六日**	**午前十時**	**東葛飾郡福田村**	**八名**	**八名（＊）**	**騒擾殺人**	**利根川に投入して殺害す**

＊八名
実際には九名（胎児を含めると十名）だが、理由不明ながらこの政府調査では八名になっている。

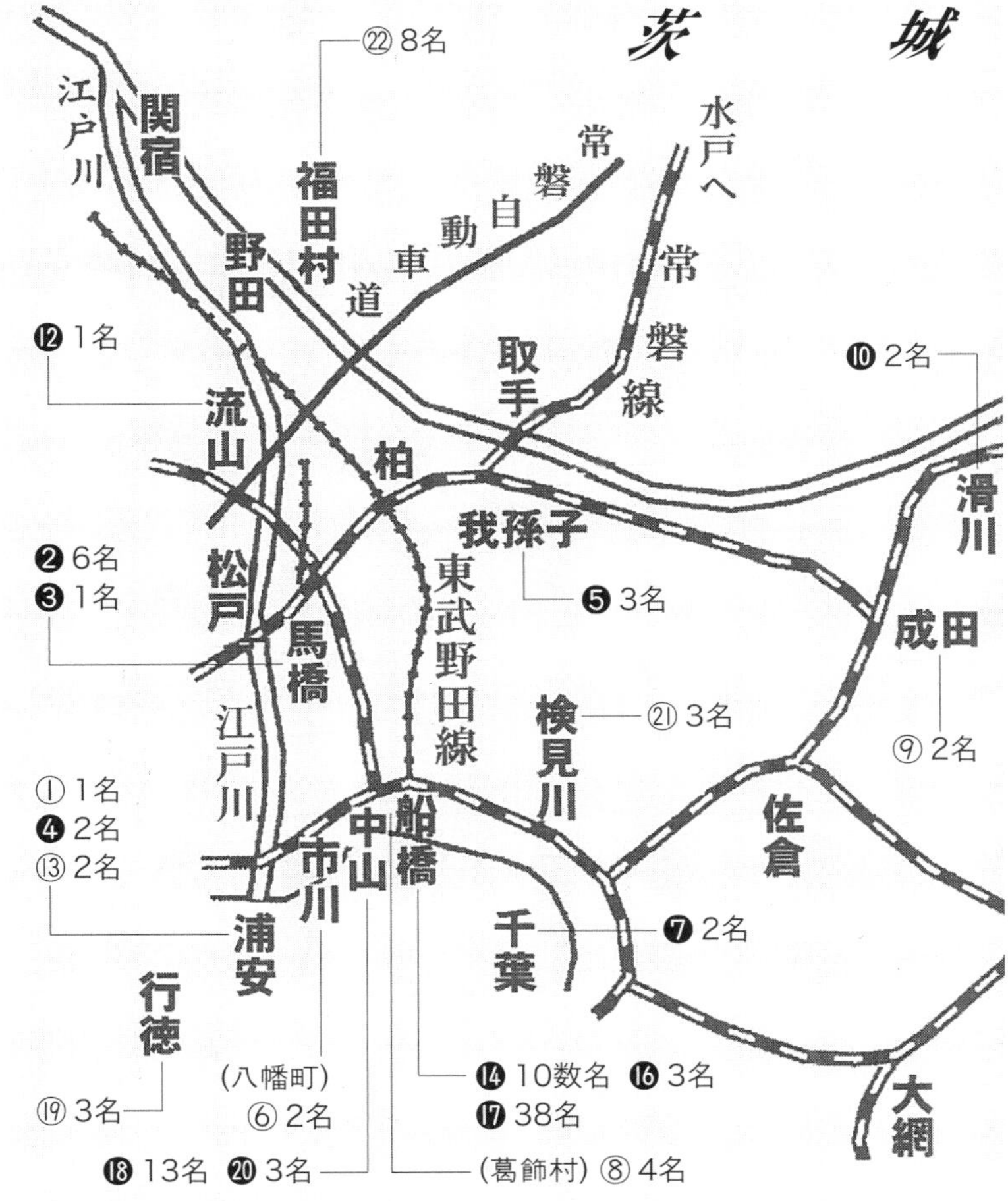

茨城
㉒ 8名
江戸川
関宿
福田村
野田
常磐自動車道
水戸へ
常磐線
⓬ 1名
流山
取手
柏
⓾ 2名
滑川
我孫子
❷ 6名
❸ 1名
松戸
東武野田線
❺ 3名
馬橋
成田
検見川
㉑ 3名
⑨ 2名
江戸川
① 1名
❹ 2名
⑬ 2名
中山
市川
船橋
佐倉
浦安
千葉
❼ 2名
行徳
(八幡町)
⑥ 2名
⑲ 3名
⓮ 10数名
⓰ 3名
⓱ 38名
大網
⓲ 13名
⓴ 3名
(葛飾村) ⑧ 4名

韓国から来た普化《ふか》鐘楼《しょうろう》

八千代市高津の観音寺山門のそばに立つ色彩鮮やかな「普化鐘楼」は、韓国の文化人や多くの人の志で作られ、一九八五年、「慰霊の鐘」とともに海を越え送られてきた。発足以来、朝鮮人犠牲者の慰霊行事を担ってきた「千葉県における関東大震災と朝鮮人犠牲者追悼・調査実行委員会」や、地区の人、そして観音寺住職への感謝の気持ちからであった。

関東大震災直後、陸軍習志野収容所は「保護」したはずの朝鮮人を「くれるから取りに来い」と農民に渡し、殺させていた。旧大和田町（現八千代市）高津の「なぎの原」という共有地に埋められていた六人の遺体は、一九九八年、掘り起こされて火葬され、観音寺に安置された。翌年には境内に「関東大震災朝鮮人犠牲者慰霊の碑」が建てられ、ここで毎年慰霊祭が行われている。

八千代市高津の観音寺の普化鐘楼

用心に被害なし

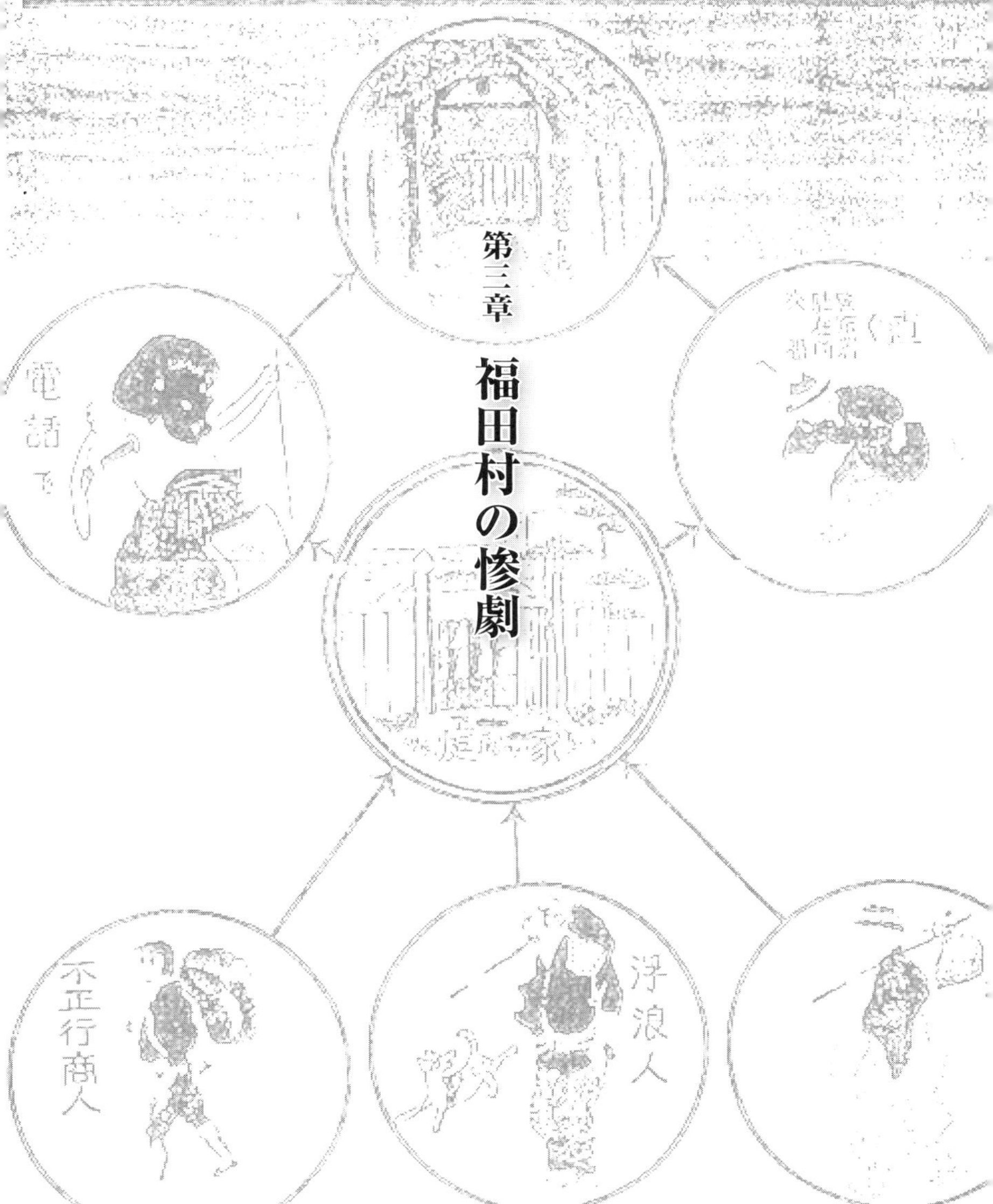

第三章 福田村の惨劇

千葉縣警察部

事件現場を歩く

胎児を含む十名の行商人一行が虐殺されるという、痛ましい事件の現場となったのは、利根川沿いにある千葉県東葛飾郡福田村大字三ッ堀（現在は野田市三ッ堀）である。福田村の名はいまはないが、利根川の上流と下流、そこに鬼怒川がぶつかる合流地点ということから三ッ堀といわれる。

渡し場付近の川岸に立ってみると、坂東太郎の異名で親しまれ、流域面積日本一といわれるだけあって、滔々とした流れはどこか人を威圧するような力でせまってくる。対岸は茨城県で、徳川家康が鷹狩で三ツ堀から野木崎（現守谷市）に渡る際、大雨で流れが強く、船頭にガマンして渡れと言ったことに由来して、俗に「我慢の渡し」とも呼ばれた。安政二年（一八五二年）に出された赤松宗旦《あかまつそうたん》*の『利根川図

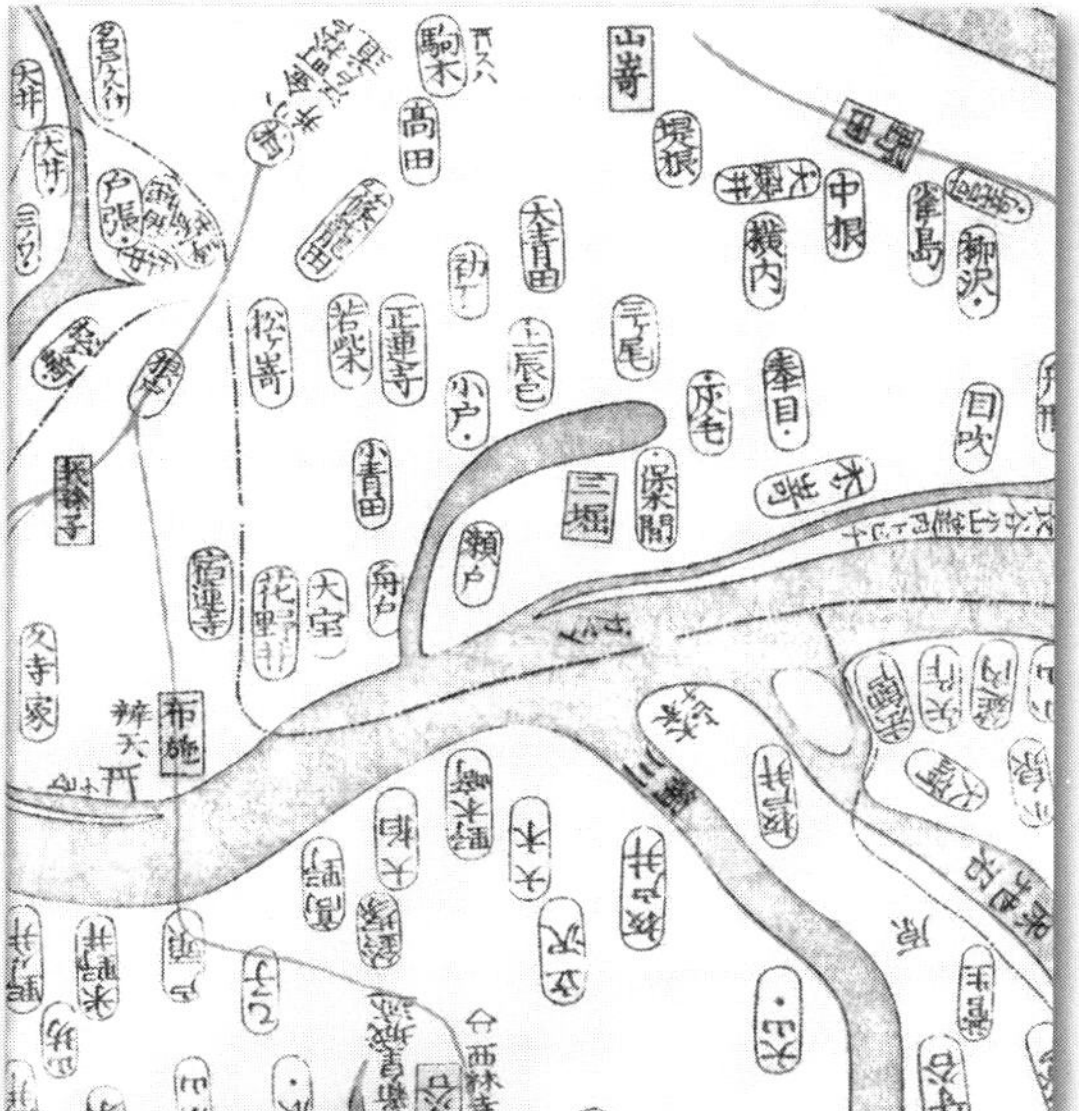

赤松宗旦『利根川図志　一』「利根川全図」に見える三ツ堀

志』の三ツ堀の絵図には「ガマン」と記されている。つまり鬼怒川との合流点が近く、流れが急な渡しであったことがうかがえる。

福田村は明治二十二年（一八八九年）、小さな村々の合併によってつくられ、戦後の町村合併により、昭和三十二年（一九五七年）、野田市となった。合併するまで六十八年間にわたり存在した穏やかな農村で、事件当時の戸数は九百戸、人口五千人ほどであった。惨劇のあった香取神社周辺を平成四年（一九九二年）頃から何度か訪ねてみたが、人影もなくいつも森閑としている。夏は蝉の声だけが響き渡り、まるで弔いの声にも聞こえた。初春の頃には真っ赤な椿の花がこぼれんばかりに咲き誇っている。参道わきには、十五メートルもあろうかと思われる幟用の丸太が、何本もほこりをかぶったまま積まれている。

ここでほんとうにあの惨劇が起こったのだろうかと、想像を巡らせながら、しばし佇んでいると、ウンカのごとく集まってきたという村人の怒声や、犠牲者の悲鳴が聞こえてくるような気がして、そそくさと神社をあとにするのであった。すぐそばに別当寺・圓福寺、そこから川岸に向けて百メートルほど下ったところに、三ツ堀の渡し場がある。川岸沿いに旅籠が二軒、茶店と船頭小屋もあったという。

＊赤松宗旦（義知）　あかまつ・そうたん（よしとも）。一八〇六（文化三）～六二（文久二）年。下総国相馬郡布川村（現在の茨城県北相馬郡利根町布川）生まれ。医師・文化人。利根川中下流域の地誌をまとめた『利根川図志』を執筆。父は「初代・赤松宗旦（赤松恵）」で、『利根川図志』を書いた宗旦は二代め。

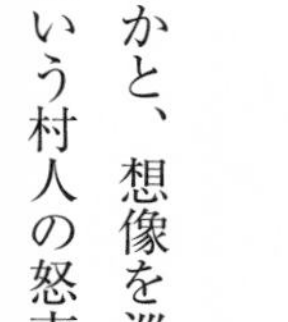

『利根川図志』の扉

天下の奇祭　どろんこ祭り

渡し場近くには天下の奇祭として名を馳せた「どろんこ祭り」（オオハラクチ、どろ祭り、泥かけ祭りとも呼ばれる）の小さな池や、水神塔、鳥居などが点在している。「ご神木であったドロヤナギは、いつの間にかやどり木だったケヤキにとってかわられています」と、土地の人は言う。もう祭りのおもかげすらない。神輿《みこし》の担ぎ手不足やさまざまな事情から、平成元年（一九八九年）を最後に行われておらず、二〇一八年には文化財指定も解除されている。

祭りは宝暦六年（一七五六年）に始まったとされ、安政二年（一八五二年）に出された赤松宗旦の『利根川図志』にも登場する。『野田郷土史』によれば、「穴のあいた巨木を瀬戸部落と三ツ堀部落の若者で奪い合いになったが、三ツ堀部落の若者は飽食していたので、声を合わせて〝おおはらくちいな　えんざんぽう〟と言いながら引き揚げ、瀬戸部落に勝った。そしてその流木を香取神社に奉納した。隣に別当寺の圓福寺があり、そこの住職に〝エンゾウ坊〟というのがいたということで、掛け声の〝おおはらくちいな　えんざんぽう〟というのは、このエンゾウ坊が〝えんざん坊〟となったのだろう。あるいはこのエンゾウ坊が、部落の青年たちを奮起させるために仕組んだのかもしれない。香取神社では、この奉納された流木で神輿を造ったのが今に伝わっている」と述べられている。

祭りは毎年四月三日（近年では四月第一日曜日）に行われ、小学校六年生から一年生まで、子どもたちの役割は非常に大きく、祭りの数日前から利根川の河原で土塊を掘り、ボッチと呼ばれる泥の塔を築くが、中には三メートルもある大ボッチも登場する。また、椿の枝を切って二日間水につけ、これに泥をつけて神輿の通る道を浄《きよ》めたり聖地への侵入者を追い払ったりする。

祭りの前日には、参道から浜（神池）まで十六本の大幟が立てられる。夜にはヨイモリ（宵盛）の行事があり、男たちがもてなしを受ける。祭りの当日は、午前十時ごろからいよいよオオハラクチの行事が始まるが、正午には若者たちが宿に集まり、賑やかな酒宴が催される。子どもたちもこの日は絣《かすり》の長着に紺のハッピを重ね、赤ずきん（疱瘡よけ）に長靴をはき、早朝より椿の泥葉を引いて何回となく神輿の通る道を浄め、宿でそろって食事をする。食事の後、若者は白装束に着替え、元気づけに体をもみ合いながら待機。そして、香取神社での神事が滞りなく終わり、拍子木が高らかに打たれると、二十数名の若者が境内に躍り出て、手じめのあと、いよいよ神輿の渡御《とぎょ》が始まる。

神前より鉄棒を先頭に、子どもたちの引く榊の大山車、猿、雉、三階笠、四神鉾、長刀、鳥毛槍、神輿と続き、ワッショイ、ワッショイの掛け声も勇ましく浜へと向かう。浜に到着すると、わきから神輿を支えてきた四人の若者がまず浜に飛び込み、浜を浄めるがこの人たちには泥を投げない。続いて神輿が投げ込まれ、若者が次々と飛び込み、どろんこ祭り本番となる。

神輿は逆さにされたり、横に押し倒されたりしながら浜の中を押されてゆく。ここで泥を手に待ち構えていた子どもたちは浜の中めがけて容赦なく投げつける。泥は、頭と言わず背中と言わず、命中してはドスッ、ブスッと鈍い音を発し、見物人のなかから喊声《かんせい》やどよめきが起こる。若者たちは興奮と苦痛に青ざめ、水しぶき泥しぶきにまみれてやっ

写真上／三ツ堀のどろんこ祭り。撮影：山本鉱太郎。写真下／どろんこ祭りが行われていた神池（神沼）の現在（2020年）のようす。すっかり草に覆われ、わずかに残った水たまりが往時の姿を忍ばせる。

との思いで神輿を浜から上げるのだが、これを二回、三回と、繰り返さねばならない。そして、ようやく上がることを許されたかつぎ夫たちと神輿は、すぐそばの利根川に行って洗い浄められ、祭りは終了する。

平成十一年(一九九九年)、圓福寺のすぐそばにお住いで神輿を担いだことも、泥を投げたこともあるという飯塚正一さん(当時六十五歳)に聞いてみた。

「ドロが当たると、相当痛いでしょうね」

「ドロは乾いているし、頭から火花が散るような感じがする。目も見えない、口もきけないような状態になるけど、頭をしっかり下げて、人の脇の下に入ったりして、なるべく当たらないように工夫した」

「地獄絵のようだと言われますが、どんな気持ちでやるのですか」

「大勢の人が見物に来ているし、やるしかないという勢いと、信仰心、それにやらねばという誇りのようなものもあったね」

「ドロを投げる時はどんな気持ちで?」

「そりゃ、ドロだって大きいのを選んで、当ててやろうと思って投げるよ。今の子供たちは野球をやっているし、うまく当てるのがいるよね」

「痛くて辛い祭りですね」

「痛みよりも、寒さの方が辛い。特に利根川で洗ったあと、自分たちで幟を倒してやっと夕方近く祭りが終わるから」

「また復活する可能性は？」

「担ぎ手さえいれば、いつでも復活できるように、準備はされている」

むかしは、担ぎ手が多すぎて、ほかの役にまわされたこともあったというから、時代の波を感じざるを得ない。

香取神社に伝わる略縁起によれば、祭りの本意は五穀豊穣、邪神魔神払い、氏子繁栄、家内安全、子どもの疱瘡除けなどを、主な目的とした神事とある。

民俗学者の三角治雄《みすみはるお》氏は、春田づくりを始めようとするとき、各地に泥かけ祭りが多い理由として、田の神様と一体になる、田の聖霊を誘い出し、活力を付けさせる、地の中に宿っている田の神の力を自らに付ける、などの要因を挙げている。

人口五千人ほどの小さな村に、これほど世間の耳目《じもく》を集める祭りがあったということに注目せざるを得ない。ふだんは穏やかな日常のなかにあったであろう村人が、年に一度の祭りに異常なほどのエネルギーをぶちまける、それを北野《きたの》道彦《みちひこ》＊さんは権力者への不満の爆発と、とらえられた。

＊北野道彦

一九〇三〜九三年。作家。東京都出身、戦後、児童のための啓蒙書『火と人間』『産業革命物語』『新しい地理教室』『ぼくらは人間』『名犬物語』など多数刊行。流山市の「見る資料館から参加する資料館へ」のキャッチフレーズに応えて、郷土資料館友の会を発足させ、東葛（松戸、柏、流山、我孫子、野田）の文化に貢献した人を顕彰したいと私財で「北野道彦賞」を創設。

震災のような大きな出来事をきっかけに、突然火がついたように非日常的な行動に走ってしまう。そういう要因が人間のなかにあるのかもしれないが、「わっしょい、わっしょい、やっちゃえ、やっちゃえ」と、この地で長年続いてきた祭りのような興奮状態が、朝鮮人や行商人に向けられたといえば言いすぎだろうか。

作家北野道彦さんのどろんこ祭り見聞記

（一九七九年）四月三日、野田市三ツ堀のどろ祭りを観る機会を得た。――宙に飛び交うどろんこのかたまり、それらがドスン、ドスンと肉体に激突する鈍い音、池のどろにまみれ、苦痛に歪んだ顔、わきあがる雄叫びと喊声――まさに一幅の地獄絵といえるだろう。

参加する若者たちの顔は、興奮にひきつれ、唇は青ざめ、まさに鬼気迫る形相を呈していた。死を覚悟の行動といってもいいすぎではない。わたしはこの激越なエネルギーの爆発に文句なく圧倒された。人間は何故、こんな愚行を敢えてしてきたのであろうか。

祭りの由来の一説には、池は「女体の膣を象どる」とし、行事そのものを「陰陽の根源」に発する男女交合の姿である、とするフロイト的解釈もあるが、わたしは祭りの最も重要なポイントとして、そのすさまじいエネルギーの爆発に注目する。

この激しい祭事は、天下泰平や五穀豊穣などの農民の願いとはおよそなじまないし、ふさわしくもない。どろ祭りの異常なはげしさは、あらゆるものをブッ飛ばさずにはおかないような力の爆発である。天下泰平や五穀豊穣などを祈る祭りならば、もっと静かで敬虔と感謝に満ちたものであった方が、はるかに似つかわしく、自然ではないだろうか。このエネルギーの爆発をわたしは農民の封建権力に向けられた力の爆発として捉えたいが、いかがであろうか。

その証拠を、わたしはどろという呼称に観る。封建支配者はどろ（泥＝土）という言葉を侮蔑の意味をこめて使う。土百姓という言葉がそれを象徴する。

権力者にとって、泥は穢わしいもの、軽蔑すべきものであった。ところが祭りでは、そのどろを自らの肉体に投げつけさせ、どろにまみれ、どろンコの中でのたうちまわる――これはいったい何を意味するのだろうか。

いっぽうどろは農民にとっては、すべての生産の根源である。どろこそ農民の命であり、誇りでもあったであろう。どろとともに生き、どろのなかに生きるのが農民である。

　こういう農民が、たとえ土百姓とさげすまされようとも、どろを誇示するのに何の不思議があろうか。いやどろを軽蔑する奴らに対し、どろを誇示することは、農民みずからの存在を誇示することに外なるまい。

　こう考えてくると、どろ祭りは、まさに農民の武士権力への真向からの抵抗を示したことになるだろう。

　わたしは、どろ祭りを愚行と書いたが、どろ祭りは愚行であるが故に成立し、常軌を逸した「愚行」であったればこそ、抵抗の意義があったと思うのだが、どうであろうか。

（一九七九年、流山市郷土資料館友の会会報「どろ祭りの底を流れるもの」と題したルポから抜粋。写真：山本鉱太郎）

野田といえば、いまや醤油のトップブランドとして世界にその名を馳せるキッコーマン醤油発祥の地である。長年にわたって町を潤してきた歴史があり、すぐれた事業家に対する尊敬と親しみをこめて、土地の人はいまだに「造家《ぞうか》さん」と呼ぶ。

記録には「関東大震災の被害は軽微であったが、醤油醸造工場の諸味《もろみ》など地上にゆりこぼされたものが、二千石余にも達したほか、仕込蔵五棟、倉庫二棟が倒壊した」とある。また、労働運動の勃興期と重なる大正十一年（一九二二年）から労使の攻防が始まり、昭和二年（一九二七年）九月から翌年の四月にかけての労働争議は、二百十七日に及ぶ戦前最大のものとなった。このキッコーマン工場でも朝鮮人が働いていた記録があり、震災後、「保護」という名目で習志野に連れていかれている。

旧野田町住民・木《き》村《むら》知吉《ともきち》さんの証言

関東大震災の時は、十五歳でした。学校から帰って来た時に家で立っていられないほどのドカンと地震がきて思わず座り込んだ。中の台（現・野田市中野台）にはここ一軒しか宿はなかった。二十人くらい泊まれただろうか、平屋であまり大きくなかった。
震災の時、野田醬油工場から工事現場で働いていた六十人位の朝鮮人を、親父の替わりの仕事で現在の市川市の国府台《こうのだい》まで、江戸川を「萬寿丸」という船で連れて行き騎兵連隊に渡した。話によると醬油工場で暴動を起こされては困るということだった。泳ぎの達者なものが連行役だった。その後朝鮮人がどうなったか知らない。
福田村で「朝鮮人と間違って日本人を殺した」ということは当時親から聞いた。自分が知っているのだから、町の人は大部分の人は知っていたと思う。ひどい話だと思う。

（『別冊スティグマ　福田村事件・Ⅱ』第十五号・二〇〇三年三月より）

証言のように、「野田町役場報　鮮人の護送」によると、「当時本町野田醬油株式会社第十七工場建築中にして、工事に従事せる鮮人土工三十九名あり。此等鮮人は、九月八日警察官ならびに消防組七十名之を護送し、江戸川を下りて市川町に居たり、官憲に託したり」とある。

野田市の文化団体協議会から出された『野田の災害年表』を開いてみると、関東大震災に関しては、「野田市内各工場の煙突等倒壊したるものありしも損害軽微。九日まで市内及び各村消防組は自警団を組織し、警戒の任に当たる」とあり、紹介されている梅郷村消防記には、

大正十二年九月一日午前十一時五十八分、関東地方に突然大地震惹起し、殊《こと》に東京、横浜には大火災さえ起こりて死傷甚だしく、火災は三昼夜に亘りて全市街殆ど灰燼に帰し、避難民の混雑に乗じて不良分子横行し、さながら無警察状態に陥り、流言蜚語至るところに流布宣伝され、人心為に動揺を来たし混乱状態を呈す。二日には戒厳令布かれ、人心の安定を図る。この時に当たりて我が消防組は村内各種団体と共同し自警団を組織し、九月（九日の誤りか――引用者）迄一週間昼夜の別なく村内要所要所の警戒の任に当たりたる……

とあり、やはり事件に関する記載はない。

一九九九年に出された『福田のあゆみ』（福田のあゆみ研究会編）にも一行も触れられていない。編集に加わった人の話では、事件のことを入れるべく原稿も書かれた

が、最終的にはボツになったという。

虐殺事件から三年後の大正十五年（のち昭和元年に改元、一九二六年）九月四日、福田第一小学校の児童が職員引率のもとに校外学習にでかけ、利根川を船でわたるとき、突風に遭い、児童三人を含む六人が犠牲となった。村人の衝撃がよほど大きかったらしく、供養塔（現在は撤去）を建て、地元の人による慰霊の歌までつくられ、広く歌われたという。歌はこうである（石山亀吉作詞）。

一、時は大正十五年　九月四日の十時頃　哀れ六つの英霊は
　坂東太郎のつゆと消ゆ
二、ちょうどその日は風もなく　筑波の秀峰眺めつつ　友と語らい語らいつ　利根川こえて野良仕事
三、いかなる神のいたずらか　一天にわかにかきくもり　ふき出す風はたかの如く　雨さえ加わりものすごく
四、友の名よびよばれつつ　力つきては沈みゆく　歌え若者とこしえに　帰らぬみたまなぐさめん
（『福田のあゆみ』より）

1926（大正 15）年に発生した水難事故の供養塔。現在は撤去されている。

利根川という場所、九月という月、子ども三人が犠牲になったということなど、三年前に福田村で起きた事件と似通っている。当然ながら、三年前のいまわしい事件が村人の頭をよぎったにちがいない。

しかし水難事故の方は供養塔を建て、犠牲者を英霊とまで歌いながら、虐殺事件の方はまるでなかったかのような扱いだ。この対応の違いは何だろうか。不思議にも、供養塔はいつの間にか撤去されている。

一九八三年（昭和五十八年）ごろより、福田村事件がマスコミに取り上げられるようになり、被害側の香川県と加害側の千葉県に真相究明の機運が高まった。これらに配慮して供養塔は撤去されたのではないだろうか。

背景としての差別

方々で狂気の「朝鮮人狩り」が行われる混乱のさなか、日本人や中国人が間違えられて殺されてしまった例も報告されている。とくに福田村事件の被害者は、当時の支配者から睨まれている「主義者」でもなんでもなく、貧しさに抗いながら日々生きる、ごくごく弱い立場の人たちであった。しかも子どもを連れた二家族を含む九人（一人は妊婦）を惨殺するという、なんとも痛ましい事件である。

被害者は香川県からやってきた売薬行商団一行で、県西部の三つの被差別部落から来た人たちであった。そのひとつK部落では、大正五年（一九一六年）十月十五日、差別を象徴するような事件が起こっている。隣村の青年総会でのこと、娯楽の少ない当時は余興として相撲が行われていた。部落以外の青年たちの弱さに歯がゆい思いをしていた部落の青年が思いあまって飛び入りで参加したところ、「汝らが出るべき場所にあらず」と、不当な差別をうけた。翌日、部落の児童四十人がこれに抗議して同盟休校に入った。

またこの部落では、大正六年から七年にかけて氏子排斥に対する反対闘争を行い、八年に氏子入りを勝ち取っている。この時の話し合いは、警察署長、課長、村長の立ち会いのもと、深夜にまで及んだが声を荒げることもなく、紳士的に話し合われたという。

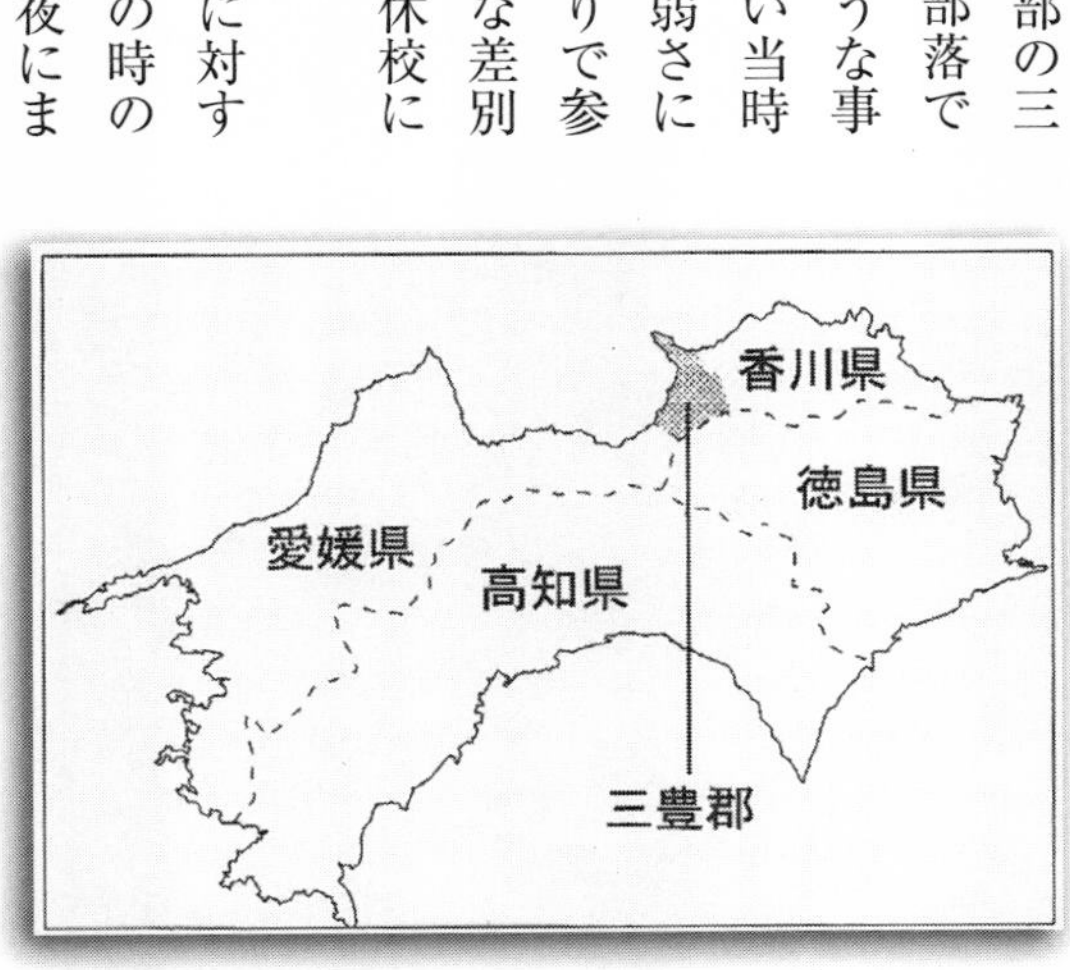

香川県三豊郡は、香川県水平社が結成された地である。

「私たちの部落は、運動会の俵かつぎ競争では二メートルあまりも手前から投げて渡すような力持ちが多く、軍隊では中尉になるような人もいて、人材豊富でした」と、福田村事件真相調査会会長の中嶋忠勇《なかじまただお》さんは語る。

大正十一年（一九二二年）には、被差別部落の住民自らが立ち上がり、社会的差別を撤廃しようと全国水平社が結成され、西光万吉《さいこうまんきち》*による水平社宣言が「人の世に熱あれ　人間《じんかん》に光りあれ」と謳った水平社宣言が高らかに掲げられた。香川では二年後の一九二四年（福田村事件の翌年）に、三豊郡観音寺町で県水平社が結成された。一九五五年、水平社は部落解放同盟と改称された。

*西光万吉

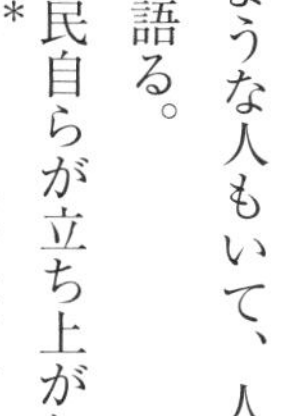

一八九五～一九七〇年。奈良県御所市の被差別部落の寺院、浄土真宗本願寺派西光寺に生まれる。戦前の部落解放運動家。水平社設立の中心人物で、水平社宣言を起草した。

水平社宣言

わたしたち部落解放同盟の前身である全国水平社は、大正一一年（一九二二年）三月三日、京都市の岡崎公会堂で結成されました。このとき採択されたのが、下記の宣言（普通「水平社宣言」とよびます）です。日本の歴史上初めて被差別者自身が自主的な運動で解放を勝ち取ることを宣言した歴史的文書です。執筆者は西光万吉という奈良県の被差別部落の青年でした。

宣　言

全国に散在する吾が特殊部落民よ団結せよ。

長い間虐《いじ》められて来た兄弟よ、過去半世紀間に種々なる方法と、多くの人々とによつてなされた吾等《われら》の為《た》めの運動が、何等《なんら》の有難い効果を齎《もた》らさなかつた事実は、夫等《それら》のすべてが吾々によつて、又他の人々によつて毎に人間を冒涜《ぼうとく》されてゐた罰であつたのだ。そしてこれ等の人間を勦《いたわ》るかの如き運動は、かえつて多くの兄弟を堕落させた事を想へば、此際《このさい》吾等の中より人間を尊敬する事によつて自ら解放せんとする者の集団運動を起《おこ》せるは、寧《むし》ろ必然である。

兄弟よ、吾々の祖先は自由、平等の渇仰者《かつごうしや》であり、実行者であつた。陋劣《ろうれつ》なる階級政策の犠牲者であり男らしき産業的殉教者であつたのだ。ケモノの皮剝ぐ報酬として、生々しき人間の皮を剝取られ、ケモノの心臓を裂く代償として、暖い人間の心臓を引裂かれ、そこへ下らない嘲笑の唾まで吐きかけられた呪はれの夜の悪夢のうちにも、なほ誇り得る人間の血は、涸れずにあつた。そうだ、そして吾々は、この血を享《う》けて人間が神にかわらうとする時代にあうたのだ。犠牲者がその烙印を投げ返す時が来たのだ。殉教者が、その荊冠《けいかん》を祝福される時が来たのだ。

吾々がエタである事を誇り得る時が来たのだ。

吾々は、かならず卑屈なる言葉と怯懦《きようだ》なる行為によつて、先祖を辱しめ、人間を冒涜してはならぬ。そうして人の世の冷たさが、何《ど》んなに冷たいか、人間を勦《いた》わる事が何《な》んであるかをよく知つてゐる吾々は、心から人生の熱と光を願求《がんぐ》礼讃《らいさん》するものである。

水平社は、かくして生れた。

人の世に熱あれ、人間に光あれ。

綱　領

一、特殊部落民は部落民自身の行動によつて絶対の解放を期す

一、吾々特殊部落民は絶対に経済の自由と職業の自由を社会に要求し以て獲得を期す

一、吾等は人間性の原理に覚醒し人類最高の完成に向つて突進す

大正十一年三月三日

前項水平社創立大会

被差別部落民の歴史は近年見直しが進んでいる。見直しの論点は多岐にわたるが、その最大の論点のひとつが、〝江戸幕府は「士農工商」という厳しい身分序列を制定し、被支配身分の「農工商」の不満を和らげるために、「穢多《えた》、非人」というさらに下位の身分をおいた〟という通説をめぐるものである。

この通説の問題点として、「農」「工」「商」の間に実際は序列はなかったことが近年つとに指摘されるようになったが、「穢多、非人」についても問題が複数ある。一つだけ挙げるなら、「穢多」という呼称が全国的に広まったのは江戸時代中期だが、その蔑称自体は鎌倉時代から存在していた。よって江戸幕府が、以前からあった差別の実態を温存または利用したとは言えても、少なくとも作り出したとは言えない。それゆえ幕府が滅んでも部落差別はそのまま残った。

明治四年（一八七一年）の太政官布告で、賤民廃止令が出され、穢多・非人などの被差別身分を廃止し、職業の自由を認めた。法制上は身分を解放されたものの、社会的差別は依然として根絶されていない。相手が部落出身者ということで結婚が破談になった悲劇は枚挙にいとまがない。結婚後は、妻の姓を名乗る人も多いという。「部落」に関する話題となると、ヒソヒソと小声で語られることが多い。

私の故郷は福岡県だが、村から少し離れた小高い丘の上に、こんもりとした樹木に覆われた小さな集落があった。そこの人たちは、ほかの村人とはほとんど交流せず、寄り添うように暮らしていた。

子どもながら違和感を覚えていたが、中学生のときに、母から事情を聞かされ、その存在を初めて知った。母は「みんな血と骨と肉からできた同じ人間じゃけ、ぜったい差別したり、いじめたりしたらいかんよ」と、かんで含めるように言い聞かせた。父も同じ考えだった。私たち兄弟は、その思いを胸に育った。

結婚後、子どもの家庭訪問の時期に被差別部落のことが話題になることがあった。「行く先々でお茶が出るので、飲みたくない時もあるが、部落で出されるお茶を飲まないと、差別していると思われるし……」と、ある教師が言ったという。

香川では二年後の一九二四年（福田村事件の翌年）に、三豊郡観音寺町で県水平社が結成された。一九五五年（昭和三十年）、水平社は部落解放同盟と改称された。

もともと香川県は全国一の小さな県で、「五反百姓」といって平均五反くらいしか農地を持たなかった。多くは五反以下で、小作率も全国一と高く、小作争議も頻発した。十分な耕作面積が得られない部落の人たちは、行商で稼ぐしかなかったの

第九十二表　賣　藥　（大正十二年）

Table No. XCII. Patent Medicines. (1923.)

	製造又ハ輸入 Manufactured or Imported.				請賣人員 Number of Retailers.		行商人員 Number of Pedlars.	
	人員 Number of Manufacturers and Importers		方數 Number of Prescriptions.					
	新規許可 Newly Licensed.	年末現在 Number at the End of the Year.	新規許可 Newly Licensed.	年末現在 Number at the End of the Year	新規屆出 Newly Licensed	年末現在 Number at the End of the Year.	新規屆出 Newly Licensed.	年末現在 Number at the End of the Year.
東京府 Tokyo Fu.	368	6,685	1,106	17,184	1,814	10,117	1,112	2,359
京都府 Kyoto 〃	26	660	124	1,902	165	6,398	35	1,110
大阪府 Osaka 〃	312	2,518	1,248	9,957	2,115	7,311	3,056	39,540
神奈川縣 Kanagawa Ken.	10	290	23	609	355	307	7	289
兵庫縣 Hyogo 〃	213	2,348	466	5,466	777	10,951	197 * 37	2,207 * 824
長崎縣 Nagasaki 〃	41	990	85	4,563	202	2,934	101	1,511
新潟縣 Niigata 〃	25	643	44	1,444	655	6,636	2,088	22,596
埼玉縣 Saitama 〃	17	419	34	1,079	394	4,752	29	297
群馬縣 Gunma 〃	22	356	86	934	548	5,055	72	653
千葉縣 Chiba 〃	20	560	35	1,170	301	6,475	20	508
茨城縣 Ibaraki 〃	7	505	32	1,032	242	5,294	60	781
栃木縣 Tochigi 〃	22	342	60	779	209	3,119	13	316
奈良縣 Nara 〃	24	330	287	4,824	168	1,852	2,346	11,077
三重縣 Miye 〃	43	1,082	101	2,981	340	5,161	114	1,106
愛知縣 Aichi 〃	111	999	298	3,563	773	9,436	202	4,873
靜岡縣 Shizuoka 〃	31	759	179	1,670	629	6,495	71	851
山梨縣 Yamanashi 〃	4	174	25	421	309	4,374	30	763
滋賀縣 Shiga 〃	8	460	88	2,114	182	3,107	672	2,646
岐阜縣 Gifu 〃	62	636	150	1,633	668	5,481	145	1,312
長野縣 Nagano 〃	49	524	92	2,303	559	6,370	57	623
宮城縣 Miyagi 〃	5	313	20	620	341	3,017	64	619
福島縣 Fukushima 〃	15	620	45	1,075	557	5,302	166	1,676
岩手縣 Iwate 〃	10	170	14	297	101	1,674	23	563
青森縣 Aomori 〃	6	129	18	298	122	1,726	42	1,345
山形縣 Yamagata 〃	3	339	7	624	166	2,408	51	349
秋田縣 Akita 〃	7	252	23	576	140	1,638	47	762
福井縣 Fukui 〃	14	348	24	881	165	2,005	206	785
石川縣 Ishikawa 〃	20	493	31	1,114	251	2,427	79	1,014
富山縣 Toyama 〃	161	1,890	598	9,079	253	2,443	2,198	10,344
鳥取縣 Tottori 〃	2	251	11	645	119	2,254	39	1,328
島根縣 Shimane 〃	6	418	26	1,088	378	4,667	60	1,012
岡山縣 Okayama 〃	15	724	109	2,806	203	3,817	169	3,661
廣島縣 Hiroshima 〃	96	1,480	251	4,198	744	7,132	335	4,794
山口縣 Yamaguchi 〃	21	475	76	1,504	404	5,948	113	1,950
和歌山縣 Wakayama 〃	70	551	235	1,970	177	4,426	227	1,844
德島縣 Tokushima 〃	17	471	37	1,404	174	1,914	59	969
香川縣 Kagawa 〃	42	468	147	2,150	163	2,863	4,894	31,316
愛媛縣 Ehime 〃	32	433	75	1,260	459	5,963	216	1,600
高知縣 Kochi 〃	41	435	73	988	327	2,012	67	617
福岡縣 Fukuoka 〃	67	1,025	154	2,279	952	6,113	206	1,753
大分縣 Oita 〃	22	529	23	1,092	274	2,212	69	650
佐賀縣 Saga 〃	39	900	42	3,057	146	2,541	331	2,852
熊本縣 Kumamoto 〃	59	1,280	136	2,970	225	5,116	395	4,695
宮崎縣 Miyazaki 〃	20	256	87	801	163	971	162	373
鹿兒島縣 Kagoshima 〃	63	859	133	2,261	332	2,340	154	879
沖繩縣 Okinawa 〃	1	24	5	165	240*	843	147	696
北海道 Hokkaido …Cho	88	614	201	1,550	815	7,930	189	1,454
總計 Total. ………	2,357	37,333	7,134	113,279	19,736	208,396	21,229 * 37	176,223 * 824

「*」ハ請賣人ノ行商ヲ兼ヌル者
Note.—The figures marked* refer to retailers who were also pedlars.

内務省衛生局が編纂した『衛生局年報』第11巻・年報大正12年より、1923年当時の県別売薬行商人数を示す表。これを見ると、1923年（大正12年）当時の香川県は、薬の製造元または輸入元から薬を仕入れて販売する請売人の総数は、2,863人で全国平均を下回る。しかし請売人から薬を仕入れて売り歩く行商人の総数は、大阪府の39,540人に次ぐ全国第２位の31,316人で、うち新規届出は全国１位の4,894人となっている。ここから、香川県が全国有数の売薬行商が盛んな県だったことがわかる。

である。当時の防犯ポスターには、「あやしい行商人をみたら、警察に連絡せよ」などと、行商を蔑視する見方があった。

しかし、今でこそ薬局に行けば迷ってしまうほど多くの薬が並んでいるが、当時はやってくる売薬業者が唯一の頼りであった。薬の届かない山深い寒村にも薬を届けてまわり、多くの人の支えになっていた。ときには、流行りの歌や踊りで村々の子どもたちを喜ばせ、情報や文化を伝える担い手でもあった。

資料が伝える利根川・三ツ堀の惨劇

いくつかの資料より事件の概要を拾ってみると、

九月六日、午前十時ごろ、香川県からやってきた売薬の行商団の一行が、売薬その他を車に積み、東葛飾郡野田方面から茨城県方面に行くべく、福田村三

千葉県警察部のポスター。下段の円内に「押売」「浮浪人」と並んで「不正行商人」（左下）とある。

ツ堀にさしかかり、香取神社の境内で休んでいた。

そこを警戒に従事していた村の自警団が見つけ、鮮人の疑いありとし、様々の尋問を行い荷物を検査したところ、四国弁で言語不可解な点があったため、全くの鮮人なりと誤認し、警鐘を乱打して村内に急を告げ、隣村にも応援を求めるにいたった。

その結果、数百名の村民はたちまち武器を手にして、同神社前に殺到し、売薬の行商団を包囲し、「朝鮮人を打ち殺せ」と騒ぎ立て、行商団が百万言を尽くして「日本人である」と弁明したにもかかわらず、鮮人に対する恐怖と憎悪にかられて平静を失った群衆は、最早弁解に耳を傾けるいとまもなく、荒縄で縛り上げたり、鳶口、こん棒を振って殴打暴行をし、ついには「利根川に投げ込んでしまえ」と怒号し、香取神社から北方約一丁の距離にある三ツ堀の渡船場に連れて行き、行商団員九名を利根川の水中に投げ込み、内八名を溺死させたが、他の一名が泳いで利根川の対岸にのがれんとするや、群衆中より船で追跡するものが現れ、対岸でこれを惨殺し、残った五名（実際は六名）の行商団員は急報に接して駆けつけた巡査等のため、からくも救助され死をまぬがれる等、騒擾を極めた。

（吉河光貞『関東大震災と治安回顧』より）

関東大震災の２年後、1925 年（大正 14 年）作成の「東葛飾郡明細地図」。野田市立興風図書館蔵。

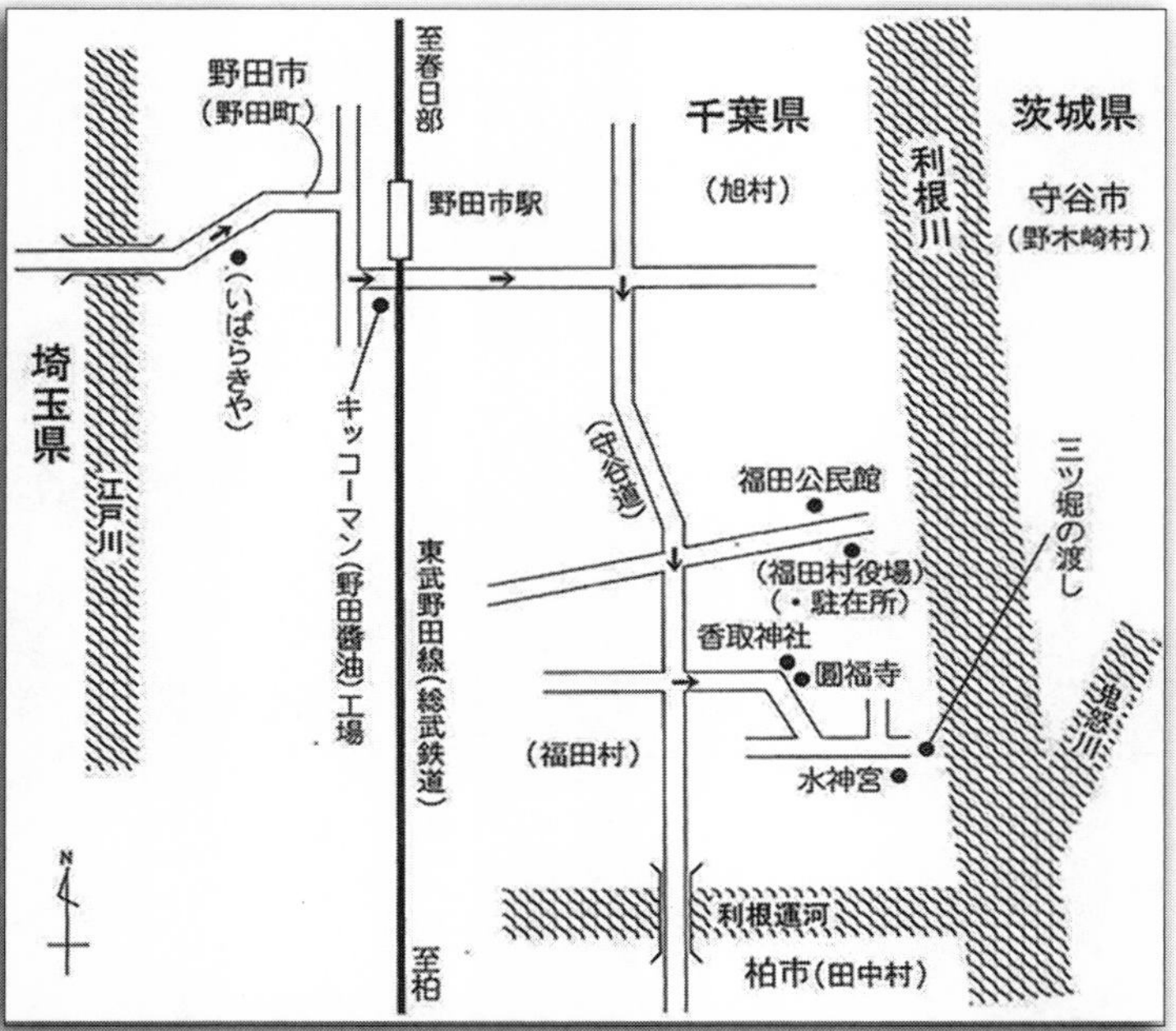

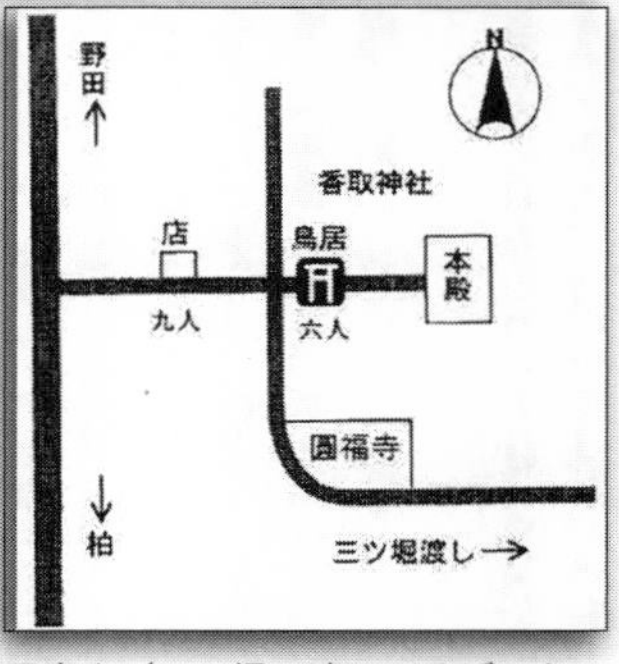

写真上／三ツ堀の渡しのそばにある水神社。被害者はこの脇の道を引き摺られ川に放り投げられた。写真下／三ツ堀の渡しがあった辺りから、利根川を挟んで対岸の茨城県側を望む。2020 年撮影。

急を告げる警鐘に、「それっ」とばかりに集まった村人の群衆心理はもはや普通ではない。手に手に凶器を持って鬼畜のように襲いかかってきたときの恐怖はいかばかりであったろうか。およそこの世のものとは思えない修羅場が展開したであろう。

『柏市史　近代編』（二〇〇〇年三月発行）によると、村民や土村役場の「土村日記」の文書に、地震の記録が残されている。また、同書には「福田村・田中村の事件」として次のように記されている。

写真上／香取神社の入口から神社の鳥居を望む。左側にあった茶店の床几で休んでいた９人が殺害された。写真中／香取神社の鳥居付近。この辺りで休んでいた５人は辛くも殺害を逃れた。写真下／圓福寺の入口。写真はすべて 2020 年撮影。

福田村に於いても十五人の鮮人入り来るを認め、種々調査し検見するに言語不明にて野田分署より部長来りたる時すでに八人を殺害したるに依り、その八人は福田村の人にて殺したり、他の一人は利根川を流れて茨城県下の対岸に渉りたるを、田中村の人船に乗り福田村三堀下より出発し、その一人を殺したるもの……

（『柏市史　近代編』より）

一般に「福田村事件」とされているこの事件には、田中村（現柏市）の人もかかわったことが、はっきり記されている。したがって「福田村・田中村事件」と呼ぶべきだという研究者の意見もあるが、事件現場が福田村であったことから、「福田村事件」と呼ばれている。また、事件後の対応について、『柏市史　近代編』には次のように書かれている。

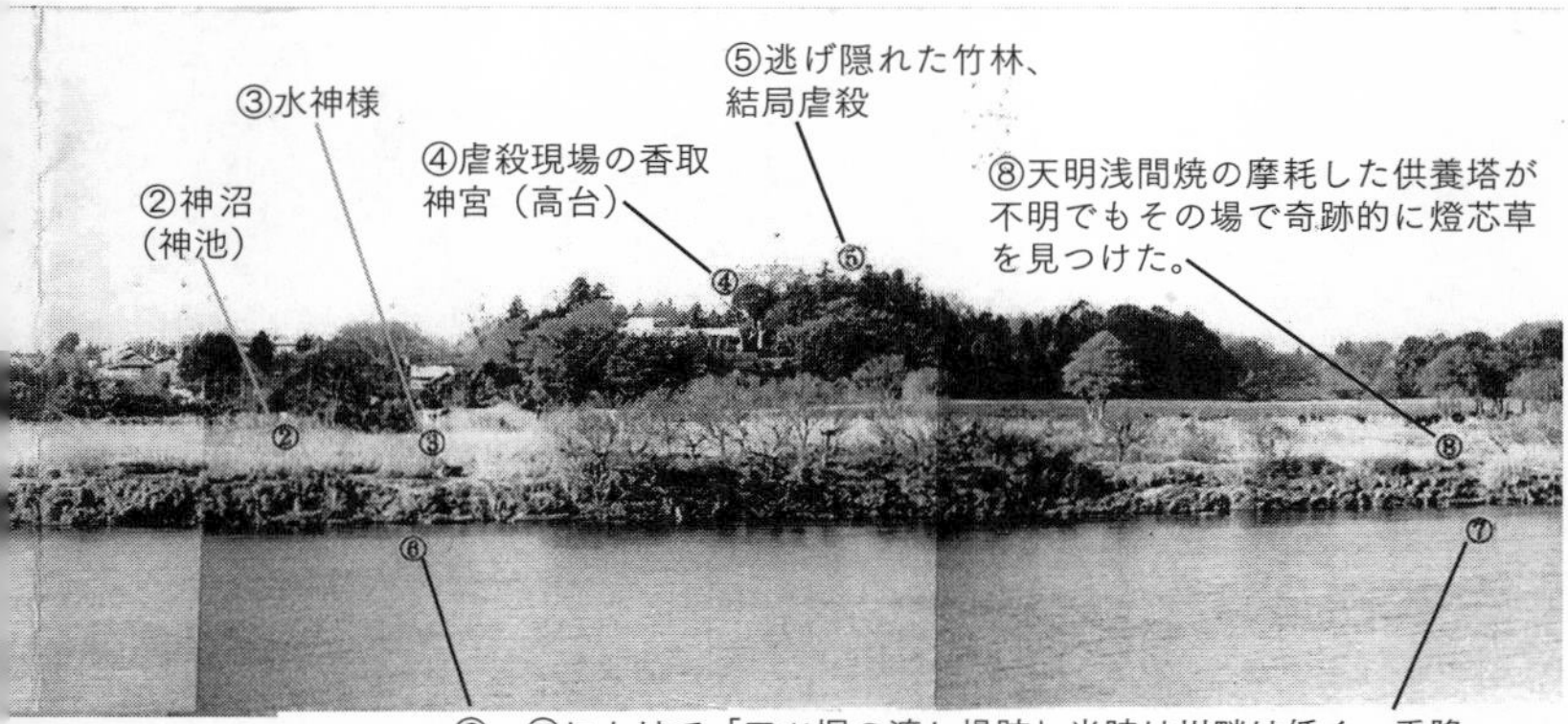

⑥〜⑦にかけて「三ツ堀の渡し場跡」当時は川畔は低く、乗降り楽な桟橋があり、川岸沿いに旅籠が２軒、茶店と船頭小屋もあった。９人の遺体は此処から投げ捨てたと思われる。

……この事件にかかわって田中村の四人、福田村の四人、計八人が逮捕された。田中村は同年一〇月二日に村会議員・各区長・各団体長を招集し、この事件への対処方法を協議する。会議においては、隣村まで追い掛けていったことを問題にする意見も強く、弁護料として出すことはできないが、「役場に於いてか又は公共団体の如き団長より命令の下に行動したるならば止むを得ざる故」と、小金町の場合を参照して四人に対し三五〇円の見舞い金を戸数割りによって徴収し、支給することとなった……

（同書）

殺人犯に見舞金というのもおかしな話だが、背後に国の中枢機関が大きくかかわっていたということもあり、かれらは自分たちの代表で捕まったのだという同情の意識があったようだ。見舞金のみならず、村をあげて農作業の援助もしたといわれる。

①この地点から向かって左が江戸時代の中洲だった
「小屋島跡」（現チサンゴルフセンター）
①
⑨ひん死状態で泳ぎ逃げたが、舟で追いつかれ、
日本刀で切り殺された推定場所。
⑨

野田市三ツ堀方面を対岸「大木流作」より望む。写真撮影：成田徹夫氏 2002 年。
合い番号による写真説明も成田氏。

売薬行商人（高松市帝国病難救薬院）十五名の被害状況は次のとおりで、亡くなった九名は、香取神社の手前の店の床几《しょうぎ》で休んでいた人たちで、からくも助かったのは香取神社の鳥居付近で休んでいた六名である。子連れの同業仲間として助け合いながら、やっとの思いで神社にたどりつき、ほっとしたのもつかの間、そこに生死を分ける運命が待ち構えていようとは、誰が想像しえたであろうか。

被害者の年齢をみると、大人でも二十代、それに、二歳、四歳、六歳と、いたいけない子どもである。しかも妊娠中の女性まで含まれている。混乱の中とはいえ、これが同じ人間のなせるわざだろうかと、信じがたいことである。出身地の香川県では、一行が帰らないので、震災に遭って死んだのだろうと諦めていたところ、半年あまりも経って、被害を免れた男性が事件を知らせたい一心で帰ってきた。当時六歳の子どもだったという女性の話によると、部落の大人も子どもも全員が男性の家に集まってことの真相を聞き、大騒ぎとなり全員が涙にくれた。

そのあと、なぜ千葉県の福田村・田中村に抗議に行かなかったかという件については、「二歳、四歳、六歳、そしてお産前の人まで殺害するような鬼のような人たちなんだから、行けばまた殺されるに決まっているからと断念した」という。香川から遠い野田までの交通費の工面もままならなかっただろうし、当時としては、諦

❖十六名の被害者（胎児含む。すべて仮名）

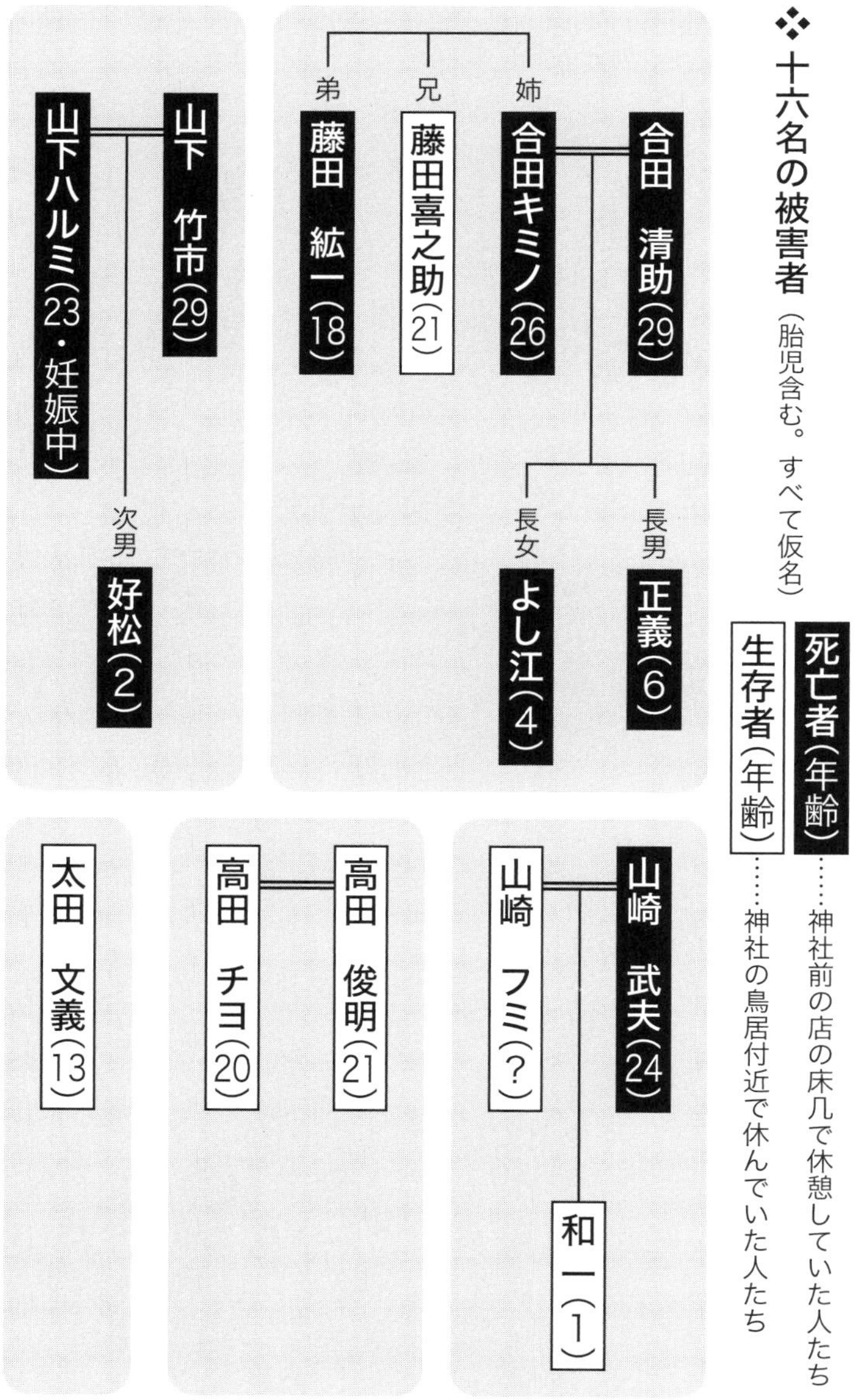

めざるを得なかったのだろう。

殺された山崎武夫さんは、妻のフミさんと長男・和一さんを連れて行商に出ていた。息子が千葉県で殺されたことを知った母親は、涙が枯れ果てるほど何日も泣いた。やがて嫁と孫も実家に帰ってしまい、家も絶えて、位牌もなければお墓もない状態になったという。

生き残った人の証言

九死に一生を得て香川県に帰りついた六人のうちの一人・太田《おおた》文義《ふみよし》さん（仮名、事件当時十三歳）への聞き取りが、昭和六十一年（一九八六年）に行われている。聞き取りおよび解説は、香川県歴史教育者協議会・会長石井《いしい》雍大《ようだい》さん。これは太田さんのご遺族と、石井さんの承諾を得て、二〇〇一年発行の『福田村事件の真相　第一集』に採録されたものである（本書での再録に際しては被害者のお名前をすべて仮名とした）。採録にあたって、つぎの説明が付されている。

一、明らかな誤りは訂正した。

＊石井雍大

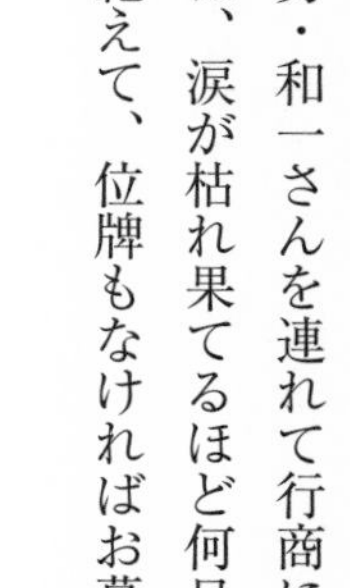

一九三三〜二〇二一年。元香川県歴史教育者協議会会長、高校教諭。福田村・田中村事件で生き残った方の聞き取り調査を行い、埋もれていた手記を発掘した。著書に『評伝・和田邦坊』『香川の戦後史発掘』『青い目の人形』『坂出の碑』などがある。

一、文体は「です」「ます」調に統一した。
一、数字は漢数字に統一した。
一、カタカナは原則的にひらがなに変えた。
一、証言には註をつけ、その箇所は文中に（註――本書での表記は原註――）印で示した。

おいくつですか
満で七十六歳（原註1）、事件当時は十三歳でした。

震災のときはどこにいましたか
大正十二年九月一日に大震災が起きました。この時野田にいました。野田はご承知の通り醬油の産地、キッコーマン醬油の町です。

野田の前はどこに
群馬の前橋におりまして、そこから野田へ転地（行商の場所を変えること）しました。前橋には一か月ぐらいおりました。

原註1　証言時（一九八六年）七十六歳。

どうやって移動しましたか

前橋から野田への移動は列車と徒歩でした。野田で一か月ぐらいおりまして震災にあいました。

三ツ堀で商売したことはなかったのですか

清助さんと呼ばれる人が一行の支配人で、その人の使用人として私たちが使われていました。売薬の販売業を主体として商売しておりました。（原註2）

旅館の名前は

野田の旅館の名は覚えていません。旅館の主人は私たちに「地震の余震があるし、朝鮮人の混乱で過ちが起きやすい時だから、旅館の料金は少し延びても構わないのでもうしばらくおりなさい」と言ってくれたんです。でも支配人（清助さん）は強硬で「日本人に被害を加えるのなら、おらんでやる」（「大声で叫ぶ」の意味）と。

旅館の主人に荷車を借りて、十五人が荷物を満載して徒歩で利根川の渡船の

原註2　富山のように、薬を置いて、定期的に巡る方式ではなく、行商方式であった。

渡し場へ行きました。

支配人が行こうと強行したのですか

彼は私たち十五人の支配人でした。この方は一家総員で私たちと行動を共にしていました。ということは奥さんとお子さん二人がいたということです。だからこの家族は総員四人でした。四人の方は全部殺害されました。

その頃（三豊郡の）Ｔさんが東京におったんです。広島におったんですけど何かの関係で関東に来ておりまして、一緒にやろうということになりました。私は大正十二年三月、郷里香川県を出発しました。

いくらで雇われましたか

その当時月給は月十五円（原註3）ぐらいでした。十五円と言うと当時は高給だったらしいです。相当年配の方でも二十円とか二十五円でしたね。私は少年の給料、十五円をもらっていました。

いつから行商をしていますか

原註3　コーヒー十銭、そば八～十銭、小学校教員の初任給は四十円、日雇いの賃金一日二円十三銭（『値段史年表』、朝日新聞社）。

尋常六年の卒業免状をいただいて京都へ行ったり、東京へ行ったり、帰ったりと転々としています。今でいう小学校六年から行商にでました。千葉に行く前には京都の四条に、京都へ行く前は大阪天神橋、京都から群馬へ、そして千葉の野田に行きました。野田から茨城へ転地しようとしていました。県境ですね。向こうへ渡ろうと、茨城県の方へ転地する目的で野田を出発しました。九月一日から一週間ぐらい余震がありました。宿の裏に藪があって、そこを刈り取って戸板を敷いてかや（原註4）を吊って藪の中にいました。

ジコタとは何ですか

安く製品の販売をする行商人のことです。これは符丁ですね。

どんな薬を扱っていましたか

主として正露丸ですね。それから頭痛薬、風邪薬、湯の花（原註5）とかです。

どこから仕入れていましたか

高松で名前は忘れましたが店主は廣瀬ヤソキチ（原註6）（ヤスキチかコウキチ

原註4　蚊帳。
原註5　温泉の底などにつく、鉱物質。
原註6　香川県の薬種商で唯一、廣瀬姓を名乗るのは坂出の廣瀬勇吉氏（坂出市港町創業明治二十五年）である。

か発音不明瞭で聞き取り困難)。薬品の営業鑑札は廣瀬さんが手配していました。県の業務課の方から取っていました。年齢と名前をきちんといって。他にサービス品として学用品なども売っていました。鉛筆とか靴、墨とかもね。

野田の旅館を本拠に支配人が行商の計画を立てたのですか

彼は宿にいて販売に出ませんでした。奥さんは子を連れて売りに出ていました。大きい方の娘さんは四歳ぐらい、息子さんは二歳ぐらいでした。その息子さんをおぶって奥さんは行商に出ていました。娘さんの子守りは彼がやっていました。

どんな宿でしたか

旅館は高級なものではありません。まあまあ中流以下です。汚いけれどその当時は木賃宿というのがあって、これが一番最低のものでした。その次が商人宿、一番高級なのが旅館。商人が商売に使うのは商人宿。行商人は木賃宿に泊まるのが普通でした。

大震災の時はどこにいましたか

その時私は利根川の周辺へ行商に行っていました。がいに（ひどく）揺れました。どうなるかとおもいました。地面が裂けました。

支配人は非常に意思の強い人でした。売り子に対しては非常に厳しかったです。彼は一日も休ませてくれませんでした。

私たちが各戸に訪問しますと、消防団とか警備員とかがずっとついて来て、家に入ると三人ぐらいが竹竿を持って「おまえ、どこから来たのか」と聞くので鑑札を見せ、信用してもらって奥で話をしました。家の人も「この人は朝鮮人ではないと思います」と言ってくれました。このようにして（木賃宿へ）帰ってきたことが何回かありました。

集団で転地しておった時にやられたのがこの事件です。荷物を大八車に積んで神社のところまで行きました。その時に船頭さんと支配人が相当争いました。利根川の対岸（茨城方面）に渡してもらう条件に問題があったんです。支配人が「荷物を積んだまま渡し船に乗せてくれ、荷物ごとや」と。荷物を下ろしたり積んだりでは手間がかかる、向こうへ渡ったらすぐに行商せないかんから一時間でも早く向こうへ渡りたいとの希望でした。船頭さんは「荷物を積んだままでは行けない。荷物を下ろして渡れ」と言いました。支配人は強硬に要求しました。

船頭さんは「十五名の人間は二回に分けて、荷車を引っ張る者と押す者は一緒に乗ってもらって十三名は後の船で」と言いました。

そのとき船頭さんが「どうもお前たちの言葉づかいが日本人でないように思うが、朝鮮人とちがうのか」と言い出しました。船頭さんがお寺とお宮のところにあった寺の梵鐘をついたわけです。そうすると警備していた皆さんがウンカのように集結してきました。それぞれ日本刀を持ったり竹槍を持ったり猟銃を持ったりして集まってきました。助かった私たち六名は、お宮さんの鳥居の台石に六名、九名が床几（原註7）のところにおりました。鳥居の台石と床几は互いに八十メートルぐらい離れていたでしょうか。

最後に土地の駐在さんが「本官は（行商人一行を）日本人と見なす」と言ってくれました。青年団の団長は「全員が日本人だ」と証言してくれました。ところが駐在さんがいくら日本人であると証言しても、「日本人やったら野田へ連絡とって、野田署の判断を求めたうえで皆さんに納得してもらうべきだ」ということになり、駐在さんは野田に連絡をとるため野田署に行った訳です。（駐

原註7　野外使用の腰掛け。床几の九名が惨殺され、鳥居の台石にいた六名は助かった。

在さんの連絡を受けて）野田署からは部長さんがオートバイで来ておったんですが、それが途中で故障しました。それで農家で馬を借りてそれに乗ってこちら（三ツ堀）に来ました。そうこうしているうちに私たちは太い針金で首をくられて、両手を縛られたんです。

針金ですか

　鉄の針金です。首から上に抜けられん程度にくくられました。部長さんが「皆さん、九人はもう処置しているわけです。六人残っている者をほどいて……」と。そして私たちは「話があるから」と船頭さんのいる陸の道の方へ呼ばれ、藪に隠れていたのですが出て行った訳です。この時に銃声が二発くらい聞こえました。

九人がやられたときの様子は

　喜之助さんという人の弟さんの紘一（こういち）さん、それに武夫さん、この方が虐殺の発端になったんです。床几に坐っていたんだけど、立ち上がって近くの農家に煙草の火を借りに行こうとしたんです。それを「逃げよる！」となったもんだから、逃がしたら厄介なことになるというので大勢が「殺（や）ってしまえ！」ということになりました。

第一番に武夫さんの頭に鳶口（原註8）が、後は血柱がパーッとあがりました。* 紘一さんは一応松林の中に逃げ込みましたが、すぐに追いかけられて、殴ったり突いたりして殺されました。私は武夫さんが殺されるのをすぐ目の前で目撃しました。

何人ぐらいが集まって来ましたか

最終的に二千人（原註9）ぐらい集まって来ました。というのは、部長さんが「六人の身柄は預かる。本官は日本人と見なす。ただ本官のいうことが違っていたら皆さんにはどんな申し訳でもする」と言いました。私は警察に一週間置かれました。

後の人は

竹市さんも亡くなりました。この方は日本刀で肩を落とされました。私らは渡船場の方へ逃げました。これは聞いた話ですが、（竹市さん）は片腕で川の中

原註8　棒の端にトビのくちばしのような鉄製の鉤をつけたもの、消防士や人足が物をひっかけて運んだり壊したりするのに用いる道具。

＊第一番に武夫さんの頭に〜　映画『福田村事件』では、演出上の都合から、最初の被害者が永山瑛太演じる支配人（本書では「合田清助」と表記）となっている。

原註9　先に「『うんか』＝雲霞のように集結してきた」と証言されている。物凄く大勢の人と太田さんの目には映ったのであろう。二千人は記憶違い。

間まで泳いでいったそうです。

女・子どもはどうなりましたか

ほとんどは殴られたり突かれたりして息たえだえでした。生き延びようとした人は全員利根川に放り込まれました。猟銃を二発聞いていますが、誰がやられたかは見ていません。

猟銃でやられたのは誰ですか

武夫さんと紘一さんかも分からないし、見ていませんから……。紘一さんは鳶口で頭を割られました。武夫さんも鳶口で。竹市さんは日本刀でやられました。駐在さんはこの時連絡をとりに野田署へ行って、現場にいませんでした。一時間ぐらい待たされたでしょうか。惨劇はその間に起こりました。

駐在が待てという間の出来事だったわけですか

駐在さんは「署の方へ連絡をとって一応、署の承認を経て処置しよう。それまでは手を出してはいかん」と言って立ち去ったのです。上層部の方は「日本人だ」と証言してくれるんです。青年団の団長とか消防団の分団長とか村長さんとか駐在さんとか全員が「こういう方言を使うんだ」と言ってくれたのですけど、野次が多かった。「こいつらは朝鮮人に間違いない」「殺ってしまえ、殺ってしまえ」と、来る人来る人が確認もしないで「朝鮮人だ、殺ってしまえ殺ってしまえ」というものばかりでした。

行商の顔見知りの人はいなかったのですか

行商で家庭訪問しても、そう何時間もおりません。十分か十五分ぐらいしか居りませんから親しい人もおりません。朝鮮人と日本人との見境がつかなかったので、私は君が代を歌わされました。イロハ四十七文字も全部言いました。「これだけ言うのだから絶対に朝鮮人でない」と幹部の方は言ってくれましたが、大勢の方の中には「日本に三年おったら君が代やイロハぐらいは覚える、誤魔化されたらいかん」「朝鮮人に間違いない」という人が多かったです。野次が多くてやられたわけです。

喜之助さんはお経を詠んだと聞いていますが

お経を詠んだと思います。喜之助さんが一向宗のお経を唱えたと思います。小児まひで足が不自由な人もいました。「私はこんな体だから逃げろと言っても逃げられない。ここにおりますから、皆さんの方で楽に殺してくれるなら殺してください。逃げも隠れもしないから子どもは助けてくれ」と言いました。その間に九名が殺されました。

川へ連れていかれたのですか

そうです。九名は全員鳶口かなんかで傷を負わされて絶命した後、一部の人は藪の中に逃げていたが猟銃で撃たれました。銃声が二発きこえたので、これはエライことになったと思いました。

誰が手を下しましたか

一人に対して十五人も二十人もかかってきました。だから同志討ちみたいでした。持っている凶器がぶつかりあって「カチン」「カチン」と音を立てていました。蟻がたかるみたいにたかっていました。

一週間、警察で保護されて記憶に残っていますが、吉田さんという刑事がおって私が一番最年少でしたから「うちに同じくらいの息子が居るから家へ行かんか」と言ってくれました。二晩ほどその刑事さんの家に泊めてもらいました。そしてその息子さんと遊びました。「ありがとうございます。でもやっぱり郷里に帰らしてもらいます」と言って帰ってきました。

食事は警察が出したのですか

野田署のなかの保護室に六名がおったわけです。一週間ぐらい保護して頂いて「もう大体良くなったから国に帰りなさい」ということで、最年配の俊明さんは身分証明書と罹災者乗車証をもらって「これを持っていたら安心して帰れるから」といわれ、これを持って帰ってきました。避難民として扱われました。

野田から東京へはどうやって

列車です。日暮里の手前に鉄橋があって、鉄橋の上を通って東京に入ったと思います。東京市内の災害に遭った人たちの遺体が、江戸川に材木のように流れていました。昔あった小さい軽便鉄道、一箇ずつの列車です。これで東京まで行きました。東京からは草津とかあの辺を通って帰郷しました。（原註10）

原註10　鉄道省の当時の記録から、おそらく野田から柏まで軽便鉄道で出て、日暮里、田端、大宮へ、大宮から信越線で長野まで、長野から中央線で名古屋へ出て、郷里に帰り着いたと思われる。

帰りのお金はどうしましたか

全部親方に銭は渡していました。帰りは警察で若干出してくださいました。「これをお小遣いにしてかえりなさい」と。交通費は避難民は無料でした。各駅で、婦人会の方が列車が通るたびに窓から食物を差し入れてくれました。帰る途中は皆さんが親切にしてくれて、何の不自由もありませんでした。

亡くなった人たちは

警察の人は「後で来る人がおるから」「皆と一緒に別の所におるから」と言って「殺された」とは知らされませんでした。だから武夫さんの奥さんは、ご主人が生きているような話を聞かされていました。俊明さん（生存者のおひとりの高田俊明さん）は奥さんと一緒に帰ってきました。

自警団に囲まれたときはびっくりしたでしょう

私は少年でしたからもう狼狽《ろうばい》して、恐いとか悲しいどころの気持ちではありません。まさか殺されるという気持ちはありませんでした。まあ、次は分からんなという憶測はありましたけれども、かろうじて助かるのではないかと思っていました。日の前で残虐行為をやられても恐いとも全然思いませんでした。狼狽して意識が朦朧《もうろう》としていました。つらい、悲しい、恐いという気持ちは全然ありませんでした。だけど最後には殺されるのではないか、という気がしました。殺されるのじゃないかなと思うし、逆に助かるんじゃないかという気もしました。気分が動揺していましたから。

部長さんが来られたので私は間一髪で助かりました。部長さんが一秒でも遅れていたら、首を切られていました。

帰ってからは

帰って一週間か十日ぐらいたって、その後丸亀の区裁判所へ来なさいという連絡がありました。それで丸亀の裁判所へ二回行きました。その時の行きの補償は一円二十銭か三十銭、補償してくれました。

六人みんな行きましたか

それぞれバラバラで行きました。私は二回行きました。私は一人で行きました。他の人はバラバラ、個別に。書記官は丁重でした。検事さんから「よう助かって帰ってきたな」と言って頂きました。書いたものはくれませんでした。調書をとっただけです。私は呼ばれて事情聴取され、「念のためにもう一回、明日来なさい」と言われて二日続けて行きました。

震災から帰って私は京都へ行って、平安高等予備校へ入りました。牛乳配達したり新聞配達しながら立命館の夜間部で一年間勉強して、また東京へ行きました。そして法政の夜間部で一年間勉強しました。大災害がヒントになって自分を知らなくてはと、父の了解を得て一人であちこち行きました。家の方は十五歳ぐらいですから半信半疑ですね。

支配人の方は厳しい親方でした。この方がもう少し穏健だったら私らは助かったと思います。宿の主人が「今のところは静まっていないから、茨城へ転地するのを見合わせたら」と言うのに、無理をするんですね。それが災いの原因です。宿の主人の言うことを信じておったら、こういう不幸な目に遭っていないと思います。（原註11）

原註11　もう一人の生存者、喜之助さんは「木賃宿とはいえ、十五人の宿泊費などの費用は大変だったにちがいない。震災後五日もたつのだからと、やむを得ず出発したと思う」と、語られている。

裁判のことは役場から知らされましたか

裁判については、何も誰も連絡してくれませんでした。何かの噂で自警団のメンバーが実刑をこうむったとか、六、七年の刑に服したという噂は聞きました。だけど直接は何も聞いていません。私は千葉から帰って名古屋へ行ったり京都に行ったり、その間に父が聞いたかも分かりませんが、私自身は聞いていません。

竹市さんの弟さんは遺体を捜しに行きましたか

彼も支配人で、何人かの売り子を連れて茨城県のどこかにいたはずです。兄弟で連絡を取り合っていたはずですね。生前中、連絡を取って宿の主人から聞いたはずです。弟さんは転地したということを聞いたんでしょう。被害にあった直後、台風で相当荒れました。利根川も増水しました。その川辺を兄貴がいないということで、転地先を旅館に聞くつもりで徒歩で行ったわけです。

そして渡船場の場所を通ったらしいです。その時に増水して九名の遺体が全部藪の中にあったと聞きました。ところが「どうせこれは朝鮮人の遺体だから流せ」ということで、土地の人が全部また利根川の真ん中に突いたらしい。これは竹市さんの弟さんから聞きました。「兄貴らが殺された所を通った。旅館に行って聞いた。通って歩いた」と生前中に弟さんから聞きました。

武夫さんの出身地には位牌もないしお墓もないのですか

栄さん（原註12）と言う人に聞いても武夫さんの実家にはありません。姻戚関係の人もいないから位牌もなければお墓もありません。奥さんのフミさんは、もともとこちらの出身で武夫さんに嫁いだわけです。栄さんに聞いても武夫さんの知己はないんですよ。姻戚関係の人もおらんから位牌もないし、墓もありません。だから無縁仏になっています。

ご心境は

私以上に喜之助さんの方がきついと思います。年齢も二十歳（原註13）ぐらいだったから十分わかっているし、念仏も唱えていました。何かお経めいたものを詠んでいました。ほとんどが喜之助さんのご兄弟が多いんです。二家族が全滅です。喜之助さんの親類の清助一家四人が全滅、竹市さんの一家は三名が全滅です。

原註12　栄さんは武夫さんの近所の方。
原註13　当時二十一歳。

フミさんは気の毒に……

フミさんは実家がこちらだし、お母さんも存命だから一緒に帰ってきました。お母さんは最近亡くなりました。

帰ってきた人は皆さん亡くなりましたか

存命しているのは大阪にいる武夫さん、フミさん夫婦の子どものカズイチ（和一）さんと私と喜之助さんの三人。事件の現場におったのは二人です。カズイチさんは当時一歳ですから、事情は分かりません。大阪でタクシーの支配人

香川県にある竹市さん一家三人の墓。三人は殺されて利根川に放り投げられたので、当然遺骨はこの墓には納められていない。

同じく香川県にある、行商の親方・清助さんの墓。「先祖代々（の）墓」としか書かれておらず、石の材質も粗末で小さい。

をしているとか聞いています。

水平社へ訴えなかったのですか

香川県水平社の委員長は高丸義夫さんでした。俊明さんと親戚ではありません。

大学の後は何を

京都から帰ってきて西陣の織物、そこの商品を仕入れて婚礼衣装、成人式の衣装などを主体に行商して回りました。兵庫県の淡路島とか、最後は呉服を扱いました。衣料品をやっていました。

訴えていくところはなかったのですか

その当時は騒然としていました。相当治安が悪化しているから間違われやすいと、災難に遭った人は本当にかわいそうだと、しかし「生きて帰ってきたお前は幸せや」などとなぐさめられたわけや。殺害された人については間違われやすい状態にありました。朝鮮人と思われやすい状態にありました。だから「あきらめなさい」と言われました。水平社に訴えるなどとは思いもよりませ

原註14　香川県水平社結成は、一九二四年、観音寺公会堂。

原註15　喜之助氏（明治三十五年九月生まれ、震災当時二十二歳）は助かって帰ってきて間もなく丸亀区裁判所に呼ばれた。

んでした。（原註14）

ところで手記は喜之助さんの字ですか

おそらくこういう書体から考えると、この文字は喜之助さん（原註15）が書いた感じですね。ほとんど片仮名が多いですね。当て字も入っています。総合的に見て、おそらく喜之助さんが書いたものでしょう。文字を読んでいますと実感がでるような細かい文章になっていますからね。これは直感的に考えても喜之助さんでないか、代筆ではこんな詳しい内容は書けないはずです。内容を拝読しましたら、おそらく喜之助さんの文字と思います。なかなかこれだけきめこまかく文章化するというのは、よほど自分が遭遇しないと分からないところがあります。おそらくこれは

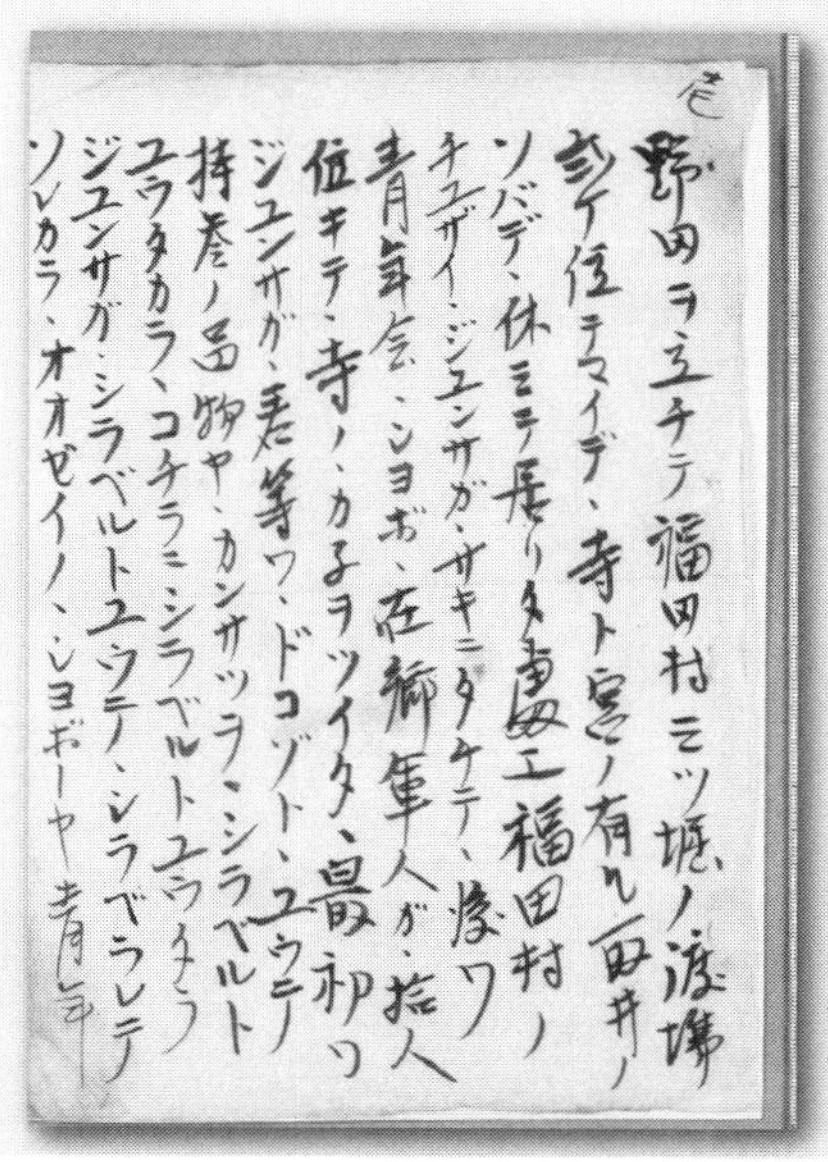
野田ヲ立チテ福田村三ツ堀ノ渡場
ニ至テマイデ、寺ト宮ノ有ル西井ノ
ソバデ、休ミテ居リタ処エ福田村ノ
チユザイ、ジユンサガ、サキニタケテ、後ワ
青年会、ショボ、在郷軍人ガ、拾人
位キテ、寺ノ、カ子ヲツイタ、最初ワ
ジユンサガ、吾等ワ、ドコゾト、ユウテノ
持参ノ品物ヤ、カンサツヲ、シラベルト
ユウタカラ、コチラニ、シラベルトユウナラ
ジユンサガ、シラベルトユウテ、シラベラレテ
ソレカラ、オオゼイノ、ショボーヤ青年

喜之助さんが書いたと思しき手記。現在手記の現物は香川県立文書館に寄贈・保管されている。同館発行の『香川県立文書館史料集４』に「関東大震災の際遭難した香川県民の手記」として翻刻とともに掲載されている。全文の翻刻及び写真は本書巻末の「福田村事件関連資料」に掲載。

喜之助さんの字でしょう。二回目に持っていくための文章だったんでしょう。

以上が、生存者のひとり、太田文義さんからの聞き取りである。

聞き取りの中に出てくる手記とは、喜之助さん（明治三十五年九月生まれ、震災当時二十一歳）が、帰宅から約一カ月後丸亀区裁判所検事局で事情聴取を受けた際、「もう一度呼ぶからきょう話したことを紙に書いておくように」と指示されたもので、

野田ヲ立チテ、福田村三ツ堀ノ渡場弐丁位テマイ（手前）デ、寺ト宮ノ有ル取井（鳥居）ノソバデ、休ミテ居リタ処エ福田村ノチユザイ（駐在）、ジユンサ（巡査）ガサキニタテ、後ワ青年会、シヨボ（消防）、在郷軍人ガ、拾人位キテ、寺ノ、カ子（鐘）ヲツイタ……

という書き出しで、当て字まじりの漢字とカタカナで和紙四枚に墨で書き残したものである（全文は巻末の「福田村事件関連資料」を参照）。

聞き取りを受けた人のなかには、被害者の無念さを思ってか、しばしば嗚咽《おえつ》する

人もあった。殺された日の夜、霊が帰ってきたのか「お母はん、お母はん」という声が聞こえたとも語っている。震災の後、しばらく朝鮮人に間違えられないよう東京弁の使える人が行商に同行したということも語られている。

日本人なら「国歌」を歌ってみろ

生き残った人の証言だけではなく、傍証ではあるが、被害者の親戚にあたる方の次のような証言もある。

あの当時、娘婿の父母は薬の行商をしていました。貧しいものですから行商生活をくりかえしていたのです。三月に行商に出るとすれば、帰ってくるのはたいてい九、十、十一月でした。一年の間、行商、行商のれんぞくでした。安い宿をとってそれで苦労しながら子どもを大きくしていったんです。だから私の娘婿の父母は子どもと三人いっしょに殺されたんです。

これは間接に聞いたことですが、「私たちは日本人である」と抗弁してもいうことを聞かなかったらしいのです。「日本人なら国歌を歌ってみろ」といわれ、「君が代」を歌ったのですが、それでも信用してもらえなかった。言葉のなまりも相当。讃岐弁は東京弁と違いますから「朝鮮人らしい」ということで無惨な殺しかたをしたのでしょう。

こちらへ殺されたということが分かったのは、電話でもない、その中で一人だけ生き残ったんですわ。その生き残った人は、どうにもならんで自分の番がきた時に、「まあ待ってくれ、私は軍人だった」といって軍人勅諭もやったらしいのですが、それも駄目と。それでいよいよトビ口を打ち込まれるというときに、「それでは今生の別れだからお経を一巻あげさせてくれ」と、この地域の人は信仰に熱心ですから一生懸命お経一巻を唱えたんです。

そうしたら向こうの堤防で軍人が「殺したらいかんぞ、殺したらいかんぞ」というて走ってきたらしいんですわ。その時にはこの人を除いてみんな殺されてしもうていたんです。軍人が飛んできて「その人は日本人だから殺してはいかん」と言った時にはもう遅かった。その人が急いで帰ってきて連絡してくれたんです。それで村の人はびっくりして、こんなことがこの世にあっていいものかということで、歎き悲しんだということを私ははっきり聞いています。

（石井雍大「関東大震災・もう一つの悲劇」香川県女性史研究会『草稿』所収より）

利根川という言葉が耳に残った

また、被害者の出身地のとある女性（取材時八十三歳）は、事件当時のことを次のように語っている。

あの事件の事は、私が六歳ぐらいの子どものころ聞いた話で、くわしいことは分かりませんけれども、大勢よって騒いでいるときに聞いた「利根川」という言葉が頭に残りました。利根川で死骸を投げ込んだと聞きました。小さい子どもが「お父さん、お母さん、なんでも言うことを聞くからかんにんして」と泣きながら利根川の土手を走って逃げたということが、小さいながら記憶に残っています。そのとき利根川という川は大きいんだなあと思いました。

逃げて帰ってきてそれを知らせてくれた人が、どこの人か知りませんよ。どないして逃げて帰ったかも子どもだから詳しいことはわかりませんけど、たくさんの人が殺されたということでした。

日本人と朝鮮人とまちがえたということは、香川県の言葉と朝鮮の言葉はそんな似とるんやろかなあ、なんでかしらんと思っておりました。こちらでは朝鮮の人はよくアメ売りに来ました。その人の言葉はなまりとかでわかりました。あの言葉と讃岐の言葉がなんでわからないのかなあ、関東の人ってひどい人やなあと私は思いました。罪のない人をまちがったか何か知らんけど殺すとはひどいとおもいましたよ。それが頭に残っています。

殺された清助さんのところは、奥が八畳で玄関の所が四畳半で、奥が四畳半と三畳だったかな、縁側まで村中の人がいっぱいあふれて、みんなわんわん泣いていました。

（『別冊スティグマ』第14号、二〇〇一年十一月の現地聞き取りより）

五十六年ぶりに現場に立った遺族

事件現場が利根川沿いということしか分からず、なんとかその場所をつきとめて供養したいと、息子夫婦（山下竹市・ハルミ）と二歳の孫（好松）を殺された母親は、二度ほど上京して利根川沿いをさまよい、菊の花を手向けたという。

昭和五十四年（一九七九年）、「千葉県における関東大震災と朝鮮人犠牲者追悼・調査実行委員会」から出された、軍隊内部の証言を中心にまとめた『資料集』の

「第二集　関東大震災と朝鮮人　―習志野騎兵連隊とその周辺―」を紹介した新聞記事を見て、被害者の姪にあたる遺族が同委員会に「殺された場所をつきとめてほしい」と名乗り出た。彼女は調査委員会の人たちと三ツ堀を訪れ、無念の涙にくれながら供養を行っている。じつに震災から五十六年も経ってようやく現場に立つことができたのであった。

「何も悪いことしていないのに、なんでここで殺されなきゃなんないんだ、私は村の人に文句を言って帰りたい」と悔しがられたという。その時は、たしなめられ、なにも言わずに帰ったものの、「今も村の年寄りに言いたかったんだ」と、後までこぼされたという。被害者の身内としては、当然の感覚であろう。

近隣住民の証言

当時、福田村で起きた惨劇のことは、近隣にはどのように伝わっていたのだろうか。それについて、村山金一郎さん（明治四十二年生まれ、流山市西深井在住、取材時九十歳）は生前、次のように筆者に語ってくれた。

震災の時は、内務省がやっていた河川工事現場で働いていていました。まだ十五、六歳くらいですよ。当時は現金収入が得られるような働き口なんかないですから、そこで三年間土工として働いたんです。

地震の時は、下から突き上げるような、ものすごい上下振動でしたが、そのあと横揺れがきて、運河の水がゆさゆさと川の縁をあっちにこっちにあがるように揺れていました。地震で一斉に仕事を中止しましたが、また午後には仕事をしていました。たしかラジオもなかったし、そんな大地震とは知らなかったが、夕方には南風に変わって東京の方からいろんな燃えかすが飛んできました。

余震も何回か来ました。そしてどこからあのような「まじない」が起こったのか、おかしいのですが、肥桶を寝かせて天秤棒でこする音を地震は嫌うというので、ねじり鉢巻きで、汗を流しながらあっちでもこっちでも「キー、キー」こすってたそうです。川向こうの埼玉からその音が聞こえるので見に行った人がいてね。まったくバカなことを信じちゃったもんですよね。昔の人間は純朴でしたからね。

船頭というのは案外景気のいいもので、運河の土手沿いには、材木屋、酒屋、料理屋、鉄工屋、床屋、下駄屋など、それを当て込んだ店がずらっと軒を並べていました。

私の家は船のロープをつくる綱屋でした。春には両岸に桜が咲いて東京方面からも高瀬船で見物客が大勢きたんですよ。運河の出口のところに茨城の御影石でつくった灯籠が建っていたのですが、それも地震で倒れ、今みたいに重機なんかありませんから、頭の部分を除いて埋めてしまいました。今でも掘ると出てくると思いますよ。

運河会社ができて、この灯籠に灯を入れたため、この辺は電灯が来るのが早かったんですね。地震で運河の土手が大きく割れ、家に入れなくなっちゃいましてね。ちょうど土手の拡幅工事で移転の話も出ていたし、なにがしかの移転料をもらって、その家を壊して今のところに移転しました。

家を解体して煤だらけの顔で、自転車に乗り、野田のほうに買い物にでかけると、あちこちに立っている自警団の人らに、「おい、朝鮮人じゃないのか」と、呼び止められましたよ。でもそのなかに知っている人がいて「この人は違うよ」と言ったので助かりました。家の裏の藤田さんは、震災のとき東京で船が焼け、お母さんと妹さんを亡くしています。

私が聞いた野田の事件は、故郷に帰ろうと東京方面から集団でやってきた人たちが、やられたらしいです。今の船戸、こっちは三ケ尾あたりで、それも日本人だったんですよ。

ひどいことに、川に入って水につかりながら日本人だと証明するために「君が代」を歌っているところを鉄砲で撃ったそうです。お巡りが来て中止になったらしいけど、残酷極まりないよね。仮に朝鮮人であっても、人間である以上殺すということは、とてもできないね。幼稚な群衆心理でのぼせてしまうと、始末におえないですね。

そのあと大人と子どもの遺体が、今の水辺公園あたりまで流れ着いたそうです。それを地元の人に上げさせて、警察が検死して処分したようです。またこの事件がすぐ広がって大騒ぎになったという記憶はないです。

東京が焼け野原になったのは、朝鮮人が方々に別れて全部放火したというんですが、そりゃ震災ですから火災は起こりますよ。まったく迷惑したのは朝鮮人ですね。


平成十一年（一九九九年）、村山さんのご自宅におじゃまして、一時間以上にわたってお話をうかがった。

当時九十歳というご高齢でありながら、全くそれを感じさせないじつに明断な方であった。十四、五歳の若者が、村人の噂として、すでに福田村事件のことを聞いていたという事実に注目したい。いっぽう、福田村では示し合わせたように完全に口を閉ざしたわけである。

供養されていた犠牲者

行商団一行が襲われた現場をこの目で見たいと思い取材に訪れたのは、平成十一年（一九九九年）の春であった。渡し場のあった周辺は、すでにゴルフ場になっていて、大勢の男女がのどかにプレイを楽しんでいた。近辺の人の証言がとれたらと思っているところに、ちょうど年配の人が通りかかった。「実は……」と切り出すと、不愉快そうに顔をそむけながら手を横に振り、勘弁してくれ、何も知らないという意思表示をされた。早くも野田での取材の難しさを予感したものである。

同年七月はじめ、一大決心のすえ、香川県の行商団が休んでいたという香取神社の別当寺・圓福寺の門をたたいてみた。とつぜんの訪問に戸惑われた様子だったが、取材先としては天王山ともいえる要所で、簡単に引き下がるわけにはいかなかった。

　思えば住職の口をこじ開けるような強引な取材だったが、名誉住職・長瀬瑠璃さんは、「もう三、四代も前の話ですが、そういう事件に加担した祖先を持ったということを恥じ、世間に喧伝《けんでん》されるのを怖れ、そこに触れないできたという伝統があります。今では犯罪者の人権も重んじる時代です。住職としてやれることは、地域住民のプライバシーを守りながら、二度とそのような暴力的な事件を起こさない方向に心を導くこと、それが宗教者の務めでもあります」と話された。

　そして分厚い「永代・日牌・月牌・勤行回向霊名簿《ごんぎょうえこうれいめいぼ》」というものを見せていただいた。「関東大震災惨死者」のページに、犠牲者全員の名前や年齢が記され、妊娠していた女性の胎児にも「無量寿院夢幻水子」という戒名がつけられていた。

　これは、昭和六十二年（一九八七年）、香川県の石井擁

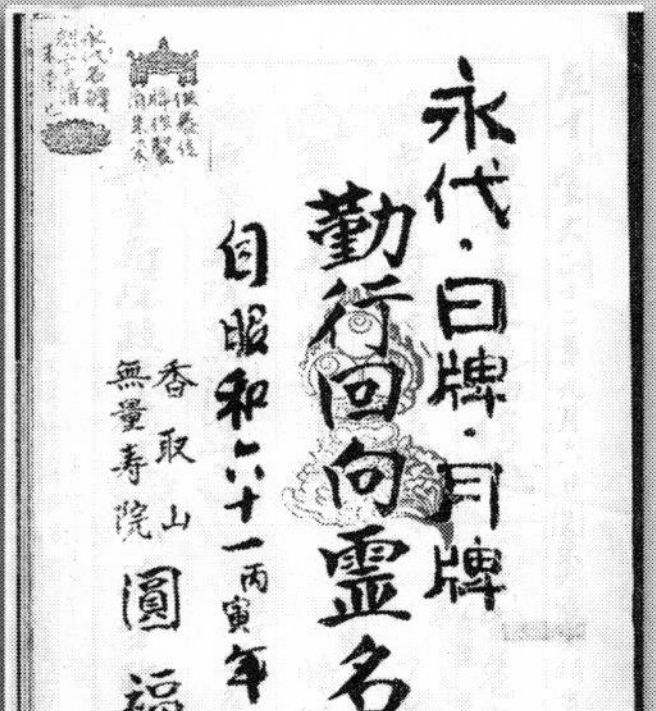

圓福寺に保管されている「永代・日牌・月牌・勤行回向霊名簿」。まだ名前すら決まっていない胎児も記載されている。

大さんが、千葉歴史教育者協議会の有志とともに圓福寺を訪問、戒名をつけて永代供養をしてもらうよう約束を取り交わしたものであった。事件現場となってしまった地元の住職として、代々、一口では言えない苦悩があったに違いない。

気の重い資料ばかり見てきたなかで、ていねいに供養されている事実を目《ま》の当たりにして、ほっと救われる思いがしたものである。とくに母親のお腹のなかでいきなり命を絶たれてしまった胎児の戒名を見たとき、その哀れさにひとしお胸が締め付けられる思いがした。いまでも八月十五日の施餓鬼《せがき》に際しては、氏子総代一同で塔婆《とうば》を建てて供養しているという。

地元に生まれ、祭りではどろを投げる方から投げられる方まで体験したというAさん（八十歳）は「この事件のことは、なんとなく知った。言葉の行き違いで朝鮮人と間違われたようだ。船頭とのやりとりで、荷を先に運

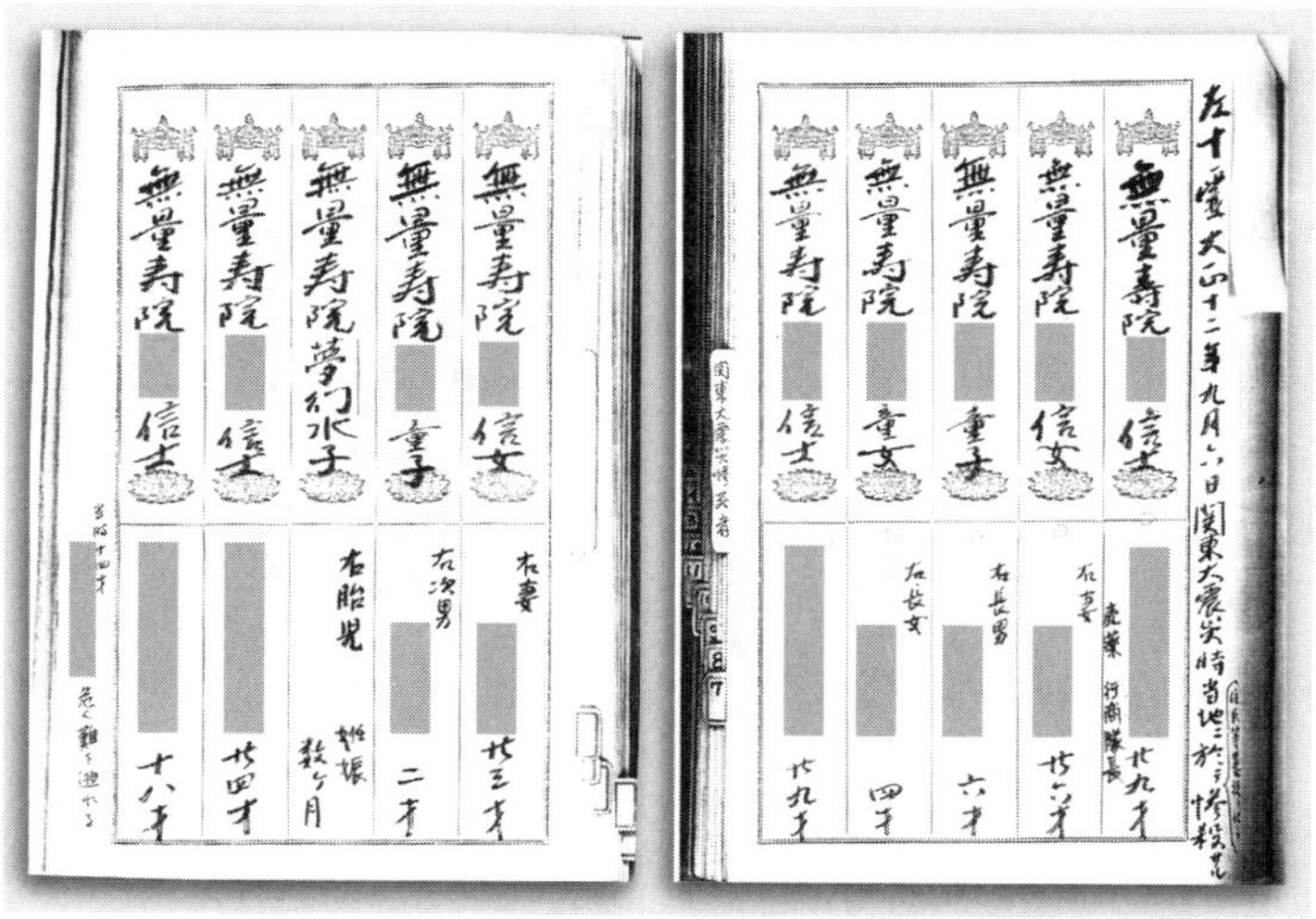

ぶか、人間を先に運ぶかで揉め、荷物も人間も一度に運んでほしいという行商側との折り合いがつかなかったことも一因だったと聞いている。とにかく時代が悪かった。古い話ですから話題にのぼることもなかったですね」と、淡々と語った。

Tさん（八十三歳）は、なんとなく噂話のような会話から知った。それも、十五年ほど前だったという。ほかにも取材を試みたが、八十歳、九十歳と、かなり高齢の人でも知らなかったという意外な答えが返ってきた。いわれなく殺された被害者に対する憐憫の情は感じられず、香川の被害者側との温度差を感じないわけにはいかなかった。

やはり後世の人たちが知るよすがとしての「記録」というものがないのが大きな原因ではないだろうか。

事件を伝える新聞記事

事件の取材を始めたものの、現地での証言がほとんど得られないため、千葉県立中央図書館に通って新聞記事を拾うことにした。当時は筆記用具は持ち込み禁止で、すべてマイクロフィルム化された記事を、手元のレバーで繰《く》りながら探すようになっていた。
九月一日から、繰れども繰れども事件に関する記事が見当たらず、十月二十日ごろからようやく散見されるようになった。それまで統制が敷かれていたことがのちにわかった。政府の方ではいつまでも秘密にするわけにもいかず、記事解禁に踏み切ったというのである。

千葉県各地で起きた一連の朝鮮人虐殺事件についてまとまった本格的な報道がなされたのは、前述した（本書69ページ以下を参照）「東京日日新聞　房総版」十月二十四日付の「流言蜚語に驚いて百三十余名を虐殺　犯人五十一名が検挙収監さる　自警団の大暴行」という記事が最初だと思われる。以後、福田村事件だけに絞った個別の記事が現れるようになった。

以下、福田村事件関係の新聞記事を抜粋する（旧かな・字体を新かな・字体に改め、適宜句読点を補った。また記事の現物の画像を巻末の「福田村事件関連資料」に掲げた）。

行商人殺も有罪
福田事件の犯人八名

行商人殺も有罪
福田事件の犯人八名

千葉県東葛飾郡福田村及び田中村付近の自警団が六日午前十時ごろ香川県人

〔中略〕外男女小児十五名より成高松市帝国病難救薬院の売薬商の一行を鮮人と誤認し、〔中略〕の九名を殺害した暴行事件の被告は、左の八名で何《い》づれも有罪と決定。二十八名日千葉地方裁判所の公判に付せられた（二十八日、千葉発）

（以下略）

（「東京日日新聞　房総版」大正十二年十月三十日付）

福田村事件の詳報が初めて出たのが、右の「東京日日新聞　房総版」十月三十日付の記事である。すでに事件発生からに五十五日が経過しており、事件報道そのものというより公判で詳《つまび》らかにされた事実を後追いで報じているにすぎない。

福田で殺された
商人の死體か
布佐地先に漂着

福田で殺された
商人の死体か
布佐地先に漂着

二十四日午前十時ごろ東葛飾郡布佐町《ふさまち》江戸川岸に男の死体漂着。松戸署から中台警部補、医師と共に出張検死したが、一見労働者風で七、八十日を経過せるらしく、福田村で自警団のために殺害された行商人らしい。

（「東京日日新聞　房総版」大正十二年十一月二十八日付）

福田村三ツ堀から十キロメートル余り離れた、旧東葛飾郡の東南端にある布佐町で遺体が発見されたことを報じる「東京日日新聞　房総版」十一月二十八日付の記事。発見された遺体が本当に福田村事件の被害者のうちの一人だとすると、記事中の「江戸川」とあるのは「利根川」の誤りか。なお、この遺体発見の記事が出た当日、福田村事件の初公判が開廷された。

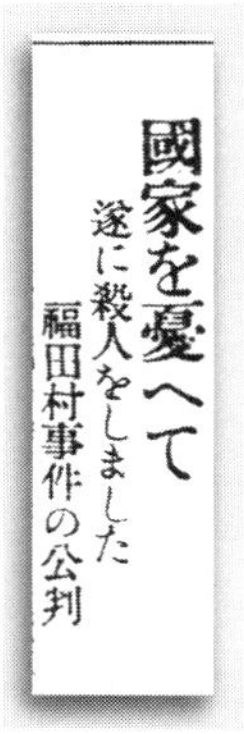

國家を憂へて
遂に殺人をしました
福田村事件の公判

国家を憂へて
遂に殺人をしました
福田村事件の公判

昨夕刊既報、二十八日千葉地方裁判所で開廷した東葛飾郡福田村殺人事件は、定刻被告一同の身分調べが終わってから遠山検事は公判事実を述べたが、被告の中には今更、罪の恐ろしさに身を打ちふるわせるものも見へた。

訊問はまずA（二六）〔※被告の人名は仮名とした。以下同様――引用者〕から始まり、裁判長の突き込みを「そうですそうです」と是認し、被害者、売薬行商人の妻が渡船場の水中に逃げのび、乳まで水の達する所で、赤児を抱き上げ

「たすけてくれ」と悲鳴を上げていたみじめな事実の取調べに対してもまた、相被告〔共同訴訟の一方の当事者——引用者〕B、C、D等も猟銃や竹槍、日本刀を持って船に乗り込み、逃げんとする被害者をなぐったり蹴ったりした事実の取調べに対しても、他事の様に冷々淡々と申し立て、D（二五）は、利根川を泳いで逃げだした被害者を日本刀で切り付けた事実をかくさず申し立て、呑気なものだ。裁判長がその凶器丈八寸の黒鞘の日本刀を示す。C（二八）は「私は鉄砲をかついでいきましたが、皆がこっちへ来てうてといひましたから、一度ブッ放しました」と勇壮活発なものだ。

B（二五）は「日本刀を持って出掛けると群衆のなかから、貴様は見物にきたのかと怒鳴りましたので、ついやったような訳です」と明瞭に事実を述べ、「私は実際相手を斬ったにもかかわらず、予審で三回も否認したのは、摂政宮殿下には玄米を召し上がられている際、不逞鮮人のために国家はどうなることかと憂れへの余りやったような次第ですが、監獄に入れられたので癪にさわったから、事実を否認したのです」と演説口調で声をふるわせながら申し立てた。その他の被告もスラスラと供述し、取調べを終わり、午後一時休憩。

（「東京日日新聞　房総版」大正十二年十一月二十九日）

十一月二十八日の千葉地裁での公判の模様を詳しく伝える記事。その日の審理がすべて終わるのを待たずに、昼休憩に入った時点で午前中の分だけで書かれ、午後の審理はそれとして別立てて書かれている。

　取材した記者は、訊問に対して答える被告たちの答弁内容や態度を「他事の様に冷々淡々と」「呑気なもの」「勇壮活発なもの」「演説口調」といった語句で批判的に伝えている。担当記者の人道的な怒りと、おそらくそれまで強いられてきたであろう緘口令《かんこうれい》のせいで溜まっていた鬱憤が感じられる記事となっている。

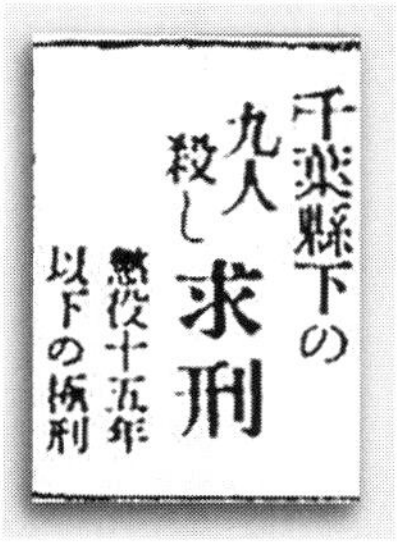
千葉縣下の
九人殺し　求刑
懲役十五年
以下の極刑

千葉県下の
九人殺し　求刑
懲役十五年
以下の極刑

　既報、千葉県東葛飾郡福田村の売薬行商人九人殺しの公判は、午後五時再開、直ちに遠山検事の論告に入り、「被害者は、女や子供を連れ沢山な荷物を持って川を渡って逃げんとするのを、川の中へ突き落して殺したのは、惨虐も

甚だしいもので、情状酌量の余地なし」とて、左の如く求刑し、九時閉廷した。（二十八日千葉発）

懲役十五年　三人
同　　十年　四人
同　　七年　一人

（「東京日日新聞」大正十二年十一月二十九日付）

午後の公判で厳しい求刑となった様子を伝える続報。その後地裁の判決が下ったが、被告たちはそれを不服とし上告した。そして事件の翌年の一九二四年（大正十三年）、次の記事のように結審した。

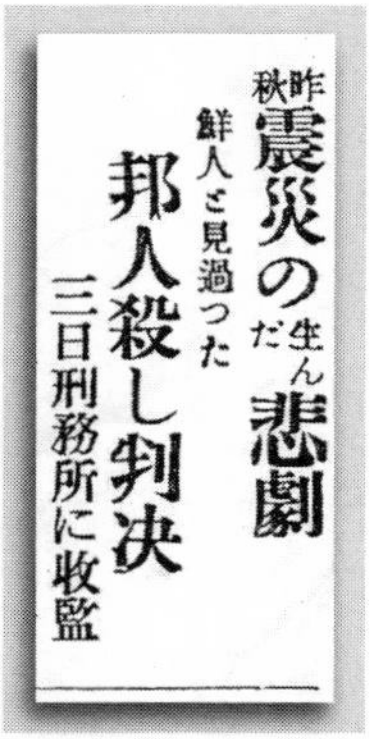
昨秋震災の生んだ悲劇
鮮人と見過った
邦人殺し判決
三日刑務所に收監

昨秋　震災の生んだ悲劇
鮮人と見過った
邦人殺し判決
三日刑務所に収監

昨年の震災当時、鮮人襲来説に脅かされ各所に自警団の組織を見て殺傷の惨劇が随所に行われたが、東葛飾郡田中村字掘、F（三十）外六名が日本人を鮮人と誤り誤殺した事件は、さきに千葉地方裁判所で懲役十五年乃至《ないし》八年に処せられたるに服せず、上告したが、その結果この程控訴院において、左記のとおり判決言い渡しがあり、執行を指揮され、三日いづれも、千葉刑務所に収監された。因《ちな》みに入監に際し、福田村及び田中村では、一人前、八百円位の餞別を贈ったと。

東葛飾郡田中村
懲役十年　一人
同　三年　二人
同　八年　一人
東葛飾郡福田村
同　六年　一人
同　十年　一人
東葛飾郡田中村
同　三年　一人

（「東京日日新聞」大正十三年九月四日付）

一年前に比べると減刑にはなったものの、これらの一連の事件では執行猶予になる例が多いなかで、収監という重い刑が処せられた。実態は大勢がかかわったというしろめたさからか、次のような記事も載った。

> 因《ちなみ》に、右、被告等の、福田、田中の両村民は、拠金として入監者の家族に同情し、多きは、一千余円、少なきも千円づつ贈り、なお、農繁期には何れも手伝い等して、これらの家族を慰撫していると。
>
> （「房総日日新聞」大正十三年九月六日付）

裁判での生々しい供述によって、事件の残虐性が見えてくる。また、犯罪者の家族に村をあげて見舞金を贈ったり、農繁期の手伝いをしたりしたという記述もあり、受刑者の一人は服役後、村長をつとめ、市町村合併後は市議にまでなっている。お国のためにやったのだという村民あげての意識が働いた証拠であり、いっぽう被害者への思いは全く欠落しているという特殊な構図が、浮かびあがってくる。

驚いたことに、これほどの事件で裁判にもなり、控訴審まで行われていながら、被害者の遺族や関係者には何一つ知らせず、地元の新聞社（「香川新報」、現「四国新聞」の前身）も、事件は把握していたと考えられるにもかかわらず、まるでなかったことのように報道の跡が見当たらない。

この事件は、民族差別、職業差別、部落差別など、複合的な問題が絡んで起こった事件とされている。だが識者の間でも意見が分かれるのは、加害者たちの間に、行商の人たちが被差別部落の人だという認識があったかなかったかという点である。しかし、司法における裁判となると、出身地などから認識はあったと思われるし、地元の香川では、明らかに差別的な扱いを受けている。

まだまだ人権意識の薄い時代のこと、民族差別の対象だった朝鮮人と間違われた人たちもまた、人間扱いとは思えない処遇を受けていたのである。

一九二六年（大正十五年、のち昭和元年に改元）十二月二十五日、大正天皇の死去により、翌年多くの犯罪者が恩赦を受けているが、福田村事件の被疑者八名も、第二審から二年五カ月後に全員恩赦で無罪放免になっている。

惨劇の中にもひとすじの灯り

虐殺が横行した震災の混乱時に、冷静沈着な判断で朝鮮人を惨劇から守ったという美談も少なからず報告されているが、横浜市鶴見区の東漸寺には、三百一人の朝鮮人を救った大川常吉《おおかわつねきち》＊という人の記念碑が建っている。震災当時、鶴見警察署の署長をしていたこの人は、保護を求めてやってきた大勢の朝鮮人を、体を張って守った。

「朝鮮人を殺せ！　朝鮮人の味方する警察などたたきつぶせ！」と猛り狂う群衆に向かって、「よし、君らがそれまでにこの大川を信頼せず、言うことをきかないのなら、もはや是非もない。朝鮮人を殺す前に、まずこの大川を殺せ」とせまり、「朝鮮人が毒を投入した井戸水を持って来い、私が先に諸君の前で飲むから、そして異常があれば朝鮮人は諸君に引き渡す。異常がなければ私にあずけよ！」と、ひるむことなく沈着な態度で興奮状態の群衆を説得したのだった。

東葛飾郡にも美談が残っている。その舞台は、当時の土村《つちむら》（現増尾）である。土村とは珍しい地名だが、『松戸市史』によると、明治二十二年（一八八九年）、東葛飾郡下、二百五十四町村を合併して、三十七町村を設置。このとき増尾《ますお》、藤心《ふじごころ》、逆井《さかさい》など十一カ村が合併してできたのが土村で、「十一」を土という字に置き換えてつけられたものという。

震災当時、土村に駐在していたのは、篠田《しのだ》金助《きんすけ》という二十八歳の巡査であっ

＊大川常吉

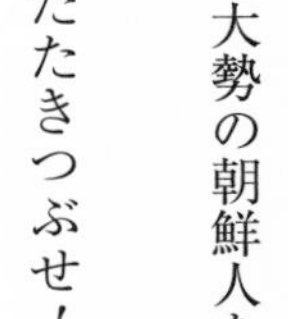

一八七七〜一九四〇年。関東大震災時、神奈川警察署の鶴見分署長を務めており、日本人の群衆から虐殺されそうになっていた朝鮮人・中国人ら約三百名を、身を挺して守った。鶴見区の東漸寺に記念碑が建てられている。

た。千葉県では、友納武人《とものうたけと》知事時代の昭和四十八年（一九七三年）六月に県政百年を記念して『千葉県の先覚』という一冊の本を出している。そこには流山の秋元《あきもと》三左衛門《さんざえもん》、成東の伊藤左千夫《いとうさちお》、関宿《せきやど》の鈴木貫太郎《すずきかんたろう》らとともに、篠田金助の名もあり、総勢八十五人の功績が挙げられている。また、同年に出された『旭光《きよっこう》』の七月号にも、その詳細が記されている。

　震災当時、県内には北総鉄道建設や利根川第三期改修工事などに当たる土木工夫、飴の行商など、三百九十名の朝鮮人が居住していたが、その多くが東葛飾郡に居住していたという。

　地震発生とともに、東京はすさまじい火の海となり、それが強風にあおられ、貯金通帳、株券、教科書、畳表などの消失片が松戸近郊まで飛んできたという。ここでもやはりデマが人々の間を駆けめぐり、町村民らを恐怖と混乱に陥れた。松戸警察署管内には、百八十三人の朝鮮人が居住していたが、流言蜚語に怯え、興奮した各町村民が危害を加えるおそれがあったため、警戒、監視、保護の体制をとっていた。この警察の方針に不満を抱いた各町村民は「朝鮮人をことごとく殺害、または警察に収容して、日本人に危害のないようにせよ」と迫った。

　篠田巡査の駐在する土村にも五十六名の朝鮮人が居住しており、村民のなかにも一触即発の空気がみなぎっていた。篠田巡査は彼らの保護に向け、寝食をわすれて奔走したが、ついに恐れていたことが起こった。九月四日、彼の留守中に村民が大挙して朝鮮人を縛り上げ、松戸警察署に引き立てはじめたのである。そして小金町まできたとの情報を聞きつけた篠田巡査は、馬で駆けつけ懸命に彼らを説得、なんとか土村に引き返させた。

ところが、隣村の高木村、風早《かざはや》村の在郷軍人会、および自警団は土村に対して「隣村に多数の朝鮮人が居住するのは、危険きわまりないから追放せよ。もし追放しなければ我々村内に危険の及ばないよう保証せよ！」と迫った。その猛烈な勢いに恐怖した士村村民は協議のすえ、「隣村にたいする安全の保証はできないから、すべて殺害する」という結論を出してしまった。篠田巡査は、村長および分会長に対して懸命の説得を続けたが、応じるどころか群衆はもはや殺害の準備に着手していた。彼は警察の使命と人道主義の立場から、敢然としてこれを阻止せねばと決意。

「殺害はいつでもできる。あと二時間だけ待ってもらいたい。もし待てないというのなら、この私を殺してからにしてくれ。軽挙妄動して後悔してはいけない」と、身命を賭して説得。そして本署を通じて急きょ土村村長を召還するか、または郡書記を派遣してほしいと交渉、同時に警備のための軍隊の派遣も要請した。

郡長代理板倉勝舜《かつきよ》(?-)は、これを快諾して郡吏を派遣し、また松戸警備隊主任藤井工兵中尉が部下を率いて現場に急行し、殺気立った土村村民につよく説得にあたったため、土村では一名の朝鮮人犠牲者も出さずに、救護の目的が果たされた。

『旭光』の末尾には、「天災地変によって人心不安という異常な情勢下にあり、いわば警察は四面楚歌のなかにあって、警察の威信もほとんど失いかけていた時であり、容易ならざるものがあったが、氏が一命を捨てて人道主義を貫いた行為は、後の世まで称賛され警察官のかがみとされている」と書かれており、篠田のとった行動は警察内部でも世間でも絶賛された。後年篠田金助は、警察官の養成にも大きな功績をのこし、現千葉県警察官のバックボーンは、彼によって培われた面が多いといわれる。

土村警察署跡を訪ねてみると、土小学校そばの細い道と旧街道とがぶつかる丁字路の角にあたる場所で、今は住宅地になっている。九十年前、この地点で人々が怒号しながらひしめき合ったのだろうかと、往時をしのび、言葉もなかった。ここで、あらためてソウルの記念集会でのBさん

後年の篠田金助巡査。

Cさんの証言とぴったり符合していることに驚かされる。

少年を保護した警察官

福田村事件のあと、「うちに同じくらいの息子がいるから家にこんか」と言って少年を二晩ほど保護したという巡査は果たして誰なのか疑問が残った。少年の証言によると「吉田」という人で、その家の息子と遊んだという。しかし、県警に問い合わせてみても、当時「吉田」という巡査はおらず、「篠田」の間違いではないかという返事が返ってきた。

平成十五年（二〇〇三年）、篠田金助さんのご家族に会ってみたいと、中嶋忠勇《なかじまただお》さん（千葉福田村事件真相調査会会長＝当時）、成田徹夫さん、私の三人で印旛郡栄町のお住まいを訪ねてみた。孫で当時白井市立七沢小学校の教頭を務める伸洋《のぶひろ》さんのお話によると、金助さんは、家族に手柄話ひとつするでもなく、彼の質実剛健にして高潔な人柄が改めて感じられた。

金助さんのご長男は士官学校出身の軍人として太平洋戦争に出兵し、ニューギニア戦で百人以上の部下を失い、一人ひとりの名前を和紙に刻み、自身が没するまで冥福を祈り続けられたという。この親にして、この子ありである。

確証こそ得られなかったものの、その時は、その人柄や数々の業績から少年を保護したやさしい巡査は「やはり篠田さんだな」という思いを強くした。


しかし平成二十年(二〇〇八年)、四月十九日の朝日新聞のちば首都圏版に「「福田村事件」生き残った少年ともてなした警官　85年経て遺影で再会　野田で親族、墓参り」という記事が載った。

記事によると、生き残った少年は平成六年(一九九四年)に八十四歳で亡くなったが、生前、あの時世話になった「吉田刑事」にお礼が言いたいと義理の娘に話していたという。その後、福田村事件追悼慰霊碑保存会の調査により、件《くだん》の刑事は当時松戸署野田分署に勤務していた「吉田栄太郎さん」のことだとわかった、と記事は報じている。

これが事実なら、当時「吉田」という巡査はいなかった、という県警の回答と食い違う(県警が調査の対象とした警察官は巡査のみであって、刑事は含まれていなかった可能性も否定できない)。また、吉田刑事は早くも事件の二年後の大正十四年(一九二五年)には五十二歳で亡くなったとのことなので、本人自身による証言ないしは記録で事実かどうかを確かめるすべもない。調査が入るまでご遺族も知らなかったようだ。そうした不確定な要素は残りながらも、やはり現時点では吉田刑事は吉田栄太郎さんだったと考えるべきだろう。

しかし、吉田刑事が本当は誰だったのかということ以上に、考えるべきことがある。それは、同じ千葉の土地に暮らす人間なのに、一方の自警団は行商人を殺害し、他方の吉田刑事は行商人の少年を保護した。この違いはどこから来たのか、ということだ。

たんに吉田刑事は職務柄、身寄りを失った少年を保護したまで、ということではないだろう。おそらく吉田刑事は〝独り〟だったからだ。独りだったからこそ、人として何が正しいかを自分の力で考えることができた。対照的に自警団は〝集団〟だった。集団だったからこそ、独りなら決して考えも実行もしなかったであろう凶行に走ってしまったのだ。

福田村事件のことを、百年も前に千葉の田舎で起きた事件、と片付けてすましていられるほど、今のわたしたちが〝同調圧力〟や〝集団の狂気〟から逃れられているようには思えない。その意味で福田村事件は〝今も続いている〟事件といえるかもしれない。

第四章　追悼に向けて

香川県と千葉県が手を結んで

事件から半世紀以上も経った昭和五十三年（一九七八年）六月二十四日、「千葉県における関東大震災と朝鮮人犠牲者追悼・調査実行委員会」（代表・吉川清）が、船橋中央公民館にて結成された。この時の出席者は学生、教師、公務員、会社員、震災体験者、在日朝鮮人、宗教家、それに報道関係者など、三十八名。

以来、月報『いしぶみ』を発行するかたわら、事件の目撃者や関係者からの聞き取り調査を最重点に置きながら、現地調査、慰霊や現状確認、事件当時の公文書や文献、新聞記事などの資料収集に力を入れ、さまざまな成果をあげてきた。同会では、八千代市高津地区で虐殺された六人の朝鮮人の遺骨を掘り起こし、平成十一年（一九九九年）九月に慰霊碑建立にこぎつけている（102ページ以下を参照）。

それまで、闇のなかに葬られていた福田村事件を浮上させるきっかけとなったのも、この会の地道な活動によるところが大きい。この会を通して、一九八三年八月、「千葉県の福田村で虐殺された人たちはどうも香川県の人らしい。調査してほしい」と、香川県歴史教育者協議会の石井雍大さんに依頼がいった。それ以来、石井さんは長年にわたって福田村事件と向き合うこととなった。あらゆる資料を読みあさり、事件のあらましをつかみ、ついに一九八四年四月、ある遺族を訪問するにいたった。

聞き取り調査にうかがった家で、もしや位牌に何か記されていないかとひらめいた石井さんは、思わぬものを見て驚愕した。六枚の位牌の表面にそれぞれの俗名、法名、年齢が記され、裏面に「大正十二年千葉県ニ於テ震災ニ遭シ三堀渡船場ニテ惨亡ス」とか「三ツ堀ニテ殺セラレタリ」と書かれてあったのである。無念の死をとげた人たちへの寺の住職の思いや怒りが込められている、と後に石井さんは友人の住職から教えられる。

ちなみに、この震災で標的にされたのは朝鮮人だけでなく、社会主義者やアナーキストらも

❖六枚の位牌に書かれた文字

（網掛け）はすべて仮名

①
大正十二年　俗名　清助
法　名　釈教芳
旧七月廿六日　二十九才

↓裏

大正十二年　千葉県ニ於テ
震災ニ遭シ三堀渡船場
ニテ惨亡ス

②
大正十二年　清助長男
法　名　釈教宝　正義
旧七月廿六日　六才

↓裏

大正十二年　千葉県ニ於テ
震災ニ遭シ三堀渡船場
ニテ惨亡ス

③
大正十二年　清助妻
法名　釈老教光　キミノ
旧七月廿六日　生　廿六才

↓裏

大正十二年　N村
法名　釈連證　俗名　絋一
旧九月六日　生十八才

④
大正十二年　清助長女
法名　釈尼教明　よし江
旧七月廿六日　生　四才

↓裏

大正十二年　千葉県ニ於テ
震災ニ遭シ三堀渡船場
ニテ惨亡ス

⑤
浄雲　竹市　廿九才
法名　釈尼如念ハルミ廿三才
尼妙智　好松　二才

↓裏

大正拾弐年九月六日旧七月廿六日
千葉県葛飾郡福田村字三ツ
堀ニテ殺セラレタリ

⑥
大正十二年　竹市　二男
釈浄寂　俗名　好松
九月六日

↓裏

空白

殺されている。地震発生の九月一日の夕刻から発生したデマの中には、「社会主義者および、鮮人の放火多し」、埼玉県では「東京においては不逞鮮人が日本人の社会主義者と一緒に悪いことをやっているから、やがて埼玉県にも及ぶだろう」と、警戒を促している。

平沢計七《ひらさわけいしち》ら労働組合員十名が犠牲になった亀戸事件。アナーキスト大杉栄、伊藤野枝夫妻、そしてたまたまいっしょにいた甥の橘宗一（七歳、大杉栄の妹の子）が殺されているが、宗一の墓石の裏には「宗一ハ東京大震災ノ大正十二年九月十六日夜、大杉栄、野枝ト共ニ、犬共ニ虐殺サル」という文字が深々と刻みつけられているという。香川県の被害者の位牌にもわざわざ記されたように、どうにもならない遺族の憤怒《ふんぬ》が「犬共ニ」という表現になったのであろう。長年首謀者とされてきた憲兵大尉甘粕正彦は、無言のまま毒を呷《あお》って果てたが、犯人はむしろ軍部の組織ではないかと、佐野眞一《さのしんいち》著『甘粕正彦　乱心の曠野』からは読み取れる。

一方『大津波を生きる』の著者高山文彦《たかやまふみひこ》は、「憲兵大尉の甘粕正彦が逮捕されたとき、甘粕に対する減刑嘆願運動が起きたというのも、なにか正気を失った人間の恐ろしい闇を見る思いがする。早稲田大学の右翼グループや各地の在郷軍人会を中心にひろがったこの運動で集まった署名嘆願者は、じつに六十五万人に達した。実行者は甘粕ではなく軍部の組織的な犯行というのが真実ではないかと今では指摘されているが、六十五万の署名をした人びとは、甘粕を助けようとしたのではなく、無政府主義者大杉とその一家を殺すことに賛意を表したのである。負のエネルギーの爆発的連鎖は、近代日本がまことの近代国家へ脱皮していくための全身痙攣でもあったのだろうか」と、書いている。

福田村事件に関していえば、罪の意識もなく、むしろ英雄のように振る舞った犯人たち。さらにその家族をねぎらって見舞金を渡したり、農業の手伝いまでした村の住人たち。その尋常とは思えない行動は、甘粕事件への対応と根は同じではないだろうか。

石井さんは、生き残った人など、四、五人分の証言をテープにとっているが、前掲の聞き取りはその一部である。

この間、香川県側も真相究明への気運が高まり、一九九九年十一月十五日、十六日と、遺族、部落解放同盟、行政、研究者らが野田の現地を視察し、交流会を開いている。

［香川県側の参加者］
部落解放同盟・三豊ブロック連絡協議会　八名
香川県人権研究所　喜岡　淳
香川県歴史教育者協議会　石井雍大
高瀬町勝間隣保館　安藤典男
一市四町の行政より各二名　十名
計二十一名

［野田市側の出席者］
野田市同和対策課長　染谷誠一
同和教育課長　倉持又彦
部落解放同盟千葉県連事務局長　鎌田行平
野田支部　一名
野田市議　田中浅男
千葉県人権啓発センター副理事長　市川正廣
元野田市長　元衆議院議員　新村勝雄

ほか

一行はまず圓福寺本堂に入り長瀬瑠璃住職の読経のあと、全員で焼香した。三豊ブロック連絡協議会議長の中嶋忠勇さんは、「私たちは部落の歴史を勉強するなかで野田のことを知りました。亡くなった人のなかには、位牌もなければお墓もない人がおられることを知って、大きなショックを受け、なんとか安らかに眠らせてあげたい、そのために何ができるかと考え、やってきました。野田と柏の行政の方々も、七十六年も前のことで驚かれたことと思いますが、仏さまが成仏できますよう、ご協力よろしくお願いいたします」と、述べた。

事件当時は五歳で、福田村の灰毛《はいげ》の住人だった新村勝雄《しんむらかつお》さんは、昭和二十二年（一九四七年）から三十二年（一九五七年）の合併まで十年間、福田村村長をつとめた。その後、野田市長を二期つとめ、衆議院議員の公職にも就いている。一九四六年に社会党に入党しており、市長選では、県下初の社会党公認の候補ということもあって、「社会党の市長が実現すると、市政に対し、会社や造家さんから協力が得られなくなる。それは市にとって大きな損失だ。社会党市長は何としても阻止しなければならない」という空気で息づまるような激しい選挙戦だったという。

交流会の席で新村さんは、「断片的ではあるが、事件のことは聞いていた。土地の人の事件にたいする態度は間違っているが、自責の念は強い。この事件に触れることはタブーであった」「個人的ではあるが、最後の村長としてみなさまの前で深くお詫びをもうしあげたい」、また「将来は福田の人びとが皆さんにお詫びするようにしたい」とも述べた。この時、ひときわ大きな拍手が会場を包んだというが、個人としてではあるがという言葉に新村さんの苦悶の気持ちがこもっているように思う。

『福田のあゆみ』という本を作る際も話題になったが、編集委員会で「これは勘弁してくれ」との雰囲気だったという。

二〇〇〇年二月には、千葉人権啓発センター冬季講座として「福田村事件について」が取り上げられ、七名が参加。

◎真相解明して慰霊碑をつくろう
◎犠牲者はもとより、八十年近くも沈黙を続ける加害者側も解放しよう
◎悲劇を二度と繰り返さぬよう事件を教材にしよう

という願いのもと、三月三十日、香川県で「千葉福田村事件真相調査会」（会長・中嶋忠勇）が結成された。会は遺族、部落解放同盟三豊ブロックを中心に、香川人権

研究所、部落解放同盟香川県連合会、三豊郡内の一市九町が支援して次の目標を掲げた。

◎真相の調査研究

◎千葉県の関係者との交流

◎講演会や冊子の発行をおこなうこと

九月二日には、千葉福田村事件真相調査第一回報告会を観音寺市で開き、千人の参加者を得、四国新聞やNHK香川でも報道された。この報告会のゲスト姜徳相《カンドクサン》氏が、朝鮮人の虐殺について詳述された。この時の模様が『福田村事件の真相　第一集』として、冊子にまとめられた。

七月二日には、これに呼応する形で、千葉県で『福田村事件を心に刻む会』（代表・濱田毅）が、香川の真相調査会、東日本部落解放研究所、顧問として元福田村村長・新村勝雄氏ら五十名の参加を得て発足した。その後、加害者側と被害者側が手を結び、遺族を訪問したり、勉強会や啓発運動を精力的に展開し、慰霊碑建立を当面の目標に掲げた。

行政への公開質問状

福田村事件真相調査会では、二〇〇二年（平成十四年）二月二十五日、柏、野田の両市側と、追悼碑建立用地と、人権教育の実施について話し合いをおこない、野田市長・根本崇《ねもとたかし》、野田市教育長・長瀬好邦《ながせよしくに》あてに質問状を提示し、後日回答をもらえるよう約束した。四月八日の野田市側からの回答は、

「福田村事件は、地元自警団と行商団一行との間の民民の事件であり、市が追悼碑の建立に関わることはないとの基本姿勢で望んできたところです。現在においても地元住民の意思が第一であると考えており、地元からの市への要請もない中で基本姿勢に変わりありません」

人権教育については、

「野田市においては人権教育及び人権啓発に関する施策のより一層の推進を図るため、野田市人権施策推進協議会の答申を受けて、平成十四年二月に「人権教育のための十年」に関する野田市行政計画を策定したところであり、今後も施策の実施に当たっては野田市人権施策推進協議会の意見を聞きながら推進していきたいと考えております」

と、人間としての温《あたたか》い体温のかけらも感じられない回答であった。

事件の背景には明らかに、大正七年の米騒動の再来を怖れ、前述の九月三日の内務省警保局長名の打電（49ページ参照）にみるように、国（内務省警保局）↓各地方長官（内務部）↓郡役所↓市町村役場というヒエラルキーを通じて、朝鮮人による放火、爆弾所持・投擲《とうてき》、井戸への毒物混入等の不逞行為をおこなっているとの虚偽情報を全国に伝播し、これに対する警備と自警の方策、すなわち自警団の組織化が指示されたという事実がある（米倉勉、梓澤和幸「朝鮮人・中国人虐殺事件の真相究明と謝罪を」『法学セミナー』二〇〇六年十月）。

また前述のように田中村ではこの事件への対処方法として「役場に於てか又は公共団体の如き団長より命令の元に行動したるならば止むを得ざる故」（傍点筆者、141ページ参照）と、逮捕された四人に対し三五〇円

野田市長　根本崇　様
野田市教育長　宮内好雄　様

つい先日、新年を迎えたばかりでしたが、もう２月が目の前に近づいております。

市長様には昨年５月の市長選において、６選を果たされましたこと、まことにおめでとうございます。

当選後のインタビューに応えて、「仕上げのチャンスを与えていただいた」と、抱負を述べておられるのが印象的でした。

「コウノトリの舞うまちに」というシンボリックな構想を掲げられ、自然保護にも意欲を見せておられますことは、素晴らしいことと存じます。

隣の市に住む私もいつかぜひ、コウノトリに会いに行きたいと楽しみにしております。


しかし、再選のニュースを見ながら、「ほかにやり残したことはありませんか？」と、感じたのは、私だけでしょうか？

関東大震災の際、福田村で起こった惨劇はご存じのことと思い、あえて申しません。

何の罪もない人びと九人（妊婦を含む）が惨殺されて、利根川に沈められた事件です。

私は、ほかのことを調べているとき、偶然にこの事件を知り、言葉を失いました。

震災時には虐殺事件が横行しましたが、身近なところで起こっているだけに、時間が経っても脳裏から離れません。


(2000)

平成１２年３月、被害者の出身地香川県で「千葉県福田村事件真相調査会」が、同年７月に千葉県側で「福田村事件を心に刻む会」が発足し、慰霊碑建立と、事件を生かしての人権教育を大きな目標に掲げて活動されました。


(2002年)

平成１４年、追悼碑建立の用地提供、事件を教材にした人権教育についての要望が出されておりますが、「この事件は地元自警団一行との間の民民の事件であり、どちらの要望も地元住民からの要望がないかぎり、基本姿勢は変わらない」とのご回答のようでした。


自警団が自治体や国の指導の下に組織されたことはご承知のことと思います。したがって、民民の事件として片付けることには、大いに疑問があります。加害者もお国のためにやったという意識が強かったことが、裁判からもわかります。したがって、加害者となった人びとも、ある意味では被害者という側面を持っています。

この方々の肩の荷をおろしてあげるのも、会の目的だったと聞いています。


５６年ぶりに事件現場に立った遺族が「なぜ殺されなければならなかったのか、村の人らにひとこと文句を言って帰りたい」と、怒りをあらわにされたそうです。肉親としてそれ

を支給したのである。「地元自警団と行商団一行との間の民民の事件」とする行政の姿勢には強い疑問を抱かざるを得ない。ちなみにこの時の警視庁官房主事は、大正の米騒動を鎮圧した、後の読売新聞社主であり「原発の父」でもある正力松太郎《しょうりきまつたろう》であった。

このままでは済まされないとの思いから、私は二〇一三年（平成二十五年）一月、野田市長、野田市教育長あてに次のような要望書を送付した。

1　野田市史近現代編の編纂にあたっては、この事件について明記してほしい。

2　せめて人間として慰霊碑の前に足を運び、非業の死を遂げた御霊に手を合わせてほしい。

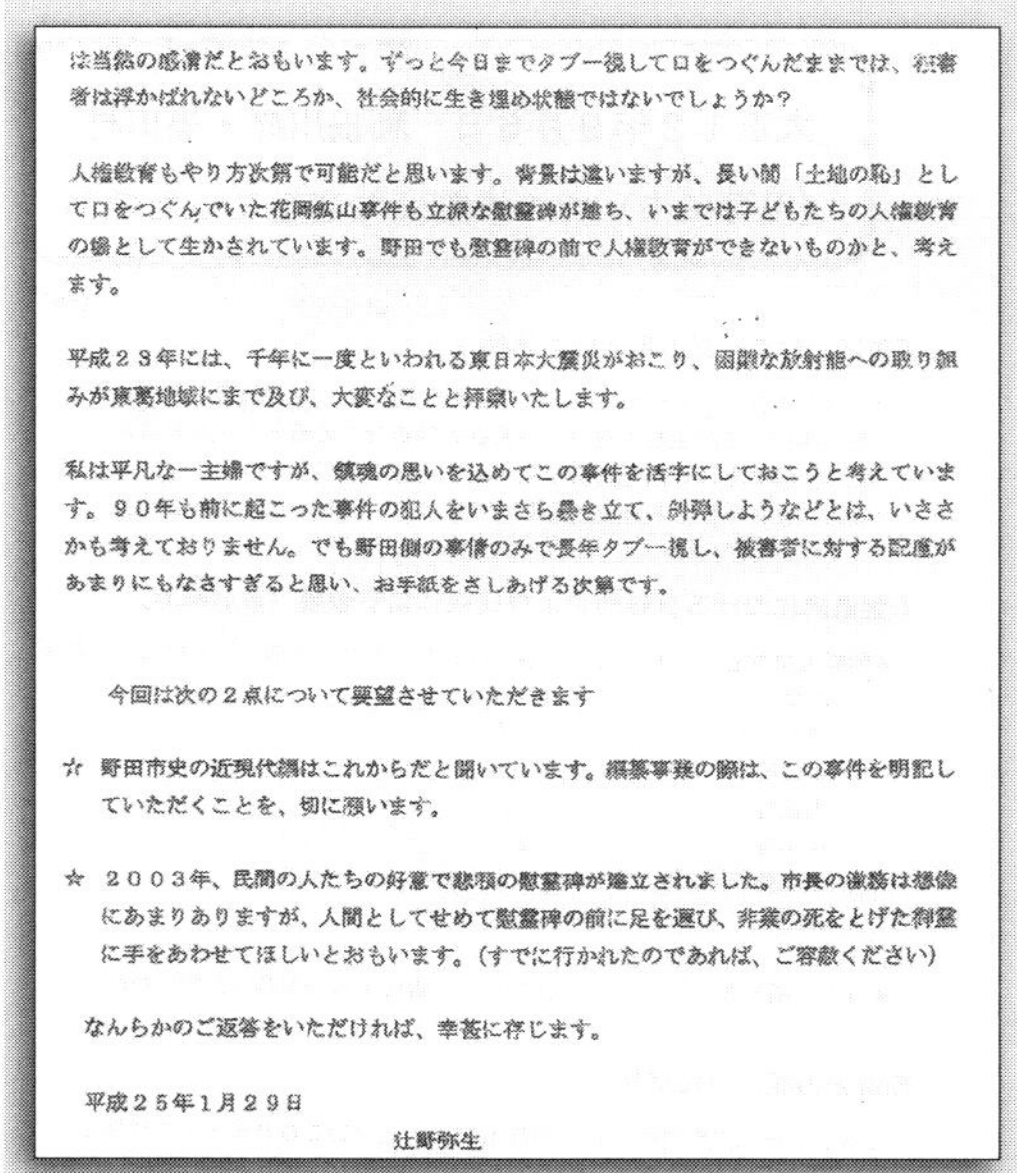

は当然の感情だとおもいます。ずっと今日までタブー視して口をつぐんだままでは、犠牲者は浮かばれないどころか、社会的に生き埋め状態ではないでしょうか？

人権教育もやり方次第で可能だと思います。背景は違いますが、長い間「土地の恥」として口をつぐんでいた花岡鉱山事件も立派な慰霊碑が建ち、いまでは子どもたちの人権教育の場として生かされています。野田でも慰霊碑の前で人権教育ができないものかと、考えます。

平成２３年には、千年に一度といわれる東日本大震災がおこり、困難な放射能への取り組みが東葛地域にまで及び、大変なことと拝察いたします。

私は平凡な一主婦ですが、鎮魂の思いを込めてこの事件を活字にしておこうと考えています。９０年も前に起こった事件の犯人をいまさら暴き立て、糾弾しようなどとは、いささかも考えておりません。でも野田側の事情のみで長年タブー視し、被害者に対する配慮があまりにもなさすぎると思い、お手紙をさしあげる次第です。

今回は次の２点について要望させていただきます

☆ 野田市史の近現代編はこれからだと聞いています。編纂事業の際は、この事件を明記していただくことを、切に願います。

☆ ２００３年、民間の人たちの好意で悲願の慰霊碑が建立されました。市長の激務は想像にあまりありますが、人間としてせめて慰霊碑の前に足を運び、非業の死をとげた御霊に手をあわせてほしいとおもいます。（すでに行かれたのであれば、ご容赦ください）

なんらかのご返答をいただければ、幸甚に存じます。

平成２５年１月２９日

辻野弥生

2013年1月、筆者が野田市長、野田市教育長あてに出した要望書

これに対するの回答は、次のとおりであった。

1　野田市史の編纂について

市史編さん事業は、時間の経過とともに風化していく社会的事件や災害などの状況のほか、すでに失われてしまった風習などについても記録に残すことを通して、史実を後世に伝える役割を担っていると考えています。

この事件は、関東大震災という大災害後の人心が混乱を極める中で、野田市域において起きた痛ましい事件であり、『野田市史　近現代編』の編さん事項のひとつと考え、編さんを進めていきたいとおもいます。

2　慰霊碑の拝礼について

平成十五年九月七日（実際は六日）の慰霊碑除幕式に出席し、犠牲者の御霊に対して、謹んで哀悼の誠を捧げ、御冥福と御遺族の方々の御多幸をお祈り申し上げました。

その結果、それからだいぶ経ってからだが、二〇二〇年（平成三十一年）に刊行された『野田市史　資料編　近現代2』に福田村関係資料が三篇、掲載された（巻末

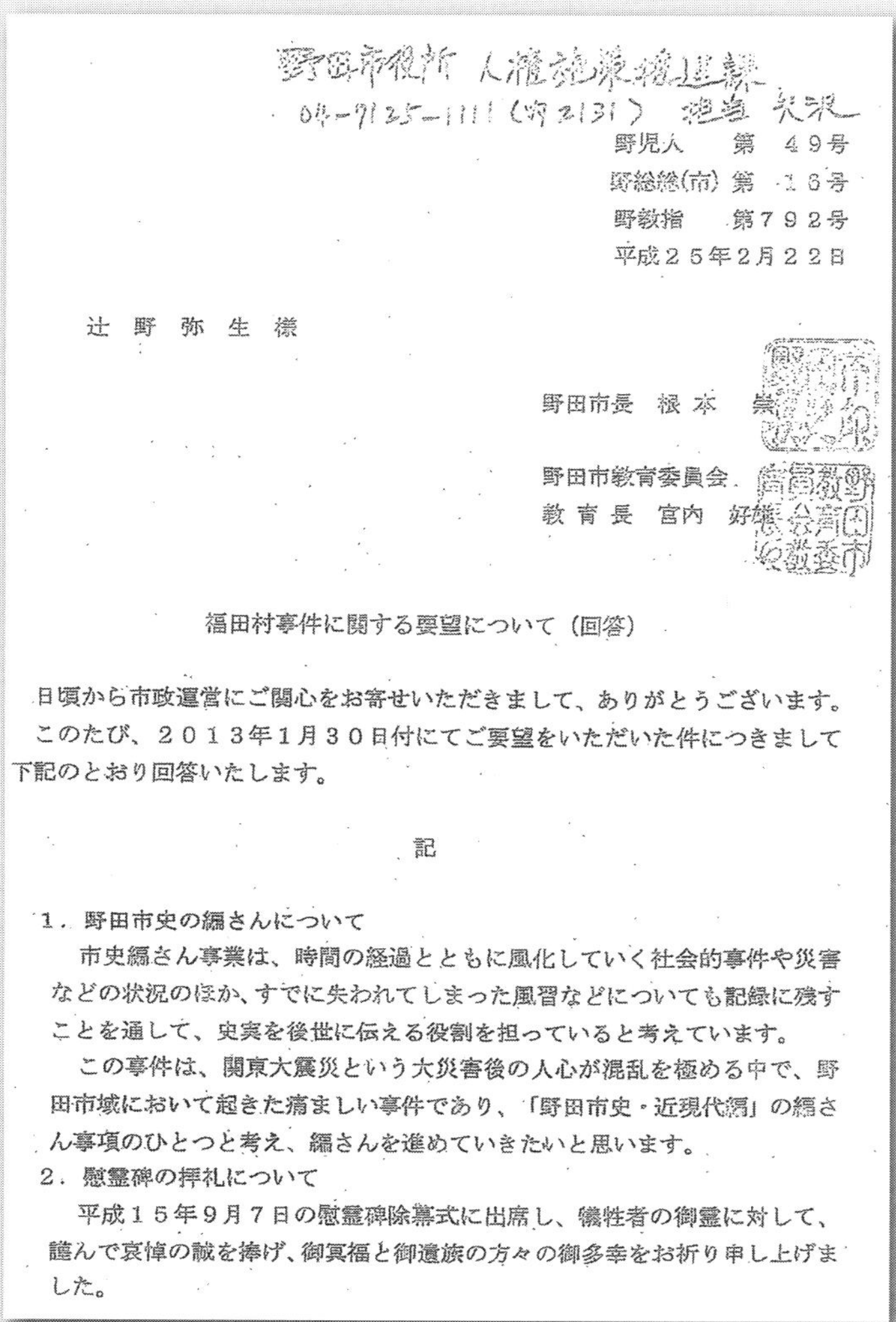

野田市役所 人権施策推進課
04-7125-1111(内2131) 担当 矢沢

野児人　第　４９号
野総総(市) 第　１６号
野教指　第７９２号
平成２５年２月２２日

辻 野 弥 生 様

野田市長　根 本　崇

野田市教育委員会
教 育 長　宮内　好雄

福田村事件に関する要望について（回答）

日頃から市政運営にご関心をお寄せいただきまして、ありがとうございます。

このたび、２０１３年１月３０日付にてご要望をいただいた件につきまして下記のとおり回答いたします。

記

１．野田市史の編さんについて

市史編さん事業は、時間の経過とともに風化していく社会的事件や災害などの状況のほか、すでに失われてしまった風習などについても記録に残すことを通して、史実を後世に伝える役割を担っていると考えています。

この事件は、関東大震災という大災害後の人心が混乱を極める中で、野田市域において起きた痛ましい事件であり、「野田市史・近現代編」の編さん事項のひとつと考え、編さんを進めていきたいと思います。

２．慰霊碑の拝礼について

平成１５年９月７日の慰霊碑除幕式に出席し、犠牲者の御霊に対して、謹んで哀悼の誠を捧げ、御冥福と御遺族の方々の御多幸をお祈り申し上げました。

2013年に筆者が出した要望書に対する、野田市長、野田市教育長からの返答。

の関連資料参照)。

悲願の慰霊碑建立 ――「加害者側をも解放しよう」

二〇〇三年(平成十五年)九月、場所としては、もっともふさわしい事件現場に近い圓福寺の大利根霊園内に、高さ一・八メートル(台座を含むと二・五メートル)、幅一・三メートル、厚さ十五センチの立派な慰霊碑が建立された。黒御影《くろみかげ》の碑面に「関東大震災福田村事件犠牲者　追悼慰霊碑」と刻まれ、裏面には「本碑ヲ以テ慰霊ノ場トシ幽魂ノ墓ヲ兼ネルモノ也」と説明書きがあり、犠牲者十名の氏名、年齢も記されている。碑面の文字は、圓福寺住職長瀬瑠璃師によって書かれたものである。

香川県側からは、「関東大震災直後の一九二三年九月六日、おりからの流言蜚語を信じ、行政機関によって組織された旧福田村、田中村の自警団によって、ここ三ツ堀において、香川県三豊郡出身の売薬行商人一行十名が非業の最期を遂げた。私たちは、二度と歴史の過ちを繰り返さぬことを誓い、ここに芳名を記し、追悼の碑を建立するものである」と碑面の裏に入れるよう要求が出されていたが、結果的にそれは叶わなかった。

しかし、碑の裏面、左には何らかの文章を入れることを想定したスペースが設けられている。いつの日か国家の責任を明確に問うた碑文が入れられることを、願ってやまない。

香川と千葉の実行委員会主催で命日にあたる九月六日には、「福田村事件真相調査会」（香川）、「福田村事件を心に刻む会」（千葉）それぞれの実行委員会、部落解放同盟から香川県連、千葉県連の代表、野田市からは根本崇市長、永瀬好邦教育長柏市から高野《たかの》晴夫《はるお》助役、矢上教育長ら百七十人の参加を得て除幕式と八十周年記念追悼集会がおこなわれた。

まず大利根霊園内で黙禱を捧げ、五人の遺族、刻む会の代表でもあり、除幕式実行委員の濱田毅《はまだたけし》会長、高畠郵司《たかはたゆうじ》（真相調査会）副会長とで、追悼慰霊碑を除幕。参列者一人ひとりが献花し、合掌した。遺族代表のNさんは「命を落とした十人の犠牲者、大変な苦労をした六人の被害者、十五人（胎児を含め十六人）の冥福をお祈りする。二度とこのようなことが起こってはならないと誓いをする追悼でもある」と提言した。

「福田村事件を心に刻む会」の事務局長市川正廣さんは、「石碑のまえに私たちは何を考え、何をなすべきかを問い続けたい。八十年の過去の歴史を問いつづけることにも、八十年先の未来の歴史を問い続けることにもなるだろう。私たち一人ひとりの生き方、考え方が、逆に石碑の方から見られていくのではないだろうか」と述べている。

追悼集会は、霊園のそばのチサンホテル大利根（現クリアビューホテル）で開かれた。濱田実行委員長は三年間の活動を振り返って「真相解明と追悼慰霊碑建立の運動を通して、さまざまな差別問題がこの事件の原因だとはっきりしてきた」と述べた。高畠副実行委員長は、事件の背景に、故郷を遠く離れた関東地方にまで仕事に来なければならなかった厳しい部落差別の実態、朝鮮人を人間あつかいしなかった民族差別の実態、行商人への職業差別などがあり、「さまざまな差別の悪相が重なった事件」と指摘した（「解放新聞」二〇〇三年九月二十九日号参照）。

この運動にかかわったすべての人の願いは、事件を人権教育の素材にしてほしいということである。慰霊碑建立という目的を達成した両会はその後解散している。

千葉県側の「福田村事件を心に刻む会」とはすばらしい命名だが、はたして野田や柏の地域住民の心に刻まれているだろうか。香川県で二〇〇〇年（平成十二年）に発足した「千葉福田村事件真相調査会」の「犠牲者はもとより、八十年近く沈黙を続ける加害者側をも解放しよう」という崇高な精神を生かすためにも、決して水に流してはいけない。ゆるやかに流れる利根川右岸、三ツ堀に立つ「石碑」——〝無辜《むこ》なる十人の魂〟から私たちは見られているのだ。

おわりに——旧版出版から映画化まで

旧版出版までの経緯

世間にほとんど知られていなかった「福田村事件」というものに出会って以来、私の人生が一変したといっても過言ではない。一九九九年、流山市立博物館友の会から毎年出している『東葛《とうかつ》流山研究』に、流山市で起こった虐殺事件をとりあげようと取材を始めた頃のことである。ある人が野田で起こった「福田村事件」もぜひ書いてほしいと資料を持ってこられた。地元の人間にはとても書けないから、ということであった。

全く知らなかった事件だけに、編集者一同言葉もなく驚いた記憶がある。それからというものどこから手をつけてよいのかもわからず、まず、なにか活字になったものはないかと、事件の地元・野田の図書館で片っ端から調べたが、市史にもどこにも、事件に関するものは一文字もなかった。

つぎに、地元の人の証言が得られないかと、当たりはじめたものの、電話口で「アンタ、何を言い出すんだ！」と怒鳴られたり、取材に応じる約束をしていながら、直前に音信が途切れたりで、この事件が抱える闇の深さを思い知ることとなった。

それではと、地元で市史編纂にかかわっているという人に手紙を出し訪ねてみると、「記録もな～んにもないもんね」と、あっけらかんと言われ、これは何が何でも書き残さねばと思った。

証言らしいものはゼロに近く、お話をうかがえたのは、当時の圓福寺の名誉住職・長瀬瑠璃氏だけであった。すでに故人となられたが、取材の趣旨を伝えた瞬間、即座にドアを閉めて拒絶の姿勢を示された。すかさず「決してご迷惑になるような記事にはいたしません」と懇願すると、しぶしぶ中へ招き入れてくださった。

お話を伺ううちに、とても思慮深く学識のある方だと尊敬の念を抱いた。そして、胎児を含む犠牲者の回向霊名簿を見せながら、朝晩勤行していると告げられたときは、なにか救われた気がした。後日、「遊びにいらっしゃい」との私信までいただき、そこまで信頼してもらえたのかと安堵した。

あとは県立図書館に日参し、当時の新聞記事をひたすら拾った。しかし、基本は、香川県の歴史教育者協議会の石井雍大さんや、長きにわたって地道な活動を続けてこられた「千葉県における関東大震災と朝鮮人犠牲者追悼・調査実行委員会」の協力を得ながら、「関東大震災　もう一つの悲劇」と題してなんとか『東葛流山研究』に発表した。

二〇〇二年、香川県の「福田村事件真相調査会」から講演の依頼が来た。思わぬ展開に驚き、自分の人生にこんな舞台が待ち受けていたのかと、めぐりあわせの妙を感じたものである。

人前で話すことなどなかったが、勇気を振り絞って観音寺市民会館に赴き、「私と福田村事件との出会い　知らないことの怖さと差別意識」と題して話した。もう一人の演者は当時立教大学名誉教授・山田昭次氏で、「関東大震災時の朝鮮人虐殺――その国家責任と民衆責任」と題して話された。

翌日の「四国新聞」に「虐殺は人災そのもの」という見出しで、小さな私の写真が掲載された。聴衆は八百人と記されており、被害者の地元ならではの関心の高さがうかがえた。

その後、『東葛流山研究』への発表を契機に、この事件をぜひ一冊の本にという機運が高まり、一念発起して崙書房出版から出すことになった。単行本となると、手に余るものを感じたが、生き残った人の生々しい証言をまとめた石井雍大さんの記録を提供していただき、初版本の重みが一気に増した。二〇一三年（平成二十五年）七月の発行時には、大手の新聞二社が大きくとりあげてくれた。

二〇一五年（平成二十七年）二月、江戸川大学のメディアコミュニケーション学科の隈本邦彦教授とゼミ生の来訪をうけ、その時の詳しいインタビュー記事がネット上に流された。さらに翌年三月、慰霊をしたいとの学生らの申し出を受け、圓福寺の長瀬瑠璃名誉住職のご子息・長瀬朝香《ちょうこう》住職に読経をお願いして慰霊祭が実現し、新聞記事にもなった。このような若い人に関心を持ってもらうことが何よりうれしく、その教育者に敬意を表したい。

その後も次のような文化団体や研究グループから、講演やフィールドワークの依頼が相次いだ。

流山歴史文化研究会。日本国民救援会。大洞院（お寺）。常総歴史研究会（三十五周年記念）。ＰＡＲＣ自由学校・フィールドワーク。関東大震災朝鮮人虐殺の国家責任を問う会。広島連続講座・番外編フィールドワーク。立教大学異文化コミュニケーション学部石井《いしい》正子《まさこ》教授とゼミ生のフィールドワーク、東葛人権委員会、等々。

ほんの少し書くことが好きだった平凡な私は、「福田村事件」を活字にして、さまざまな人と出会い、思わぬ人生を歩むことになった。

思うに「差別」や「平和」というキーワードに血が騒ぐのは、戦争で痛手を負った父の姿が心の中に居座っているからかもしれない。

寄せられた反響

出版後、たくさんの人から感想が寄せられた。「よくこんな本を書きましたね」「あなたの身は大丈夫？」と、驚きともねぎらいともとれる言葉の数々を聞いた。「こんな本」とは、おそらくタブー視されていたものに手をつけたことや、さらに被差別部落のことに踏み込んだことなどを指しているのだろう。
マスコミもこの点で、二の足を踏んだ形跡がある。しかし「よくぞ書いてくれましたね」という意見も多く聞いた。感想の中でうれしかったのは香川県の方から「おかげさまで、利根川周辺をさまよっていた胎児を含む十人の霊が、ようやくうかばれました」と言われたことである。

ほかにも次のような感想がよせられた。

★ 根底に深く植え付けられた朝鮮人に対する差別がある。そしてその影としての恐怖もある。読みながら、これは過去のことではないと恐怖を感じました。ヘイトスピーチなど、現在進行中の出来事ですね。社会情勢によってどうエスカレートするかわからない。自分の足元にきちんと光を当てること、なかなかできませんね。ありがとうございました。
★ 香川の被害者が被差別部落の人たちとは知りませんでした。太田文義さんへの聞き取りは、ただただ涙です。
★ 戦後補償が行き詰ってしまった今、戦争の記憶、迫害の記憶を記録し、伝えていくことが、私たちにできるということを示してくれました。黙っていてはいけませんね。

★殺された人々がなんとか浮かばれるようにしたいという優しさがあって、ひとつの記録文学になっています。

★朝鮮人虐殺は教科書レベルでの知識で知っていたつもりでしたが、本書でその全容を再認識する一方で、今我々が住む近くで何人もの日本人がいわれもなく殺されたことを知り、大変驚きました。本書に接していなければ素通りしたであろうことを思い、拝読の機会に感謝します。

★何の罪もない人々が命を奪われたこの事件は本当に悲しい史実であり、同じ日本人としてショックでした。そしてそれを「なかったこと」にしてしまったことが最も罪深いことであり、他国から見たら、事件を引き起こした「差別」が、今も昔も全く変わっていないと思われても当然かもしれません。

★著者の情熱が差別という根源的な問題を憎み、それを根絶したいという人間愛がこの本全編を貫いていることに、大きな感動をおぼえます。

★これは後世に残したい本です。無実の人がリンチで殺されるなんて、文明国として恥ずかしい事件です。しかも記憶から抹殺しようなんて、許せません。これこそ歴史教科書で論争されている過去の歴史の汚点を書くと「自虐」史観と呼ばれるのに対し、過去の残虐に目をつぶる「自賛」史観です。

★知らぬことの恐ろしさ、知っていて知らぬふりをする、知らせまいとすることの恥ずかしさ、それらの罪に改めて向かい合う思いがいたしました。良いことと悪いことすべてを含めて正視し、認めることができない民族には、美しい国も、強い国も、世界に誇れる国も造れない。

★歴史上の大きな出来事は、書いても書いても書きこぼしが生じます。それをすくいとって書くことは貴重な仕事です。

★題材が重く、具体的な様相の数々に胸ふたがる思いで読みました。知ってしまったことからは逃れられないと言いますが、きっとそのような巡りあわせで、あなたをめがけて飛び込んできたお仕事でしょう。

増補改訂と映画化

一九七〇年（昭和四十五年）創業の崙《ろん》書房出版（流山市）は、二〇一九年（令和元年）七月、惜しまれつつ約半世紀の歴史に幕を下ろした。送り出した郷土の本は約千冊。市内在住のノンフィクション作家佐野眞一さんは「千葉の良心が　いや、日本の良心が静かに消えた」と、その廃業を惜しんだ。

題材を地域に根差した新書判「ふるさと文庫」は、多くの読者を得て二百冊にのぼった。売れる売れないより、地域に必要な本としての矜持《きょうじ》を保ち、結果として多くの新人郷土作家を輩出した。旧版『福田村事件　関東大震災・知られざる悲劇』も「ふるさと文庫」の一冊として誕生した。

崙書房出版の閉業を機に、「事件が持つ歴史的、社会的重要性からいって、絶版は惜しむべきものがある。ぜひ増補改訂版を」と手をあげたのが、編集者の片岡力《かたおかちから》氏である。

また、心ある人の手から手へ渡って、ついに映画化という大きな事業ともかかわることとなった。そのいきさつはこうである。元ＮＨＫ出版の上野《うえの》健夫《たけお》さんの紹介で、同じNHKのディレクター、プロデューサーとして多数のドキュメンタリー番組を制作してきた現武蔵大学教授の永田《ながた》浩三《こうぞう》さんに本を読んでいただいた。さっそくPARC自由学校での永田さんコーディネーターの講座「いま何を語るべきか関東大震災朝鮮人虐殺」に招かれ、フィールドワークを担当した。

一方で、映画監督で脚本家でもある井上《いのうえ》淳一《じゅんいち》さん、荒井《あらい》晴彦《はるひこ》さんらは、フォークシンガーの中川《なかがわ》五郎《ごろう》さんが歌う「福田村事件」を車の中で聞いて、映画化を思い立ったという。何とか本が手に入らぬかと探しているところで永田さんと出会い、著者から本を送ることになった。その後、脚本家の佐伯《さえき》俊道《としみち》さんも加わられ、事件現場を案内した。

ところが、森達也さんも映画化への構想をずっと温めてきたというのである。両者の話し合いの結果、監督・森達也、企画・荒井晴彦、脚本・佐伯俊道、井上淳一、荒井晴彦、統括プロデューサー・小林《こばやし》三四郎《さんしろう》、プロデューサー・井上淳一、片嶋《かたしま》一貴《いつき》という体制で映画化されることになった。多くのドキュメンタリー作品を手掛けてきた森さんが初めて挑む劇映画である。「鋭くて、豊かで、何よりも深い映画」をめざして、二〇二二年（令和四年）八月、ロケが開始された。公開は事件から百周年の九月である。

負の歴史に目を閉ざすことなく、真っ向から向き合った映画『福田村事件』、そして増補改訂版の『福田村事件　関東大震災・知られざる悲劇』。この大きな二つの記録が歴史に刻印されることになった。

　執筆にあたって、惜しみない協力をしてくださった「千葉福田村事件真相調査会」元会長・中嶋忠勇さん、香川県歴史教育者協議会元会長・石井雍大さん（故人）、取材にも同行してくださった元カメラマンの成田徹夫さん、会報『いしぶみ』を通して多くの示唆を与えてくださった「千葉県における関東大震災と朝鮮人犠牲者追悼・調査委員会」の吉川清《よしかわきよし》さん、平形千恵子《ひらかたちえこ》さん、貴重な資料を提供してくださった田嶋昌治《たじままさはる》さん、渡部萬里子《わたなべまりこ》さん、文章修行の恩師・山本鉱太郎さん、書くことの厳しさを教えてくださった元新人物往来社社長・大出俊幸《おおでとしゆき》さん、初版本の出版に全面協力をいただいた元崙書房出版社長小林規一《こばやしのりかず》さん、増補改訂版を勧め、骨身を惜しまず協力をしてくださった編集者の片岡力さんに、心よりお礼を申し上げます。また取材の足になってくれた夫・辻野吉勝《つじのよしかつ》にも感謝を申し添えたい。

特別寄稿

『A』『A2』から『福田村事件』へ

森　達也*

我孫子市役所の二つの幟

この寄稿文を書こうとしている今日の日付は二〇二三年五月一四日。僕にとって初めての劇映画作品となる『福田村事件』の編集はほぼ終わりかけている。あとはCGや色の調整を残すだけ。いろいろ悔やむことはあるけれど、出来不出来はともかくとして今の僕の思いやテーマを、できるかぎり凝縮した作品にはなったとは思う。

今の僕の思いやテーマとは何か。この映画の背景は、今からちょうど一〇〇年前

*森達也
一九五六年広島県呉市生まれ。テレビディレクターを経て映画監督・作家。『職業欄はエスパー』『放送禁止歌』――歌っているのは誰？　規制しているのは誰？――』などのテレビドキュメント作品と並行して、ドキュメンタリー映画『A』『A2』『FAKE』『i―新聞記者ドキュメント―』などを発表。二〇二三年、初めての劇映画となる『福田村事件』が公開。著書も『世界はもっと豊かだし、人はもっと優しい』『いのちの食べかた』『死刑』『千代田区一番一号のラビリンス』など多数。

の関東大震災時に起きた朝鮮人虐殺だ。未曾有《みぞう》の災害と流言飛語にパニックになりながら、多くの市民が朝鮮人狩りに狂奔した。殺された人の数は公式には六〇〇〇人前後。でも間違いなくもっと多い。映画を撮りながら、自分がもしもその場にいたらと何度も想像した。殺される側ではない。殺す側にいる自分だ。

……などと書き始めると、少し危ない人だと思われるだろうか。でも事実だ。ずっと虐殺が頭から離れない。だからやっぱり考える。なぜ自分は虐殺について、集団が集団を殺戮する現象について、憑かれたように考え続けているのか。

ここ数年、僕にとってのキーワードは「集団化」だ。人は集団になったときにそれまでとは違う動きをする。これもやっぱり、虐殺について考え続けた帰結のひとつだ。

考え始めたきっかけはわかっている。オウム真理教の信者たちを被写体にしたドキュメンタリー映画『A』を撮影したときに抱いた違和感だ。

地下鉄サリン事件が発生した一九九五年三月二十日以降、日本社会はパニック状態になった。テレビは早朝から夜中までオウム真理教の特番ばかりで、新聞一面はオウム関連の記事で埋め尽くされた。そのすべてに共通する前提は、彼らは邪悪で凶暴で危険な殺人集団であることだ。言ってみればオウムは、戦後初めて国内に出現した絶対悪であり、社会に牙を剝いた公共敵だ。叩くことに容赦は不要だ。メディアも社会も治安権力や行政もオウム叩きに一色になり、この状態が一年以上も続いた。

もちろん、危険な集団であるとの認識は間違っていない。実際に彼らは多くの人を殺傷したし、もっと多くの人を殺傷しようともしていた。でも事件には加担していない一般信者と一緒に施設に暮らす子供たちの就学を拒否したり、警察が多くの人の目の前で違法捜査やあからさまな別件逮捕を遂行したりする状況は、明らかな人権侵害だ。ところが異を唱える人はほとんどいない。行政はもちろん、市井の人権関連団体のほとんども沈黙していた。

この時期に僕は千葉県我孫子市に居住していた。我孫子市役所の玄関横には、「人権はみなが持つもの守るもの」と大きく記された幟《のぼり》が立てられていた。でも地下鉄サリン事件からしばらくが過ぎたころ、この幟のすぐ横に我孫子市は「オウム信者の住民票は受理しません」と記した大きな立て看板を設置した。

住民票が受理されないという状況は、保険証や免許証を更新できないということでもある。オウムには高齢の信者も多い。基礎疾患を抱えているのに病院に行くことができない。子供たちは学校に行くことができず、仕方なく施設内で寺小屋のように親たちが勉強を教えていた。

この頃に連載していた雑誌に、我孫子市はこのスローガンのどちらかを外すべきだと僕は書いた。いちばん怖いのは、この相反するスローガンが両立していると思い込むこと。矛盾を感じないこと。ならばこれは前例となる。異常な状況が通常になってしまう。つまりアガンベン説くところの「例外状態*」だ。

雑誌に記事が掲載されてから数日後、我孫子市役所はひとつを撤去した。以前からあった「人権はみなが持つもの守るもの」と記された幟のほうを。前を通りかかったときに気がついて、そっちじゃないよと僕は思わずつぶやいていた。

信者たちを被写体にするテレビドキュメンタリーを企ててオウム施設内に入ったとき、屈託のない彼らの笑顔と穏やかな応対に出会い、自分はどこにいて誰を撮っているのだろうと混乱した。だから撮りながら考え続けた。なぜこれほどに純朴で穏やかな人たちが、多くの人を殺そうとしたのか。殺したのか。

重要な補足を二つするが、この時期に僕が撮っていた信者たちの多くは、地下鉄サリン事件も含めて一連の犯罪に加担していない。でももしも指示をされていたら、彼らも加担していたはずだ。極論すれば、実行犯とそうでない信者を分ける境界は、たまたま指示をされたかされなかったかの違いでしかない。


*「例外状態」

国家における非常事態を意味する概念。元々はドイツの政治学者カール・シュミットに由来するが、近年イタリアの哲学者ジョルジョ・アガンベンがこの概念を使って、世界のどこかで内戦が起きているのが当たり前となり、人権の制限や法の停止という「例外」がなし崩しに常態化しつつある現代世界のありようを論じている。

もうひとつの補足は、この時期にオウム信者に接したメディア関係者は、決して少なくないということだ。僕と同じように彼らも混乱したはずだ。でも彼らのアウトプットである記事や番組の趣旨は変わらない。なぜなら社会はオウムに対して、邪悪で凶暴で冷酷な集団であることを求めている。ほぼ願望に近い。そしてメディアは社会の願望に抗《あらが》わない。もしも信者一人ひとりは純朴で善良な人たちですなどとあの時期にアナウンスしたり書いたりしていたら、そのテレビ局や新聞社はすさまじい罵声と抗議に晒されていたはずだ。視聴率や部数は大きく減少するし、スポンサーから苦情も来る。会社としてのメリットはひとつもない。

これはメディアの市場原理。全面的に同意するつもりはもちろんないが、公共放送であるNHKを別にしてテレビ局も新聞社も出版社も営利企業だ。このメカニズムからメディアが完全に離脱することは難しい。ならばなぜ僕は離脱できたのか。その理由は、彼らを被写体にしたドキュメンタリーを長期にわたって撮り続けていたことに加えて、撮影開始直後にテレビから放逐されて帰属する組織を失い、文字どおり一人になったことの影響も大きい。

信者たちが居住するオウム施設内でカメラを手に一人でうろついているのだから、どう考えても一般市民とは言い難い。でもオウムを内側から撮ろうとしてメディアからはパージされた。もちろんオウムに入信することもありえない。

後ろ盾がまったくない。仲間もいない。徹底的に一人だった。施設内でカメラを回しながら、（信者は別にして）話しかける相手もいない。だから自問自答の時間が続く。その主語は常に一人称単数だ。テレビがナレーションなどでよく使う「我々」ではない。だから述語が変わる。変わった述語が自分にフィードバックする。視点が変わる。ならば世界は変わる。これまで見えなかった景色が見えてくる。

テレビから排除されたテレビディレクターが撮る映像に、どのような意味があるのか。これは発表できるのか。この先自分はどんな人生を送るのか。何もわからない。でも撮影を止めることもできない。撮りながら自分の内側で何かが変わりつつあるような感覚があった。何かのスイッチが入ったのか。あるいは何かのポーズが解除されたのか。いずれにしても最初の違和感とその後に芽生えた感覚は、その後も今に至るまでずっと、僕の内側で駆動し続けている。

『A』に続いて『A2』を発表する直前、アメリカ同時多発テロが起きた。僕はたまたま夜のテレビニュースを観ていた。スタジオにいる人たちもテレビを観ている人たちも、何が起きているのかよくわからないまま、予定されていたニュースはニューヨークからのライブ映像へと切り替わり、やがて真っ青な空を背景に、二機めの旅客機が高層ビルの壁面に吸い込まれるように激突した。偶然はありえない。何かが起きている。ならばこれはテロなのか。テレビの前でそんなことを思いながら、初めてオウム施設に入ったときの感覚を思い出していた。

なぜ人は優しいままで人を大量に殺せるのか。

その後にポーランドを訪ね、アウシュヴィッツ・ビルケナウ強制収容所に行った。ガス室と焼却炉はそのまま残されている。殺害されたユダヤ人たちの髪の毛や遺品。膨大な展示だ。声も出ない。吐息ばかり。酸欠になりそうだ。酸欠になりそうだ。これは被害の記憶。

同じポーランドにはイェドヴァブネ村*がある。麦畑が広がる静かな農村だ。でも戦争の時代、何代も前から村に居住していた数百人のユダヤ系ポーランド人が虐殺された。加害者はこの時期に村を占領していたナチスドイツの兵士たち。ずっとそう思われていた。でも僕がこの村を訪ねる数年前、ポーランドの国家機関である国民記憶院は緻密な調査の結果として、加害者はナチスの兵士ではなくポーランド系

*イェドヴァブネ
ポーランド北東部の村。第二次世界大戦中の一九四一年七月一〇日、この地に暮らすユダヤ人数百人が暴行され、納屋に集められ生きたまま焼き殺されるというポグロム（ユダヤ人迫害）が起きた。長い間ドイツ軍の仕業と考えられてたが、二〇〇〇年に入って歴史学者のヤン・グロスが、ポーランド人住民が加害者であると主張、その後国民記憶院（IPN）の再調査によって事実が確認された。

の村人たちだったと公式に発表した。道行く人たちの表情は柔和だ。でもこの事件について質問すれば、みんな下を向いて沈黙する。これは加害の記憶。

朝鮮半島の38度線に行った。イムジン川の向こうには、畑を耕す北朝鮮の農夫が見える。その後に平壌に一週間ほど滞在した。

沖縄のガマを訪ね歩いた。関東大震災時の朝鮮人虐殺の慰霊祭に参加した。8月は毎年のように広島と長崎に行く。再建中のアメリカ同時多発テロ跡地には何度か足を運んだ。イラク戦争でPTSDになった元米軍兵士に話を聞いた。

ヨルダンのパレスチナ難民キャンプでホームステイした。イスラエル軍の兵士に銃撃されて殺されるパレスチナの父と幼い子供。モザイクなどないその映像をパソコンで僕に見せながら、宿泊先の家の主人は「日本人に味方をしてくれと言うつもりはない」と言った。「でもせめて知ってほしい。何が起きているのかを」

自国の軍隊が数万人の島民を殺害した韓国の済州島で、多くの展示や傷跡を見た。遺族に話を聞いた。ザクセンハウゼンなどドイツ国内に残されているいくつかの強制収容所を訪ね、多くのユダヤ人に人体実験をした手術室で数時間を過ごし、ナチス幹部たちが集まってユダヤ人への最終計画を決定したヴァンゼー邸宅にも行った。カンボジアのキリングフィールドとS21（政治犯収容所）では言葉を失った。

クメール・ルージュの少年兵が幼児を殺すために両足を持って振り回して頭蓋をぶつけた通称キリングツリーは、今もまだ緑の葉を茂らせている。

これらはすべて虐殺と戦争の跡地だ。つまり過去の記憶。これには理由がある。友人の戦争ジャーナリストやカメラマンから、おまえは戦場に行かないほうがいいと言われるからだ。なぜならおまえはとろくて反応が人より遅れるから。

確かにそうかもしれない。昔から反応が多くの人とはずれる。合わせているつもりが一人だけ違う動きをしている。日本にいるかぎりは、遠足でみんなからはぐれたとか傘はほぼ必ず電車に忘れるとか実務能力が異常に低いとかのレベルですむけれど(これはこれで大変だが)、戦場ではそうはゆかない。

でも跡地であるからこそ、土地に染みついた記憶が靴底を通して伝わってくるような気がする。かつてこの地に満ちていた絶叫と悲鳴。鉄錆のような血の匂い。深い悲しみと喪失。

……もちろんこれは「気がする」だけだ。物理的でもなければ客観的でもない。でも歩きながら、僕の中の何かが呼応することは確かだ。

ちょうどこの時期、僕は東京拘置所に通い始めていた。死刑判決を受けた六人の元オウム信者に面会するために。男たちはやっぱり穏やかだった。善良で優しかった。でも彼らが多くの人を殺害したことも確かだ。

　何度でも書く。凶悪で残虐な人たちが善良な人たちを殺すのではない。普通の人が普通の人を殺すのだ。世界はそんな歴史に溢れている。ならば知らなくてはならない。その理由とメカニズムについて。スイッチの機序について。学んで記憶しなくてはならない。そんな事態を何度も起こさないために。

　でも僕たちが暮らすこの国は、記憶する力が絶望的なほどに弱い。むしろ忌避している。殺す側は邪悪で冷酷。その思いが強いからこそ、過去に自分たちがアジアに対して加害した歴史を躍起になって否定しようとする。

　あいちトリエンナーレ２０１９の「表現の不自由展・その後」をめぐる騒動の発端は、松井一郎大阪市長（当時）のツイートだった。これを受けて会場に足を運んだ河村たかし名古屋市長が「日本国民の心を踏みにじる行為で、行政の立場を超えた展示が行われている」として企画展の即刻中止を要求。松井も「我々の先祖がけだもの的に取り扱われるような展示物」などと発言し、これに呼応するように反日の展示をやめろと一気に火がついた。

　ならば松井に言わねばならない。展示を見もせずに「けだもの的」という形容を思いつく想像力は「たくましい」のレベルを超えているが、でもその視点は正しい。人は環境によって「けだもの」にもなれば「紳士淑女」にもなる。南京で虐殺にふけった大日本帝国陸軍の兵士たちも、家に帰れば妻や子を愛する父であり両親想いの息子だったはずだ。ナチスの兵士もクメール・ルージュの幹部たちも朝鮮人狩りに狂奔した村の自警団の男たちもサリンガス散布に加担したオウムの信者たちも、違う環境にいたら違う行動をしていたはずだ。しかし松井と河村も含めて虐殺などなかったとか慰安婦は商売だったとか強制的な徴用ではないなどと声をあげる彼らに、その認識は絶望的なほどにない。だから日本人は「けだもの」とは違うと必死に否定する。

さらに、被害の側に過剰に感情移入するからこそ、加害の側をより強く叩こうとする。シオニズムの延長としてホロコーストの被害者遺族たちが建国したイスラエルが、なぜこれほど無慈悲にパレスチナの民を加害し続けるのか、その理由に気づかない。加害と被害は反転しながら連鎖することに実感を持たない。日本が今も死刑制度を手放せない理由のひとつは、人を殺した人は邪悪で冷酷で生きる価値などないとの思いが固着しているからだ。

僕が面会を続けた六人の元オウム信者たちは、今はもういない。みな処刑された。殺された。彼らはみな、自分たちの行いを悔やんでいた。そして自分が処刑されることは当然だと何度も言った。そんな人たちを合法的に殺すことの意味は何か。人を殺した人は凶暴で冷酷。だから抹殺する。その認識で本当に良いのか。もっと煩悶すべきではないのか。

善良な人が善良な人を殺す。その理由とメカニズムについてずっと考え続けてきたからこそ、僕は（ある程度は）理解しているつもりだった。でも映画『福田村事件』撮影の終盤、虐殺が始まる瞬間の人々の表情について、吐息や呻《うめ》きや逡巡をどのように描くかについては、さんざん煩悶した。

だって理屈ではないのだ。僕もこの場にいる。どんな表情をしているのか。どんな言葉を叫ぶのか。

でも日本社会に対してならば、少なくともこれだけは言える。薄っぺらな正義の陶酔や安易な憎しみに浸るのではなく、加害する側の悲しみを知ってほしい。もちろん被害の側の絶望と恐怖も知ってほしい。どれほど悔やんでも元には戻せない。今さらなかったことにできないのだ。

今の僕の公式な肩書きは「映画監督・作家」だ。かつては「テレビディレクター」

や「映像作家」と呼ばれる時期もあったが、一時期よく使われたのは「ノンフィクション作家」だった。

この肩書きの意味がよくわからない。ノンフィクション(作りものでないもの)の作家(作る人)なのだから、明らかな論理矛盾で意味不明だ。

どちらかといえば子供の頃から、そんなことをうだうだと考える性格だった。でもそんなことをうだうだと考えていたら、結局のところは身動きがとれなくなる。実際に僕もそうなった。「ご職業は?」と質問されたとき、どう答えればよいのかわからなくなってしまったのだ。「昔はテレビの番組を作っていまして、ドキュメンタリー映画を自主制作で二本ほど作ったこともあるのですが、最終的に興行は赤字でしたから、少なくとも職業監督ではないですね。最近では執筆が多いです」などと、どうしても説明が長くなる。「執筆のほうはノンフィクションですよね?」などと念を押されたりしたら、「いや、ほとんど売れなかったけれど、小説も書いています。それにそもそも表現であるかぎりは、純粋なノンフィクションなどありえないわけで、その意味では文章も映像も、すべてはフィクションです。でもフィクション作家という呼称も変ですよね。困ったな。どうしましょう」などと最後には自問自答しながら、何を言いたかったのか自分でもわからなくなってしまう。

いっそのこと「作家」とだけ自称できれば、楽になるだろうなとは思う。でもうだうだと物事を考える性格のうえにうじうじと自信薄弱で小心者でもあるので、この作家なる肩書きをすんなりと使うことがどうしてもできなかった。実は過去に数回だけ新聞のインタビューの際に「肩書きはどうしましょうか?」と訊ねられて、思いきって「作家にしてください」と小声で答えたことがあるのだが、うなずきながらメモをとる記者の横顔に「また大きく出たね」というような揶揄《やゆ》の気配が浮かんだような気がして、そのたびに言わなきゃよかったと後悔した。

そんな時期からもう数年が過ぎた。最近はようやく「作家・映画監督」と名乗れるようになった。長々と何を書いているかというと、僕はジャーナリストではないということだ。もちろんノンフィクションやドキュメンタリーは、ジャーナリズムとかなりの領域で重なる。でもすべてではない。その境界はラインではない。グラデーションだ。

辻野弥生が福田村事件について調べ始めたころ、僕も新聞の小さな記事でこの事件のことを知った。当時の肩書は「テレビディレクター・映画監督」だったはずだ。時期としては『A』に続いて『A2』を発表した直後。現地(千葉県野田市)に通ってリサーチを重ねながら、ドキュメンタリーとして放送できないかと複数の局の担当者に相談したが、結果としては一蹴されたに等しい。何人かは「これが事実なら大変な事件ですねえ」などと言っていたが、朝鮮人虐殺に被差別部落問題という二つのテレビのタブーが重なるこの事件が放送される可能性はほぼゼロだった（そしてそれは僕も何となくわかっていた）。ならば映画を選択すべきか。でも長尺のドキュメンタリーとして構成するためには、要素があまりにも少なすぎる。当然だけど存命する加害者も被害者も今はいない。資料のブツ撮りや研究者のインタビューだけでは、映画としての強度を持てない。

こうして僕は福田村事件について、『世界はもっと豊かだし、人はもっと優しい』（晶文社）にひとつの章として書いて以降、しばらくは手から放す。でもその後も、集団や虐殺など僕にとって重要なテーマと完璧に重なるこの事件を忘却することはできない。事あるごとに思い出していた。だから2014年にドキュメンタリー映画『Fake』を発表して次は劇映画を撮りたいと思ったとき、この事件の映画化を真っ先に思い浮かべた。そしてその概要をあらためて練るうえで、辻野弥生の前著『福田村事件　関東大震災・知られざる悲劇』（崙書房出版）と『福田村事件の真相　第1～3集』（千葉福田村事件真相調査会）は、とても重要な参考書であると同時に、闇の中で向かうべき方向を示してくれる燭光となった。

本文を読んだあなたならきっと同意してくれると思うが、辻野のスタンスはライターというよりもジャーナリストだ。とても精密に資料に当たる。現地でできるかぎりを確認する。多くの人に話を聞く。あらゆる角度から仮説の裏取りを試みる。丹念に事実を探って掘り起こす過程と並行するように、この本には重要な通奏低音が常に響いている。災害を不穏分子の抹殺に利用しようとした当時の政治権力への怒り。その治安権力の側にも存在した個への共鳴。そして何よりも、同じように市井に生きながら殺した側と殺された側の悲しみ。

ジャーナリズムの拠って立つ基盤は怒りと悲しみだ。何も装飾することなく真直ぐに、辻野はその姿勢を明示する。まさしく渾身の一冊だ。

映画はフィクションだ。エンタメの要素も強い。だから実在していない人もたくさん登場する。物語を紡ぎながら事実を補強する。

でもそれは史実とは微妙に違う。だからこそ、この本の位置は重要だ。もう一度書く。忘れてはいけない。忘れたらまた同じことをくりかえす。過去にあった戦争や虐殺よりも恐ろしいことがひとつだけある。戦争や虐殺を忘却することだ。

映画『福田村事件』

監督：森達也
脚本：佐伯俊道　井上淳一　荒井晴彦
出演：井浦新　田中麗奈　永山瑛太
　東出昌大　コムアイ　木竜麻生　松浦祐也　向里祐香　杉田雷麟
　カトウシンスケ　ピエール瀧　水道橋博士　豊原功補　柄本明
企画：荒井晴彦
統括プロデューサー：小林三四郎　プロデューサー：井上淳一　片嶋一貴
音楽：鈴木慶一
企画協力：辻野弥生　中川五郎　若林正浩
アソシエイトプロデューサー：内山太郎　比嘉世津子
撮影：桑原正　照明：豊見山明長　録音：臼井勝　美術：須坂文昭
装飾：中込秀志　衣裳：真柴紀子　ヘアメイク：清水美穂　編集：洲﨑千恵子
キャスティング：新井康太　助監督：江良圭
スチール：佐藤芳夫　メイキング：綿井健陽
特別協力：真宗教団連合　集英社
　文化庁文化芸術振興費補助金（映画創造活動支援事業）
　独立行政法人日本芸術文化振興会
　釜山国際映画祭 NUTRILITE Award　A・P・M
　This film won the NUTRILITE Award at the Asian Project Market 2023 of Busan International Film Festival.
配給：太秦　製作プロダクション：ドッグシュガー
製作：「福田村事件」プロジェクト
　（株式会社テンカラット、株式会社カタログハウス、辻野弥生、
　株式会社ピカンテサーカス、株式会社ドッグシュガー、太秦株式会社）
【2023年｜日本｜DCP｜5.1ch｜136分】
　映倫番号:PG12 124008　【英題: SEPTEMBER1923】
公式HP：www.fukudamura1923.jp

福田村事件関連資料

朝鮮人識別資料に関する件

一九一三年（大正二年）に内務省警保局から各庁府県の長官宛に出された通達。なお、読みやすさを考慮してカタカナをひらがなに改めた。

大正二年十月二十八日内務省秘第一、五四二号
警保局長より庁府県長官宛

近時断髪和洋装の鮮人増加に伴い形貌漸次内地人に酷似し来《きた》り殆《ほとん》ど其甄別《けんべつ》〔※はっきり区別すること〕に苦むもの有之《これあり》に至り候処、今回其筋より別紙写《うつし》の通《とおり》識別資料送付越し候条《ゆえに》御参考迄

朝鮮人識別資料　骨格及相貌上

一、身長内地人と差異なきも。姿勢直《ただ》しく腰の踞《かが》むもの及猫背少なし

一、顔貌亦《また》内地人と異ならざるも、毛髪軟《やわらか》にして且《かつ》少なく髪は下向きに生ずるもの多し、顔面に毛少なく俗に「ノッペリ」顔多し、髭《し》鬚髯《しゅぜん》は一体に薄し

一、眼瞼《がんけん》は濁りて鋭からず

一、頭部は結髪のため用うる綱巾（元服後（幼児）額部より後頭部に引回し緊縛し髪の乱れを防ぐに用う）の為甚《はなはだ》しきは頭骨に変形を来せる八巻形の痕形を止むるものあり、又幼児（総角時代）頭髪を後ろに組み垂らすにより前頭部は左右に真中より分くるを以《もっ》て、熟視せば痕跡を止むるもの多きを見る、尚後頭部は木枕を用ゆる為概《おおむ》ね平たし

一、歯は幼児より生塩を以て磨くが為白くして能《よ》く揃い齲歯《むしば》等少なし

一、足は足袋及靴を穿《うが》つに堅く緊《しば》り用うる為細くして小なり、就中《なかんずく》指先に至りて最も細し、足裏には縦に筋を生ず、下流労働者は草鞋《わらじ》を用うる為踵《かかと》に瘤《こぶ》を生じ居《お》れり

一、常に外面を装うの癖あり、殊《こと》に頭部の装飾に最も重きを置き従て装飾品は華美にして光沢あるものを用う

一、中流以上及儒生〔※儒学者〕は支那人と同じく小指の爪を長くする習慣あり

言語上

一、発言に抑揚頓挫《とんざ》〔※調子が急に変わること〕あり流暢なり

一、中流以下は音声高調なり

一、発音に濁音（ガギグゲゴ）は最も困難とす

一、発音の際ラ行「ラリルレロ」は判明せず、例えば「ラ」はナ「リ」はイ「ル」はルとヅの混合音の如く「ト」はネに近く「ロ」はノに発音す、蓋《けだ》し鮮音「羅」はナ李はイなるを以てならん乎《か》

一、口論其の他高声を発するときは唾沫《だまつ》を飛すことあり

礼式及飲食上

一、初対面の際は先《ま》ず先方の姓を糺《ただ》し後自己の姓を名乗るを例とす、其の姓を名乗り原籍及住所より本貫〔※本籍のこと〕（何処《どこ》の金氏又は何処の李と云うが如し）両親の子孫の有無を続問す

一、敬礼の際上長は殊更《ことさら》大様を装うの風あり、下級者の上長に対する場合は臀部《でんぶ》を突出し中踞みを為《な》すの風あり

一、一般に年長を尊ぶも階級の差に及ばず、階級の懸隔《けんかく》〔※離れていること〕は最も甚だし

一、従来室内に於ても冠帽を礼とせるを以て洋装の際も脱帽を遺忘するの風あり

一、一般家庭に茶を用いず、近来之を用うるものあるも茶器を取扱うに不慣れの風あり、又湯茶を容器に盛れるには充満せしむ

一、喫飯には箸を用いず匙を用うるを例とす、其の用い方臂《ひじ》を張り向うより掻きこむの風あり、又箸を用うるには拇印を除く四指を揃えて軽く載せ拇指を以て之を押え用う

一、酒又は茶を侑《すす》むるには主人に於て杯又は茶碗に盛りて差出し内地の如き杯を差出し之に注入すること尠《すく》なし

一、酒を飲むに当り如何《いか》なる大杯大椀と雖《いえど》も之を飲むに一度に一口に飲み干すの特徴あり

一、物を差出す時敬意を表する場合に左手を以て右手の肘を抑えるの風あり

一、客に供食の際、主人又は之に代わるべきもの其の席の末座又は傍《かたわ》らに直立し飲食を見守り用を達するの便を計るの礼あり、他国人は時々之を無礼として

怒るの間違を演ずることあり
一、料理に生魚の刺身を用うるは内地人と異ならざるも、其の他鳥獣肉（牛、豚、鶏等）の生身を刺身として用い、唐辛、胡椒を好み唐辛は多量に用う
一、正座に堪えず胡座《こざ》す、其の胡座に当り左足を右足の上に載せ膝と膝とを交うるは殆ど一定の例たり
一、婦人に対しては正面より見ず側視するの習慣あり
一、食事を為す時は概ね跪坐《きざ》〔※ひざまずいて座ること〕するを常とす
一、鮮人は後より来れる人に坐席を譲らざる風あり

風俗上

一、鮮装は袴の足首を紐にて縛するの風俗なるを以て洋装を為したる時と雖も歩行の際は之を搏《はく》するの風あり
一、物を運搬するに内地人又は支那人の如く棒を以て肩に担わず背に負う、又婦人及小児は頭上に載せ運搬するの風俗あり
一、洗面の際先ず両手を充分に洗いたる後洗面す
一、一般に褌《ふんどし》を用いず
一、下流社会は寝具を用いず、中流以上は之を用うるも頗《すこぶ》る薄きものを用う
一、就寝の際寝衣を用いず
一、紐を結ぶに縦結と為す
一、読書の際身体を前後左右に揺《ゆす》り其の音調内地僧侶の読経に彷彿《ほうふつ》たり
一、一般に白衣を用うるもの多し、尤《もっと》も装飾には赤色を尊び用う
一、談話中多く手を以て形容を為す、又相手をして感ぜしめんとする時は話に力を入れ話ありて後横を向き思入れを為すの風あり、而《し》かも相手信ぜざるの風あれば「出来ることなら此腹を切って見せたい」又舌打を為し「彼は悪人は運の好き奴」など、独言を為すの風あり
一、喧嘩、口論又は得意の談話を為す時は相手方の顔を見ずして周囲にある第三者の方に向い頻《しき》りに賛成又は援助者を求めんとするの風あり

習慣上

一、歩行の際踵より先に着け指尖《しせん》に力を入れず甚しく外踏みす為に態度大様となる
一、鼻汁を取るに紙を用いず随処に手を以て之を擤《か》

み、柱壁其の他植物枝葉の嫌なく之を塗り付け、又痰を吐くには随時随処に於てす
一、大小便を為すには便所に入るよりも野外用便を好み、用便中人の顔を見るの風あり
一、一般に上厠《じようし》〔※便所に入ること〕後手水《ちようず》を用いず、下等社会は用便後紙を用いず時に臨み縄又は木葉等を用い、其の縄を切断するに当り両手を以て遂に捻り断つ、其の技巧みなり
一、紙撚《こよ》りを為すに当り紙を切るに其の紙を幾重にも折り左手の拇指食指の間に挟み小刀を以て其の刃を両指間掌に向け摺《こす》りつつ切る習慣あり
一、対座又は対談中相手方の衣服の塵を払い茶を取り親切らしく其の意を迎えんとするの習慣あり
一、書類（諸証書類又は信書等）を蔵するに極めて小さく折畳み巾着及袋中に納むるの風俗あり

『野田市史』の福田村事件関係資料三篇

『野田市史　資料編　近現代2』の47～48ページ「第一編　大正後期から昭和戦後期の政治と行政、第一章　第一次世界大戦後の政治・行政と社会」に採録された三編の福田村事件関係資料。

22　東葛飾郡福田村における騒擾　大正十二年九月

〔中略〕

第四章　自警団騒擾の勃発

〔中略〕

第一款　千葉県下の騒擾状況

〔中略〕

第九、東葛飾郡福田村に於ける騒擾

九月六日午前十時頃、香川県人である高松市帝国病難救薬院の売薬行商団一行が、売薬其の他の荷物を車に積み、東葛飾郡野田町方面から茨城県方面へ赴くべく、福田村三つ堀に差掛り、同所香取神社前で休憩した。然るに当時附近に於て鮮人の侵入するものあるべしと警戒に従事して居た自警団員が之を見附け、鮮人の疑があると称して右売薬行商団員を種々審訊して荷物を検査したところ、四国弁にて言語不可解な点等があつた為め、右自警団員は全く鮮人なりと誤信し、警鐘を乱打して急を村内に告げ、又は隣村に応援を求めるに至つた。其の結果、数百名の村民は忽ち武器を手にして同神社前に殺到し、前記売薬行商団を包囲し、「朝鮮人を打殺せ」と喧囂し、該行商団員等が百方言葉を尽して「日本人である」と弁解したに拘らず、鮮人に対する恐怖と憎悪の念に駆られて平静を失つた群衆は、最早右弁解に耳を傾ける遑もなく、或は荒縄で縛り上げ、或は鳶口、棍棒を振つて殴打暴行し、遂には「利根川に投込んで仕舞へ」と怒号し、香取神社から北方約二丁の距離にある三つ堀渡船場に連れて行き、右行商団員九名を利根川の水中に投込み、内八名を溺死せしめたが、他の一名が泳いで利根川を横切り対岸に遁れんとするや、群衆中より船で追跡するものが現はれ、対岸で之を斬殺し、残つた五名の行商団員は急報に接して駆付けた巡査等の為め、辛くも救助されて僅に死を免れる等騒擾を極めた。

〔後略〕

（国立国会図書館所蔵　昭和二十四年九月特別審査局資料

第一輯『関東大震災の治安回顧』吉河光貞　抄録）

23 福田村事件求刑公判　大正十二年十一月

千葉県下の九人殺し求刑

懲役十五年以下の極刑

既報、千葉県東葛飾郡福田村の売薬行商人九人殺しの公判は、午後五時再開、直ちに遠山検事の論告に入り、「被害者は、女や子供をつれ沢山な荷物を持つて川を渡つて逃げんとするのを、川の中へ突き落として殺したのは、残虐〔ママ〕も甚だしいもので、情状酌量の余地なし」として、左の如く求刑し、九時閉廷した。（二十八日千葉発）

懲役十五年　（三名略）
同　十年　（四名略）
同　七年　（一名略）

（『東京日日新聞』大正十二年十一月二十九日）

24 福田村事件判決　大正十二年十二月

騒擾殺人事件判決

福田村の惨殺はさすがに重く最長は懲役六年

邦人の薬売り九名を惨殺した事件を始〔初〕め、船橋町の鮮人卅八名殺害、馬橋村の同上六名殺害、浦安町の邦人二人殺害事件は、何れも十四日午後一時卅分、千葉地方裁判所安楽裁判長から左記の如く判決を言渡された（懲役六年二名、五年一名、四年一名、三年三名、二年（三年間執行猶予）一名、人名略）

（『萬朝報』千葉版　大正十二年十二月十六日）

流言蜚語に驚いて百卅餘名を虐殺

房總版

犯人百五十一名が檢擧收監さる

自警團の大暴行

九月一日の大震災後鮮人が東京横濱を襲撃の上[illegible]大本[illegible]下に襲來するとの[illegible]語にまよはされ縣下至る所の[illegible]在郷軍人會員その他が自警團を組織し[illegible]中朝鮮人六十二名を殺害したのを初め内地人約七十名を慘殺並びに傷害した犯人は左記百五十一名で目下千葉地方裁判所において豫審中であるが近く豫審終結公判に付せられる筈

千葉事件　製麺職人三[illegible]被[redacted]一(一九)

幕張事件　提灯屋[redacted]一郎(三五)檢見川町船夫[redacted]金蔵(二三)農[redacted]孫太郎(二三)[redacted]義太郎(二三)[redacted]市蔵(三九)[redacted]政吉(四八)[redacted]潮三郎(二七)

法典事件　法典村農[redacted]忠蔵(三七)同[redacted]喜一(二三)[redacted]勘次(四三)[redacted]仲蔵(三二)[redacted]三次郎(三三)[redacted]徳次(二六)塚田村同[redacted]勢次郎(三二)同[redacted]清(二九)本所區吉田町料理店[redacted]徳一(二二)

我孫子事件　我孫子町石工[redacted]一(二三)大工[redacted]吉次郎(二七)人力車夫[redacted]勞光、神戸賀吉(三〇)農[redacted]茂平(二七)理髪[redacted]三次(二三)

馬橋事件　馬橋村飲食店[redacted]米次郎(三四)石油職工[redacted]春吉(三一)青物商[redacted]五郎(四二)雜穀[redacted]菊五郎(二八)農[redacted]衛二(三二)荒物商[redacted]寅平(三二)農[redacted]八五郎(四八)荒物[redacted]幸太郎(二六)精米業[redacted]藏(二六)[redacted]政市(二七)永澤郎[redacted]漿職人[redacted]久男(二五)

岩左郎(二四)[redacted]孝一(二六)

細田村事件　細田村農[redacted]庄吉(一九)馬車曳[redacted]吉太郎(三四)同[redacted]銀次(五二)同[redacted]宇右衛門(四二)

成田事件　成田町左官[redacted]若吉(三二)木工[redacted]林[illegible](二五)鍛冶屋[redacted]市松(一九)[illegible]人[redacted]佳次(四三)深仲宿[redacted]吉(二六)旅人宿[redacted]健吉(一七)千代田村轎職手[redacted]好光(一七)

佐原事件　佐原瀬戸物商[redacted]安次(二四)[redacted]與助(三六)麺商[redacted]幸助(四四)船大[redacted]治三郎(二三)農[redacted]初太郎(五〇)船大工[redacted]新平(二六)人力車夫[redacted]吉兵衛(三四)肥料商[redacted]幸四郎(二四)車夫[redacted]英雄(二二)船夫[redacted]庄太郎(一九)沼川町一九製粉業[redacted]熊平(二二)足袋業[redacted]國太郎(二八)川村農[redacted]啓次郎(三六)[redacted]仙吉

行商人殺も有罪

福田事件の犯人八名

千葉縣東葛飾郡福田村及び田中村付近の自警團が六日午前十時ごろ香川縣人[redacted]外男女小兒十五名より成る賣藥商の一行を鮮人と誤認し[redacted](二九)妻[redacted](二六)長男[redacted](六つ)長女[redacted](三つ)[redacted](二八)妻[redacted]長男[redacted](二つ)[redacted](二四)[redacted](一八)の九名を殺害した暴行事件の被告は左の八名で何づれも有罪と決定廿八日千葉地方裁判所の公判に付せられた(廿八日、千葉發)

田中村船戸農[redacted]米(二六)[redacted]岩五郎(二四)[redacted]孝一(二八)[redacted]朝吉(二三)[redacted]熊治(五二)[redacted]朝吉(二九)[redacted]吉太郎(三四)[redacted]右衛門(四五)

「東京日日新聞　房総版」
1923年(大正12年)10月30日付

福田村事件関連の報道記事

「東京日日新聞　房総版」を中心に、福田村・田中村事件を報じた新聞記事を集め、時系列順に並べた。なお人名については、被害者・加害者問わず特定できないよう配慮した。

[redacted]初太郎(五〇)[redacted]源藏(二[illegible]
四)[redacted]兵五郎(四四)

船橋事件 漁夫[redacted]
部(二三)同[redacted]義次(一八)青物
商[redacted]榮(一七)大工[redacted]重吉
(三二)魚行商[redacted]常藏(四四)人
榮村農[redacted]榮三郎(四一)大工[redacted]
[redacted]源一郎(三四)船橋町飲食店[redacted]
庄吉(三八)魚行商[redacted]誠二
(二〇)常雇持[redacted]平太郎(三一)

鎌谷事件 鎌谷農[redacted]元
吉、人榮村農[redacted]勇次郎(三八)
船橋町同[redacted]一郎(二九)同湯屋
屋[redacted]忠太郎(二八)農[redacted]石藏
(二三)無職[redacted]德藏(二三)農[redacted]
信次郎(二三)馬車曳[redacted]五郎
(二二)農[redacted]茂吉(二九)無職[redacted]
榮治(一九)農[redacted]忠藏馬車曳
[redacted]市藏(四九)同[redacted]留藏
(三五)漁夫[redacted]直吉(二三)

南行德事件 南行德町農
[redacted]太郎(二八)同[redacted]勘藏(二[illegible]
[illegible])[redacted]寅太郎(二二)古川浦藏
[redacted]岡藏(二三)[redacted]市太郎(二[illegible]
[illegible])[redacted]伊之吉(二三)同[redacted]留
吉(一九)同[redacted]岩吉(二八)
榮次郎(五一)浦安町[redacted]秋治
郎(三九)南行德町船夫[redacted]未
吉(二四)同農[redacted]清太郎(一九)
船夫[redacted]梅太郎(二〇)魚商[redacted]
留吉(三〇)同[redacted]島吉(二九)大
工[redacted]庄吉(二三)魚商[redacted]春一
(二九)青物商[redacted]初太郎(二七)

浦安事件 浦安町酒類商
[redacted]晉吉(二二)漁夫[redacted]時
藏(一八)同[redacted]三吉(一九)同[redacted]
[redacted]市藏(二四)同[redacted]庄八(二[illegible]
八)[redacted]丸藏(二五)農[redacted]鈴藏
(二一)魚行商[redacted]竹次郎(二一)
大工[redacted]藤七(二四)魚行商[redacted]
[redacted]丑松(二四)漁夫[redacted]文造
(二五)土木請負業[redacted]房八(二[illegible]
八)魚行商[redacted]寅吉(二四)[redacted]
[redacted]國松(五一)漁夫[redacted]留五郎
(三七)魚行商[redacted]勘藏(四五)[redacted]
[redacted]彌太郎(二二)魚商[redacted]榮一郎
(二四)青物商[redacted]兼藏(二六)

流山事件 流山町竹皮商
[redacted]光太郎(四一)大工[redacted]惣
吉(二三)理髪[redacted]若三(二四)船
夫[redacted]彦太郎(二六)味噌醤油業
職工[redacted]三郎(四三)火夫[redacted]國
藏(二〇)

小金井事件 小金井米屋
[redacted]鐵之助(四三)

田中村事件 田中村農
[redacted]米(二六)[redacted]朝吉(二三)[redacted]

「東京日日新聞　房総版」1923年(大正12年)10月24日付

福田で殺された商人の死體か
布佐地先に漂着

廿四日午前十時ごろ東葛飾郡布佐町江戸川岸に男の死體漂着せるを布佐署から中台警部補警部と共に出張檢死したが一見勞働者風で七八十日を經過せるらしく福田村で自警團のために殺害された行商人らしい

「東京日日新聞　房総版」
1923年(大正12年)
11月28日付

(三五)[redacted]利(二三)

木更津事件 木更津町酒
夫[redacted]福次郎(二〇)[redacted]千代吉
(二六)[redacted]五郎吉(二二)農[redacted]
卯之助(二八)漁夫[redacted]巳之助、
同[redacted]菊次郎(二四)[redacted]權藏
(二二)[redacted]長吉(二二)大工職[redacted]
[redacted]長吉(二二)農[redacted]勇(二二)[redacted]
[redacted]福松(二四)青物商[redacted]友吉
(二四)菓子商[redacted]德次(二二)、雑
貨商[redacted]政吉(二二)

千葉縣下の九人殺し 求刑
懲役十五年以下の極刑

[illegible]九人殺しの公判は[illegible]川に入り、[illegible]をつて川を渡つて逃げんとするものを川の中へ[illegible]として殺したのは[illegible]なし」とて次の如く求刑し[illegible]十八日、[illegible]

懲役十五年[redacted][illegible]
[redacted][illegible]
[redacted][illegible]

「東京日日新聞　房総版」1923年(大正12年)11月29日付

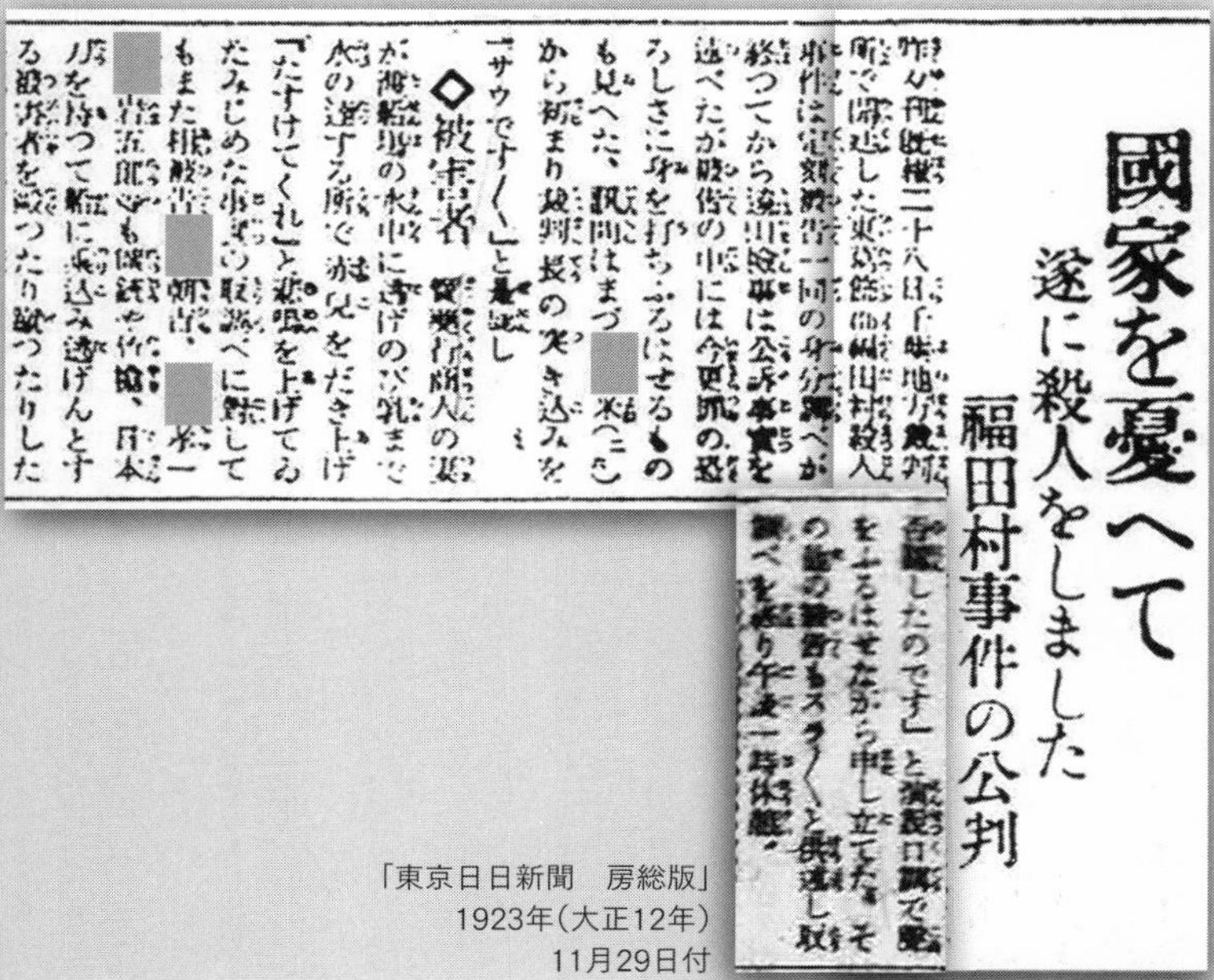

國家を憂へて
遂に殺人をしました
福田村事件の公判

昨二十八日千葉地方裁判所で開廷した東葛飾郡福田村殺人事件は被告一同の身分調べが終つてから遠山検事に公訴事実を述べたが被告の中には今更事の恐ろしさに身をうちふるはせるものも見へた、訊問はまづ[redacted]米(二七)から始まり裁判長の突き込みを「サウです／＼」と肯定し

◇被害者 売薬行商人の妻が海頭の水中に逃げの乳まで浸る所で赤児をだき上げ「たすけてくれ」と悲鳴を上げてゐたみじめな事実の取調べに対してもまた相被告[redacted]米一[redacted]岩五郎も被告[redacted]作蔵、日本刀を持つて船に乗込み逃げんとする殺害者を殴つたり蹴つたりしたことを認めたのです」と微細な口調で陳述をふるはせながら申し立てた、その他の被告もスラ／＼と陳述し取調べを終り午後一時休廷

「東京日日新聞　房総版」
1923年（大正12年）
11月29日付

震災時福田村の
売薬商七人の誤殺公判
大審院で有罪と決定
千葉刑務所に収容

昨年の震災当時東葛飾郡福田、田中の両村地先で鮮人と誤つて内地人を七名殺害した殺人事件は千葉地方裁判所で判決言渡された被告福田村[redacted]田中村…外大名は公訴上告大審院で審理中であつたが去る二十八日判決あり

出獄中の右記七名は四日千葉刑務所に収監された
△福田村[redacted]庄吉(三一)△同三年田中村[redacted]岩五郎(十七)△同三年田中村[redacted]… (二五)△同八年福田村[redacted]卯右衛門(二四)△同六年福田村[redacted]… (三五)△同十年福田村[redacted]… (五四)△同三年田中村[redacted]… (二九)

…

「房総日日新聞」
1924年（大正13年）
9月6日付

事實の取調べに對しても他事の樣に冷々淡々と申し立て鈴木[illegible]は利根川を泳いで逃げだした被害者を日本刀で斬り付けた事實をかくさず申し立て平氣なものだ裁判長がソノ兇器は八寸の[illegible]の

◇日本刀 を示す、[illegible]一(二九)は『私は[illegible]をかついで行きましたが[illegible]がこつちへ來てうといひましたから一度斬殺しました』と[illegible]なものだ、田中[illegible]吉(三[illegible])は『日本刀を以て出掛けると群衆の中から[illegible]は見物に來たのかと[illegible]りましたのでツヒやつたやうな[illegible]です』と明瞭に事實を述べ『私は實際相手を斬つたにかかはらず豫審で三回も否認しましたのは[illegible]殿下には[illegible]を仰し上からせてゐる[illegible]

◇鮮人の ために國家はどうなることかと[illegible]れへの[illegible]りやつたやうな次第ですが監獄に入れられたので[illegible]にさはつたから事實を

福田事件の 上告判決
減刑に處せらる

昨秋の大震災當時[illegible]東葛飾郡福田村で起こつた[illegible]事件は既報の如く千葉地方裁判所で懲役五年以上十五年に處せられ上告中の[illegible]二十九日大審院にて何づれも五年乃至二年を減ぜられ左の如く[illegible]い渡しがあり被告はいづれも三日千葉刑務所に收監された

▲懲役十年 東葛飾郡田中村 [redacted]庄吉(三一)▲懲役三年 同郡田中村 [redacted]岩五郎(二五)▲同 同村 [redacted]朝吉(二四)▲懲役八年 同郡福田村 [redacted]卯左衛門(四六)▲懲役六年 同村 [redacted]吉太郎(三五)▲懲役十年 同村 [redacted]辰治(五四)▲懲役三年 同郡田中村 [redacted]孝一(二九)

「東京日日新聞
房総版」
1924年（大正13年）
9月6日付

昨秋 震災の生んだ悲劇
鮮人と見過つた
邦人殺し判決
三日刑務所に收監

昨年の震災當時鮮人襲來説に脅やかされ各所に自警團の組織を見て殺傷の慘劇が隨所に行はれたが、東葛飾郡田中村字[redacted]庄吉(三十)外六名が日本人を鮮人と誤り誤殺した事件は既に千葉地方裁判所で懲役十五年乃至七八年に處ぜられたるに服せず上告したが其結果此の程控訴院に於て左記の通り判決言ひ渡しがあり、孰れを指揮され三日いづれも千葉刑務所に收監された因みに入監に際し福田村及び田中村では一人前八百圓位の餞別を贈つたと

東葛飾郡田中村
懲役十年 [redacted]庄吉(三十)
仝三年 [redacted]岩五郎(二五)
仝三年 [redacted]朝吉(二四)
東葛飾郡福田村
仝八年 [redacted]卯右衛門(四六)
仝六年 [redacted]吉五郎(三五)
仝十年 [redacted]辰治(五四)
東葛飾郡田中村
仝三年 [redacted]孝一(二九)

「千葉毎日新聞」
1924年（大正13年）
9月6日付

関東大震災の際遭難した香川県民の手記

福田村事件で生き残った方――本書では「藤田喜之助さん」と仮名で表記――が実体験を記した生々しい手記。現物は、袋綴じにした四枚の半紙（8ページ）に、漢字まじりのカタカナで書かれている。発掘した香川県歴史教育者協議会の石井雍大さんによると、手記の成立事情はおおむね以下のようであった。

事件からおよそ一カ月後の十月、地元四国に戻った喜之助さんは、丸亀・区裁判所検事局の検事から呼び出され事情聴取された。この時期は千葉で予審が始まっていた頃にあたり、おそらく取り調べの裏付け調査のためであろう。手記は、検事から「またここに呼ぶから今日話したことを書き残しておくように」と言われ、帰宅してから書いたものらしい。しかし区裁判所からの再度の呼び出しはなく、もちろん喜之助さんが法廷に立って証言することもなかった。結果的に手記は提出されることなく、数十年のあいだ仏壇の下の戸袋にしまわれたままとなっていた。

手記の現物はその後、石井さんを介して香川県立文書館に寄贈・保管された。その翻刻が同館より発行された『香川県立文書館史料集4』に「関東大震災の際遭難した香川県民の手記」というタイトルで掲載されている。

本書では、同史料集に掲載された翻刻を基に、石井さんの論文「関東大震災・もう一つの悲劇」（『季論21』二〇一三年夏、本の泉社）にある読み下しを参考にして、（ ）で註を付した。また、香川県立文書館の協力を得て手記全文の写真を掲載した。喜之助さんがどのような思いでこの手記を書き綴ったか、その筆跡から感じ取ってほしい。

1ページ目

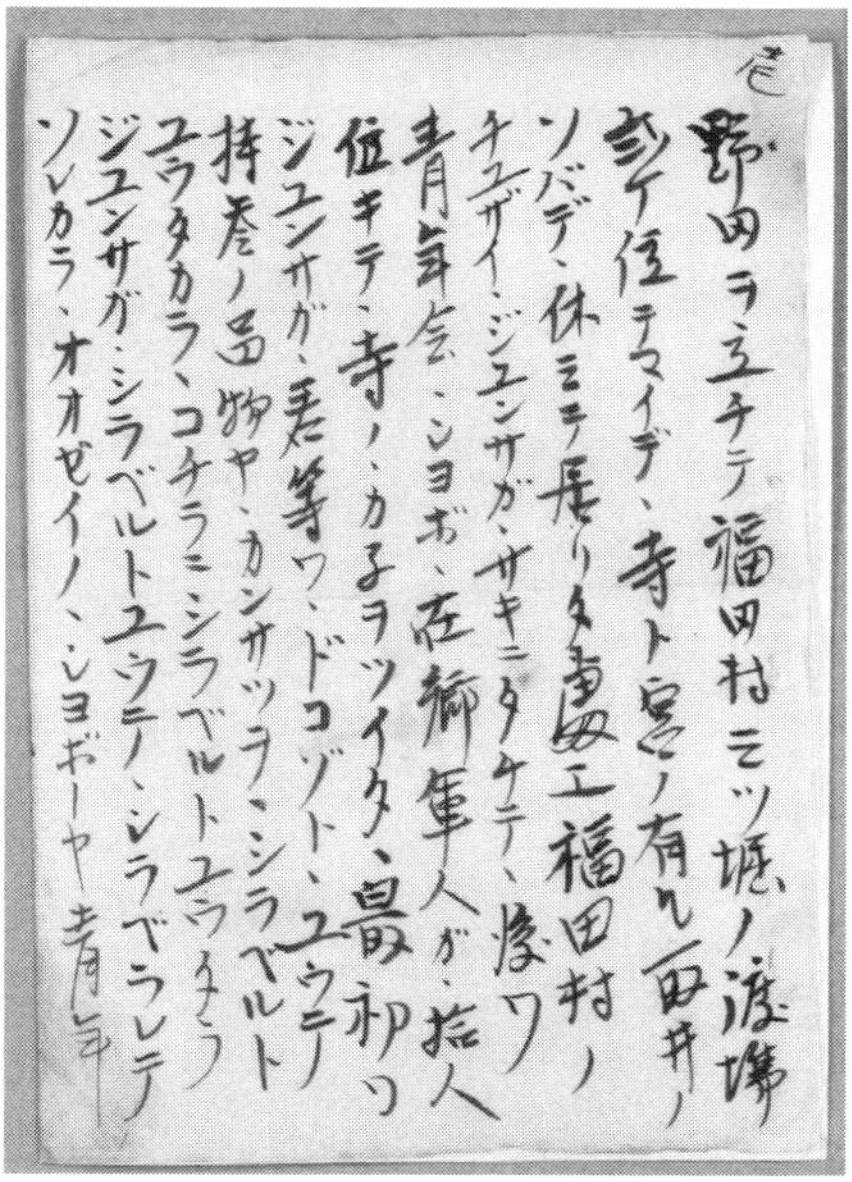

野田ヲ立チテ福田村三ツ堀ノ渡場
弐丁〔二町＝約二一八メートル〕位テマイデ、寺ト宮ノ
有ル取井〔鳥居〕ノ
ソバデ、休ミテ居リタ処エ福田村ノ
チユザイ〔駐在〕、ジユンサ〔巡査〕ガ、サキニタチ
テ、後ワ
青年会、シヨボ〔消防〕、在郷軍人ガ、拾人〔十人〕
位キテ、寺ノ、カ子〔鐘〕ヲツイタ、最初ワ
ジユンサガ、君等ワ、ドコゾト、ユウテ
持参ノ品物ヤ、カンサツ〔鑑札〕ヲ、シラベルト
ユウタカラ、コチラニシラベルトユウタラ
ジユンサガ、シラベルトユウテ、シラベラレテ
ソレカラ、オオゼイノ、シヨボーヤ青年

2ページ目

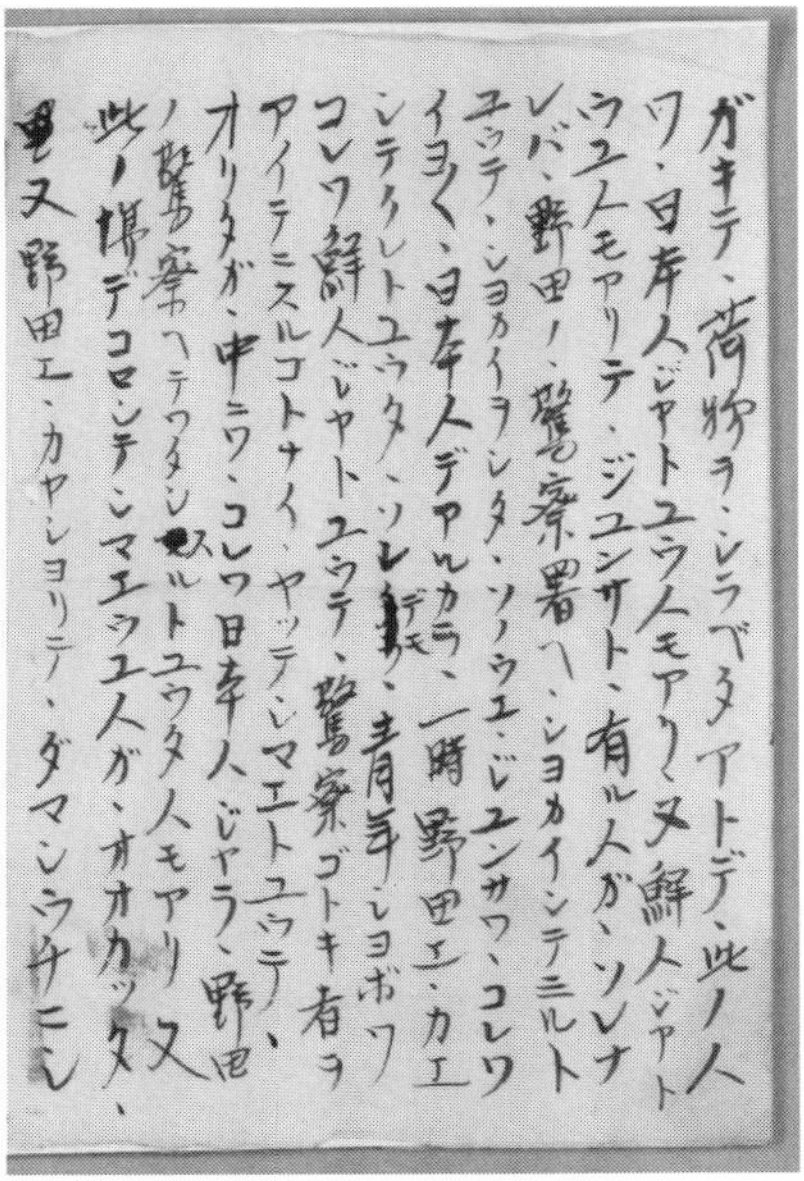

ガキテ、荷物ヲ、シラベタアトデ、此ノ人
ワ、日本人ジヤトユウ人モアリ、又鮮人ジヤト
ユウ人モアリテ、ジユンサト、有ル人ガ、ソレナ
レバ、野田ノ、警察署へ、ジユカイ〔照会?〕シテミ
ルト
ユウテ、シヨカイ〔照会〕ヲシタ、ソノウエ、ジユン
サワ、コレワ
イヨく、日本人デアルカラ、一時野田エ、カエ〔帰〕
シテクレトユウタ、ソレ~~タオ~~デモ、青年シヨボワ
コレワ鮮人ジヤトユウテ、警察ゴトキ者ヲ
アイテ〔相手〕ニスルコトナイ、ヤツテシマエトユウテ、
オリタガ、中ニワ、コレワ日本人ジヤラ、野田
ノ警察へテワタシ〔手渡し〕ス■ルトユウタ人モアリ又
此ノ場デコロ〔殺〕シテシマエウユ人ガ、オオカツタ、
■又野田エ、カヤ〔帰〕シヨリテ、ダマシウチ〔騙し
討ち〕ニシ

3ページ目

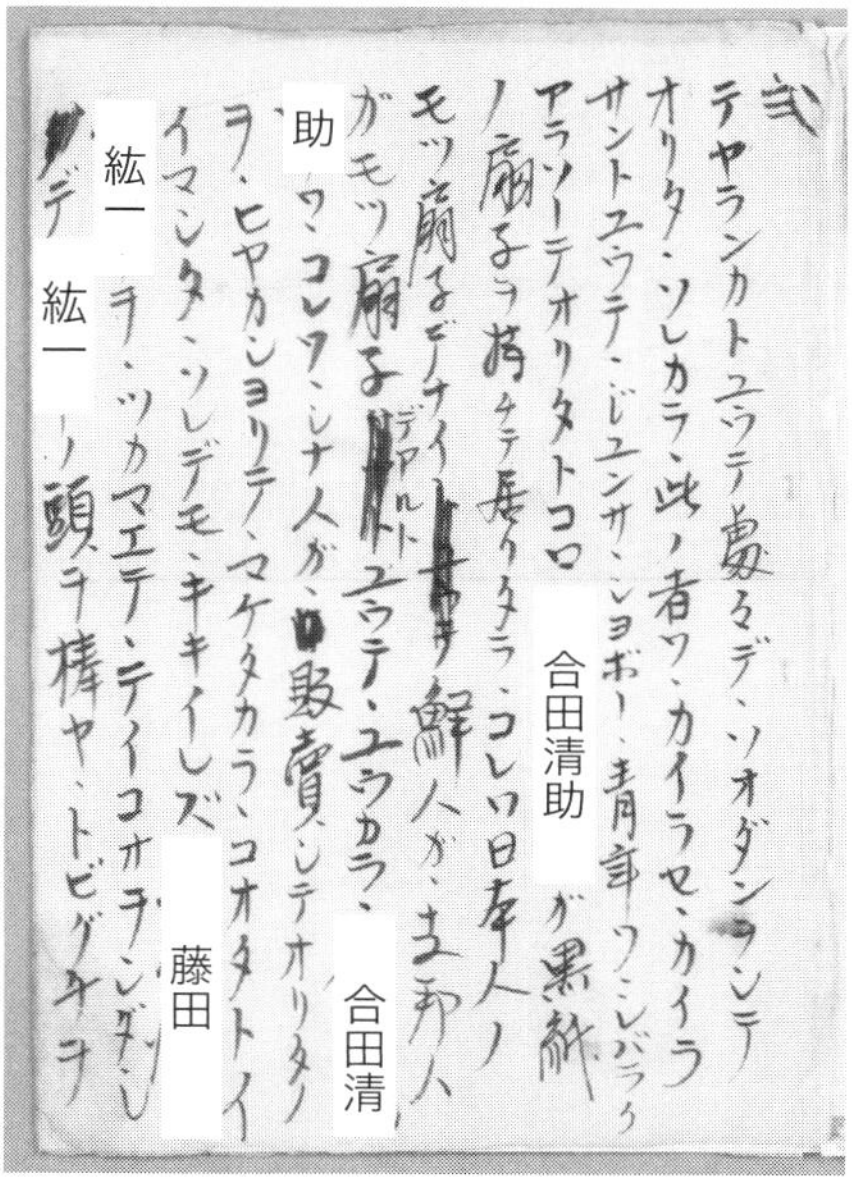

※　原文に出てくる人名は、本書内で使用している仮名に姓名とも置き換えた。文中の「藤田紘一」は「藤田喜之助」さんの実弟、「合田清助」は「喜之助」さんの姉の夫で、この行商人一行のリーダー役にあたる。

テヤランカトユウテ処々デ、ソオダン〔相談〕ヲシテ
オリタ、ソレカラ、此ノ者ワ、カイ〔帰〕ラセ、カ
イラ
サントユウテ、ジユンサ、シヨボー、青年ワ、シバ
ラク
アラソーテ〔争って〕オリタトコロ合田清助ガ黒紙
ノ扇子ヲ持チテ居リタラ、コレワ日本人ノ
モツ扇子デナイ~~トユウナ~~鮮人ガ〔カ?〕、支那人
ガモツ扇子□~~ヤト~~デアルトユウテ、ユウカラ、合田清
助ワコレワ、シナ人ガ、[redacted]販売シテオリタノ
ヲ、ヒヤカシヨリテ、マケタカラ、コオタ〔買った〕
トイ
イマシタ、ソレデモ、キキイレズ、藤田
紘一ヲ、ツカマエテ、テイコオ〔抵抗〕ヲシダシ
タデ紘一ノ頭ヲ棒ヤ、トビグチ〔鳶口〕ヲ

4ページ目

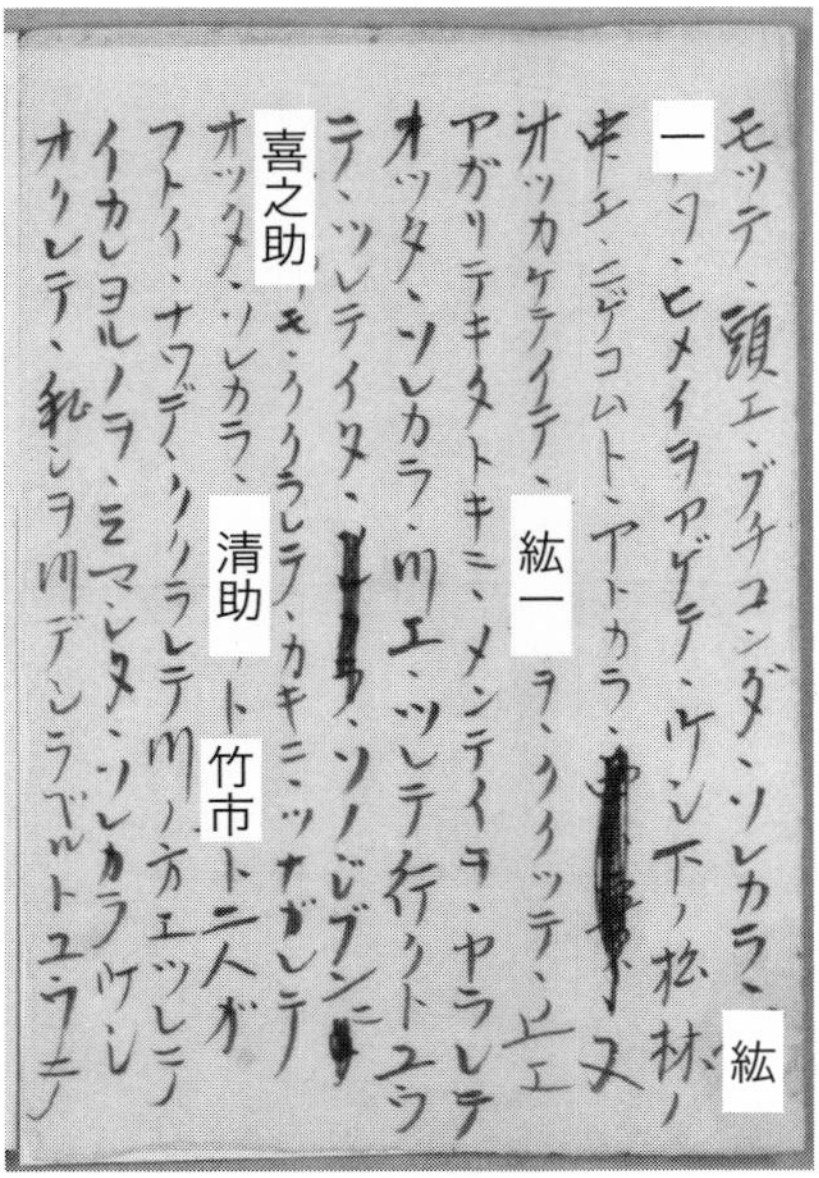

モッテ、頭エ、ブチコンダ、ソレカラ、紘
一ワ、ヒメイ〔悲鳴〕ヲアゲテ、少シ下ノ松林ノ
中エ、ニゲ〔逃げ〕コムト、アトカラ、[redacted]又
オツカケテイテ、紘一ヲ、ククツテ、上エ
アガリテキタトキニ、メンテイ〔ひたい〕ヲ、ヤラレテ
オツタ、ソレカラ、川エ、ツレテ行クトユウ
テ、ツレテイタ、[redacted]、ソノジブン〔時分〕[redacted]ニ
喜之助〔自分自身〕モ、ククラレテ、カキ〔垣〕ニ、ツ
ナガレテ
オツタ、ソレカラ、清助ト竹市ト二人ガ
フトイ、ナワ〔縄〕デ、ククラレテ川ノ方エツレテ
イカレヨルノヲ、ミマシタ、ソレカラ少シ
オクレテ、私シヲ川デシラベルトユウテ

※「竹市」は「山下竹市」さんのこと。妊娠中の妻ハルミも二歳になる息子の好松もこの時殺された。

5ページ目

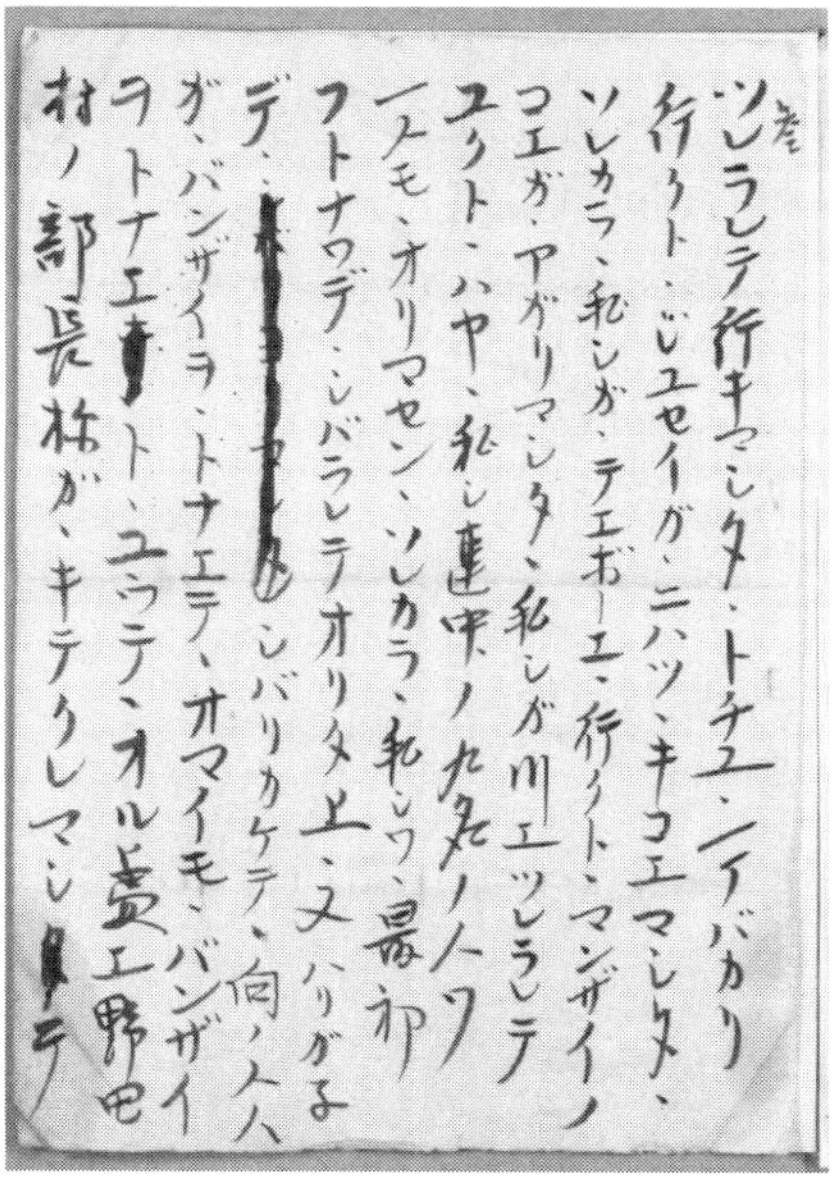

ツレラレテ行キマシタ、トチユ〔途中〕、一丁バカリ
行クト、ジユセイ〔銃声〕ガ、二ハツ、キコエマシ
タ、
ソレカラ、私シガ、テエボー〔堤防〕エ、行クト、マ
ンザイ〔万歳〕ノ
コエガ、アガリマシタ、私シガ川エツレラレテ
ユクト、ハヤ、私シ連中ノ九名ノ人ワ
一人モ、オリマセン、ソレカラ、私シワ、最初
フトナワデ、シバラレテオリタ上、又ハリガ子〔針
金〕
デ、~~シバリヨリマシタ~~シナリカケテ、向ノ人人
ガ、バンザイヲ、トナエテ、オマイモ、バンザイ
ヲトナエ[redacted]ト、ユウテ、オル処エ野田
村ノ部長様ガ、キテクレマシ~~タ~~テ

6ページ目

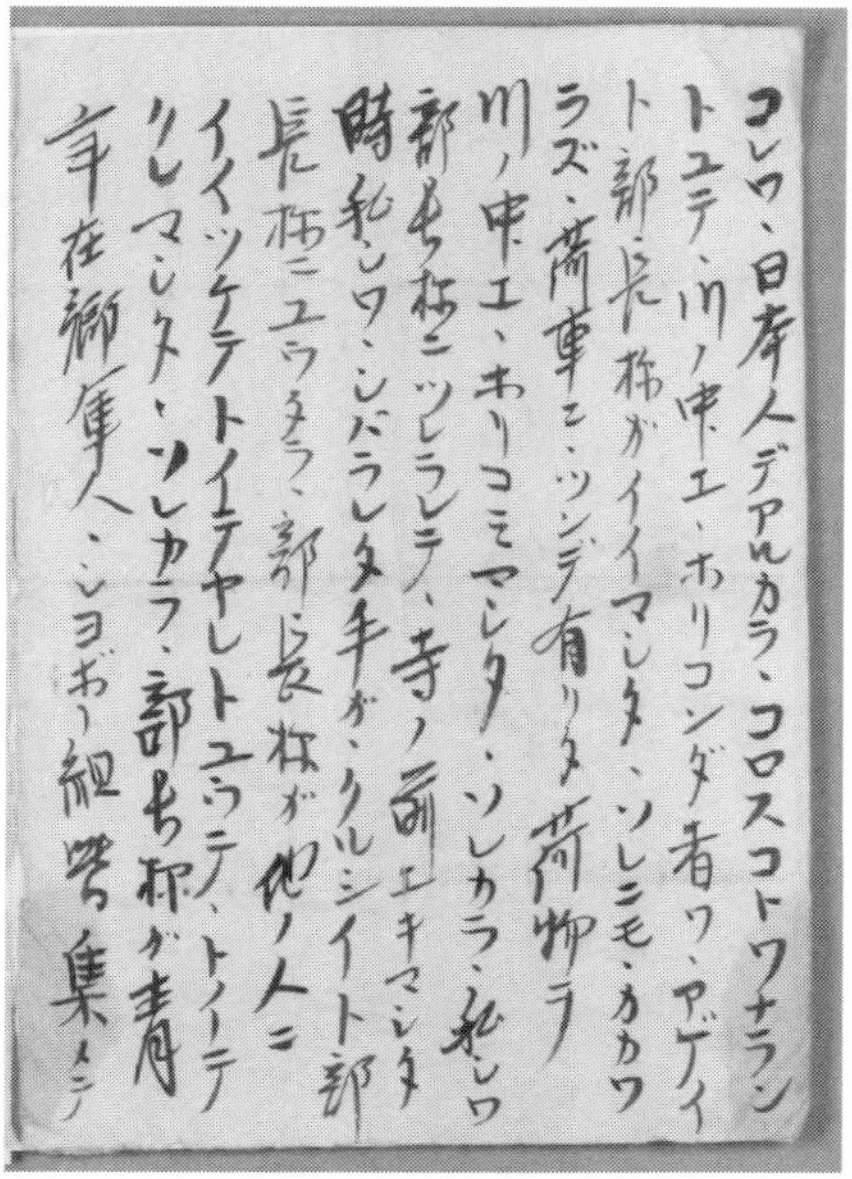

コレワ、日本人デアルカラ、コロス〔殺す〕コトワナ
ラン
トユテ、川ノ中エ、ホリ〔放り〕コンダ者ワ、アゲイ
ト部長様ガイイマシタ、ソレニモ、カカワ
ラズ、荷車ニ、ツンデ有リタ荷物ヲ
川ノ中エ、ホリコミマシタ、ソレカラ、私シワ
部長様ニツレラレテ、寺ノ前エキマシタ
時私シワ、シバラレタ手ガ、クルシイト部
長様ニユウタラ、部長様ガ他ノ人ニ
イイツケテトイテ〔解いて〕ヤレトユウテ、トイテ
クレマシタ、ソレカラ、部長様ガ青
年在郷軍人、ショボー組皆集メテ

7ページ目

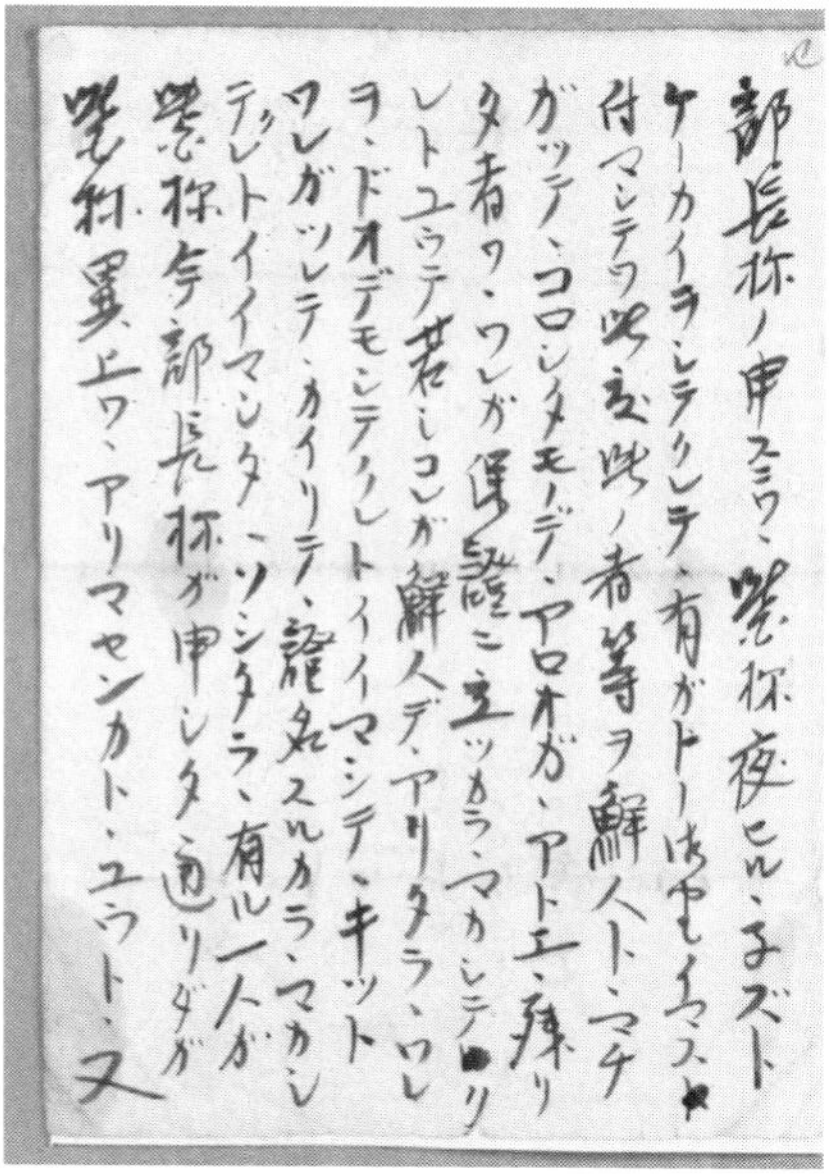

部長様ノ申スニワ、皆様夜ヒル、子ズ〔寝ず〕ト
ケーカイ〔警戒〕ヲシテクレテ、有ガトー御座イマスト
付マシテワ此度此ノ者等ヲ鮮人ト、マチ
ガッテ、コロシタモノデ、アロオガ、アトエ、残リ
タ者ワ、ワレガ保証ニ立ツカラ、マカシテ■ク
レトユウテ若《も》シコレガ鮮人デ、アリタラ、ワレ
ヲ、ドオデモシテクレテトイイマシテ、キット
ワレガツレテ、カイリテ、証名〔証明〕スルカラ、マ
カシ
テクレトイイマシタ、ソシタラ、有ル一人ガ
皆様今部長様ガ申シタ通リダガ
皆様異上〔異論〕ワ、アリマセンカト、ユウト、又

8ページ目

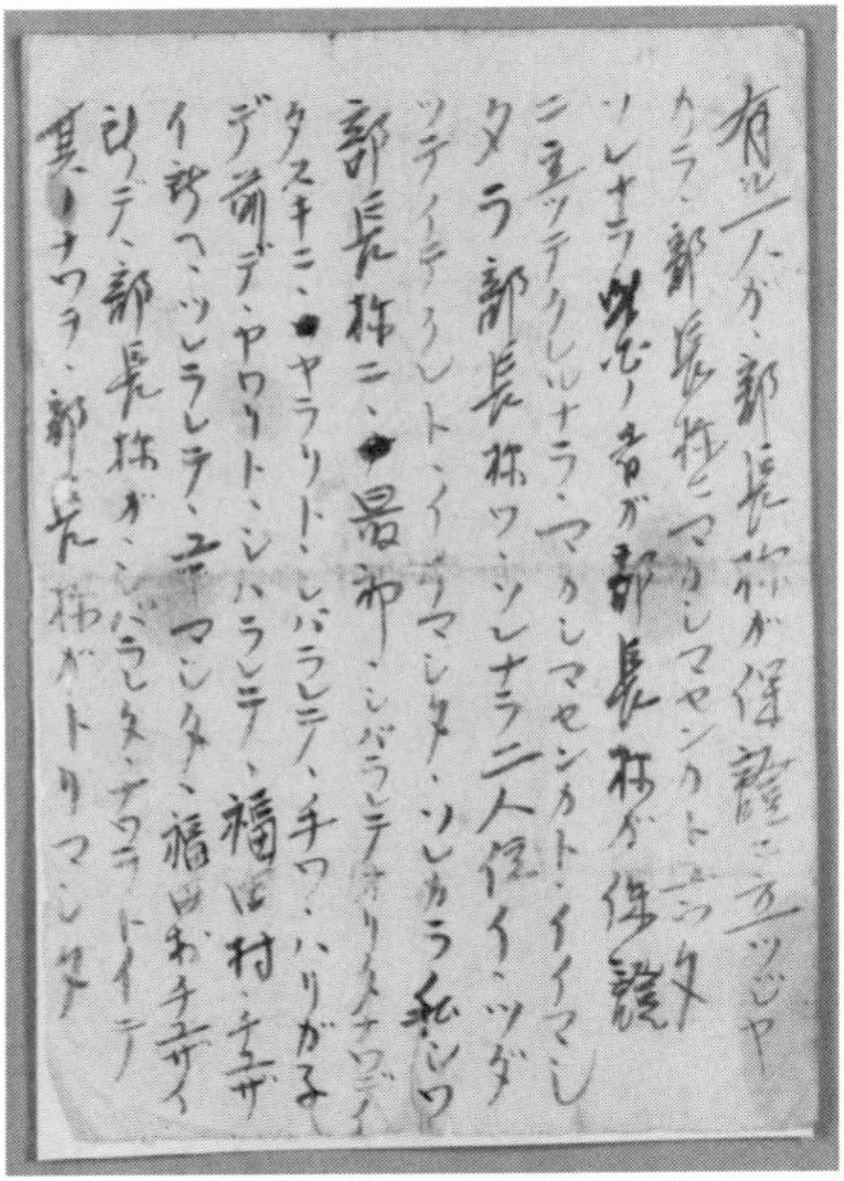

有ル一人ガ、部長様ガ保証ニ立ツジヤ
カラ、部長様ニマカシマセンカトユウタ
ソレナラ皆ノ者ガ部長様ガ保証
ニ立ツテクレルナラ、マカシマセンカト、イイマシ
タラ部長様ワ、ソレナラ二人位イ、ツダ
ツテ〔連れ立って〕イテクレト、イイマシタ、ソレカ
ラ私シワ
部長様ニ、■最初、シバラレテオリワナデ
タスキニ、■ヤワリ〔やわり〕ト、シバラレテ、福田
村、チユザ
イ所デ、ツレラレテ、ユキマシタ、福田村チユザイ
所デ、部長様ガ、シバラレタ、ナワヲトイテ
其ノナワヲ、部長様ガトリマシタ

主な参考文献

『甘粕正彦　乱心の曠野』佐野眞一著、新潮社、二〇〇八年
『いわれなく殺された人びと　―関東大震災と朝鮮人―』千葉県における関東大震災と朝鮮人犠牲者追悼・調査実行委員会編、青木書店、一九八三年
『越中谷利一著作集』越中谷利一著、東海繊維経済新聞社、一九七一年
『大津波を生きる』高山文彦著、新潮社、二〇一二年
『回顧九十年』星野七郎著、崙書房出版、二〇〇七年
『香川県立文書館史料集4』香川県立文書館編、香川県立文書館、二〇一七年
『柏市史　近代編』柏市史編さん委員会編、柏市教育委員会、二〇〇〇年
『韓国併合110年後の真実　―条約による併合という欺瞞―』和田春樹著、岩波書店・岩波ブックレット、二〇一九年
『関東大震災』姜徳相著、中央公論社・中公新書、一九七五年
『関東大震災』中島陽一郎著、雄山閣、一九九五年（新装版）
『関東大震災』吉村昭著、文藝春秋、一九七三年、のち文春文庫、一九七七年
『関東大震災時　朝鮮人虐殺事件　東京下町および下町以外のフィールドワーク資料』関東大震災時に虐殺された朝鮮人の遺骨を発掘し、追悼する会編、同発行、二〇〇一年
『関東大震災朝鮮人虐殺の記録　―東京地区別1100の記録―』西崎雅夫著、現代書館、二〇一六年
『関東大震災と治安回顧』吉河光貞著、法務府特別審査局、一九四九年

『関東大震災の朝鮮人虐殺　その国家責任と民衆責任』山田昭次著、創史社、二〇一一年
『近代日本のなかの「韓国併合」』安田常雄編、東京堂出版、二〇一〇年
『九月、東京の路上で　―1923年関東大震災　ジェノサイドの残響―』加藤直樹著、ころから、二〇一四年
『現代史資料集6　関東大震災と朝鮮人』姜徳相、琴秉洞編、みすず書房、一九六三年
『口訳　利根川図志』赤松宗旦著、口訳・阿部正路、浅野通有、崙書房出版、一九七八年、原著『利根川図志』は一八五五年（安政二年）
『呉服屋のお康ちゃん奮戦一代記』辻野弥生、新人物往来社、一九九七年
『差別と日本人』野中広務、辛淑玉著、角川書店、二〇〇九年
『写真とともにたどる実行委員会50年の歩み』千葉県における関東大震災と朝鮮人犠牲者追悼・調査実行委員会編、同発行、二〇一八年
『証言集　関東大震災の直後　朝鮮人と日本人』西崎雅夫著、筑摩書房・ちくま文庫、二〇一八年
『新潮日本文学アルバム　菊池寛』新潮社、一九九四年
『世界はもっと豊かだし、人はもっと優しい』森達也著、晶文社、二〇〇三年、のちちくま文庫、二〇〇八年
『1923年9月　関東大震災時　朝鮮人虐殺犠牲者慰霊碑を巡る』小宮哲雄著、同発行、二〇二二年
『草稿』香川県女性史研究会編、同刊、一九八六年
『増補新版　風よ鳳仙花の歌をはこべ　―関東大震災・朝鮮人虐殺・追悼のメモランダム―』ほうせんか編著、ころから、二〇二一年
『楚人冠　―百年先を見据えた名記者杉村広太郎伝―』小林康達著、現代書館、二〇一二年
『楚人冠全集　第四巻』杉村広太郎著、日本評論社、一九三七年

『大正大震火災誌』警視庁編、同発行、一九二五年
『大地の夜明け』新村勝雄著、崙書房出版、一九九七年
『地域に学ぶ　関東大震災』田中正敬・専修大学関東大震災史研究会編、日本経済評論社、二〇一二年
『千葉県の民衆の歴史50話』千葉県歴史教育者協議会編、桐書房、一九九二年
『千葉県の歴史』小笠原長和・川村優著、山川出版社、一九七一年
『千葉のなかの朝鮮』千葉県日本韓国・朝鮮関係史研究会編、明石書店、二〇〇一年
『中・高校生のための朝鮮・韓国の歴史』岡百合子著、平凡社、二〇〇二年
『朝鮮人虐殺関連新聞報道史料1』山田昭次編、緑陰書房、二〇〇四年
『朝鮮人虐殺関連新聞報道史料2』山田昭次編、緑陰書房、二〇〇四年
『朝鮮人虐殺関連新聞報道史料　別館』山田昭次編、緑陰書房、二〇〇四年
『朝鮮の攘夷と開化』姜在彦著、平凡社・平凡社選書、一九七七年
『朝鮮の千葉村　―明治の漁民たち―』石垣幸子著、崙書房出版・ふるさと文庫、二〇一〇年
『壺井繁治詩集』壺井繁治著、小田切秀雄編、青木書店・青木文庫、一九五四年
『東葛流山研究　第一八号』流山市立博物館友の会編、崙書房出版、一九九九年
『ドキュ メント関東大震災』現代史の会編、草風館、一九八四年
『利根川べりの泥かけ祭り　―野田・三ツ堀香取神社のオオハラクチ紀聞―』田中正明著、崙書房・ふるさと文庫、一九七九年
『TRICK　―「朝鮮人虐殺」をなかったことにしたい人たち―』加藤直樹著、ころから、二〇一九年
『流山市史研究　第八号』流山市教育委員会編、同発行、一九九一年
『流山市史　別巻　利根運河関係資料』流山市立博物館編、流山市教育委員会、一九八八年
『流山市立博物館研究報告書10　河川と流山』流山市立博物館編、同発行、一九九二年

『流山市立博物館研究報告書13　流山糧株廠』流山市立博物館編、同発行、一九九六年
『日本の歴史』今井清一、中央公論社、一九六六年
『のだし　—歴史のなかの野田—』佐藤真著、聚海書林、一九八一年
『野田シリーズⅢ　三ツ堀どろ祭』野田市郷土博物館編、同発行、一九七二年
『野田市史　資料編　近現代2』野田市史編さん委員会編、野田市、二〇一九年
『野田の災害年表』野田市郷土博物館編、同発行、一九八四年
『福田のあゆみ』福田のあゆみ研究会編、同発行、一九九九年
『福田村事件の真相　第一集　—歴史の闇にいま光が当たる—』千葉福田村事件真相調査会編、同発行、二〇〇一年
『福田村事件の真相　第二集　—関東大震災の悲劇に学ぶ—』「福田村事件の真相」編集委員会編、千葉福田村事件真相調査会、二〇〇二年
『福田村事件の真相　第三集　—関東大震災・国家責任と民衆責任—』「福田村事件の真相」編集委員会編、千葉福田村事件真相調査会、二〇〇三年
『文藝春秋臨時増刊号　吉村昭が伝えたかったこと』文藝春秋社、二〇一一年
『別冊スティグマ』第14号「福田村事件　関東大震災時の行商人虐殺」『別冊スティグマ』編集委員会編、社団法人千葉県人権啓発センター、二〇〇一年十一月
『別冊スティグマ』第15号「福田村事件・Ⅱ　80年を経て高まる関心」『別冊スティグマ』編集委員会編、社団法人千葉県人権啓発センター、二〇〇三年三月
『ぼくたちの野田争議』石井一彦著、崙書房出版、二〇一二年
『ポッカリ月が出ましたら』キョンナム著、三五館、一九九二年
『本郷』木下順二著、講談社、一九八三年、のち講談社文芸文庫、一九八八年

『民芸四十年』柳宗悦著、寶文館、一九五八年、のち岩波文庫、一九八四年

『民衆暴力　―一揆・暴動・虐殺の日本近代―』藤野裕子著、中央公論新社・中公新書、二〇二〇年

『尹東柱《ユン・ドンジュ》詩集　空と風と星と詩』尹東柱著、金時鐘編訳、岩波書店・岩波文庫、二〇一二年

❖ 著者紹介

辻野弥生（つじの・やよい）

1941 年、福岡県生まれ。香蘭女子短期大学卒業。流山市立博物館友の会会員。旅行作家山本鉱太郎氏の「文章講座」に学ぶ。1992 年より 10 年間、タウン誌、地方紙でインタビュー記事を担当。1999 年、『東葛流山研究　第 18 号』に「関東大震災・もう一つの悲劇」と題して福田村事件の論考を発表。1999 年、地域の文化賞「北野道彦賞」受賞。2006 年、同人誌『ずいひつ流星』創刊。
著書に本書の旧版『福田村事件　関東大震災・知られざる悲劇』（崙書房出版・ふるさと文庫）、『呉服屋のお康ちゃん奮戦一代記』（新人物往来社）、共著に『房総人物まんだら』（私家版）、『幕末維新江戸東京史跡事典』『江戸切絵図を歩く』『日本全国ユニーク美術館』『とっておきユニーク美術館・文学館』『日本全国ユニーク博物館・記念館』『日本全国いちど行きたいユニーク美術館・文学館』『日本全国おすすめユニーク美術館・文学館』（いずれも新人物往来社刊）などがある。

福田村事件《ふくだむらじけん》
関東大震災《かんとうだいしんさい》・知《し》られざる悲劇《ひげき》

本体価格……二〇〇〇円
発行日……二〇二三年 七月一〇日 初版第一刷発行
二〇二三年一〇月二一日 初版第六刷発行
著　者……辻野《つじの》弥生《やよい》
編集人……杉原 修
発行人……柴田理加子
発行所……株式会社 五月《ごがつ》書房新社
東京都世田谷区代田一―二二―六
郵便番号　一五五―〇〇三三
電　話　〇三（六四五三）四四〇五
ＦＡＸ　〇三（六四五三）四四〇六
ＵＲＬ　www.gssinc.jp
編集／組版……片岡 力
装　幀……今東淳雄
印刷／製本……モリモト印刷 株式会社

ISBN: 978-4-909542-55-7 C0021

緑の牢獄

沖縄西表炭鉱に眠る台湾の記憶

黄《コウ》インイク著、黒木夏兒訳

台湾から沖縄・西表島へ渡り、以後80年以上島に住み続けた一人の老女。彼女の人生の最期を追いかけて浮かび上がる、家族の記憶と忘れ去られた炭鉱の知られざる歴史。ドキュメンタリー映画『緑の牢獄』で描き切れなかった記録の集大成。

１８００円＋税　四六判並製

ISBN978-4-909542-32-8 C0021

わたしの青春、台湾

傅楡（フー・ユー）著、関根 謙・吉川龍生監訳

台湾ひまわり運動のリーダーと人気ブロガーの中国人留学生を追った金馬奨受賞ドキュメンタリー映画『私たちの青春、台湾』の監督が、台湾・香港・中国で見つけた〝私たち〟の未来への記録。台湾デジタル担当大臣オードリー・タン推薦。

１８００円＋税　四六判並製

ISBN978-4-909542-30-4 C0036

クリック？ クラック！

小説

エドウィージ・ダンティカ著、山本 伸訳

カリブ海を漂流する難民ボートの上で、屍体が流れゆく「虐殺の川」の岸辺で、NYのハイチ人コミュニティで……、女たちがつむぐ10個の物語。「クリック？（聞きたい？）」「クラック！（聞かせて！）」

２０００円＋税　四六判上製

ISBN978-4-909542-09-0 C0097

江戸東京透視図《ず》絵《え》

跡部 蛮著・瀬知エリカ画

港区元赤坂のショットバーで酒を酌み交わす勝海舟と坂本龍馬。吉原の見返り柳前の横断歩道をわたる駕《か》籠《ご》舁き……。江戸の人びとを描いたイラストを現在の東京を撮った写真に重ね、歴史の古層を幻視する、これまでになかった街歩きガイドブック。古地図も多数掲載。

１９００円＋税　Ａ５判並製　全１８４頁フルカラー

ISBN978-4-909542-25-0 C0025

女たちのラテンアメリカ　上・下

伊藤滋子著

男たちを支え／男たちと共に／男たちに代わって、社会を守り社会と闘った中南米のムヘーレス（女たち）43人が織りなす歴史絵巻。ラテンアメリカは女たちの〈情熱大陸〉だ！

【上巻】（21人）征服者であるスペイン人の通訳をつとめた先住民の娘／荒くれ者として名を馳せた男装の尼僧兵士／許されぬ恋の逃避行の末に処刑された乙女……

２３００円＋税　Ａ５判上製

ISBN978-4-909542-36-6 C0023

【下巻】（22人）文盲ゆえ労働法を丸暗記し大臣と対峙した先住民活動家／32回の手術から立ち直り自画像を描いた女流画家／チェ・ゲバラと行動を共にし暗殺された革命の闘士……

２５００円＋税　Ａ５判上製

ISBN978-4-909542-39-7 C0023

GOGATSU 五《ご》月《がつ》書房新社

〒155-0033　東京都世田谷区代田1-22-6

☎ 03-6453-4405　FAX 03-6453-4406　www.gssinc.jp